스토리텔링 삼국유사 1
도쿠가와가 사랑한 책

초판 1쇄 발행 | 2009년 12월 10일
초판 2쇄 발행 | 2011년 7월 5일

지은이 | 고운기
펴낸이 | 조미현

출력 | 문형사
인쇄 | 영프린팅
제책 | 쌍용제책사
디자인 | JUN

펴낸곳 | (주)현암사
등록 | 1951년 12월 24일 · 제10-126호
주소 | 121-839 서울 마포구 서교동 481-12
전화번호 | 365-5051 · 팩스 | 313-2729
전자우편 | editor@hyeonamsa.com
홈페이지 | www.hyeonamsa.com

ⓒ 고운기 2009
ISBN 978-89-323-1536-2 03900

*이 도서의 국립중앙도서관 출판시도서목록(CIP)은
 e-CIP 홈페이지(http://www.nl.go.kr/ecip)에서 이용하실 수 있습니다.
 (CIP제어번호 : CIP2009003797)

*이 책은 저작권법에 따라 보호받는 저작물이므로
 저작권자와 출판사의 허락 없이 이 책의 내용을 복제하거나 다른 용도로 쓸 수 없습니다.
*지은이와 협의하여 인지를 생략합니다.
*책값은 뒤표지에 있습니다. 잘못된 책은 바꾸어 드립니다.

스토리텔링 삼국유사 1

도쿠가와가 사랑한 책

나고야 호사문고와 도쿠가와미술관의 정문 호사문고는 본디 도쿠가와 집안의 개인문고였으나, 지금은 도쿠가와미술관과 함께 나고야 시가 위탁 관리한다. 나고야 시 외곽 아주 한적한 동네에 자리 잡고 있다. 이 정문을 들어서면 바로 보이는 쪽에 미술관이, 오른쪽으로 호사문고가 위치하고 있다.

▬
나고야 호사문고 호사(蓬左)는 나고야를 가리키는 말이다. 17세기 초반, 도쿠가와 이에야스로부터 물려받았던 1,500여 종의 도서를 모태로 어문고(御文庫)가 설치되었고, 메이지 유신 이후 호사문고라는 이름으로 바뀌었다.

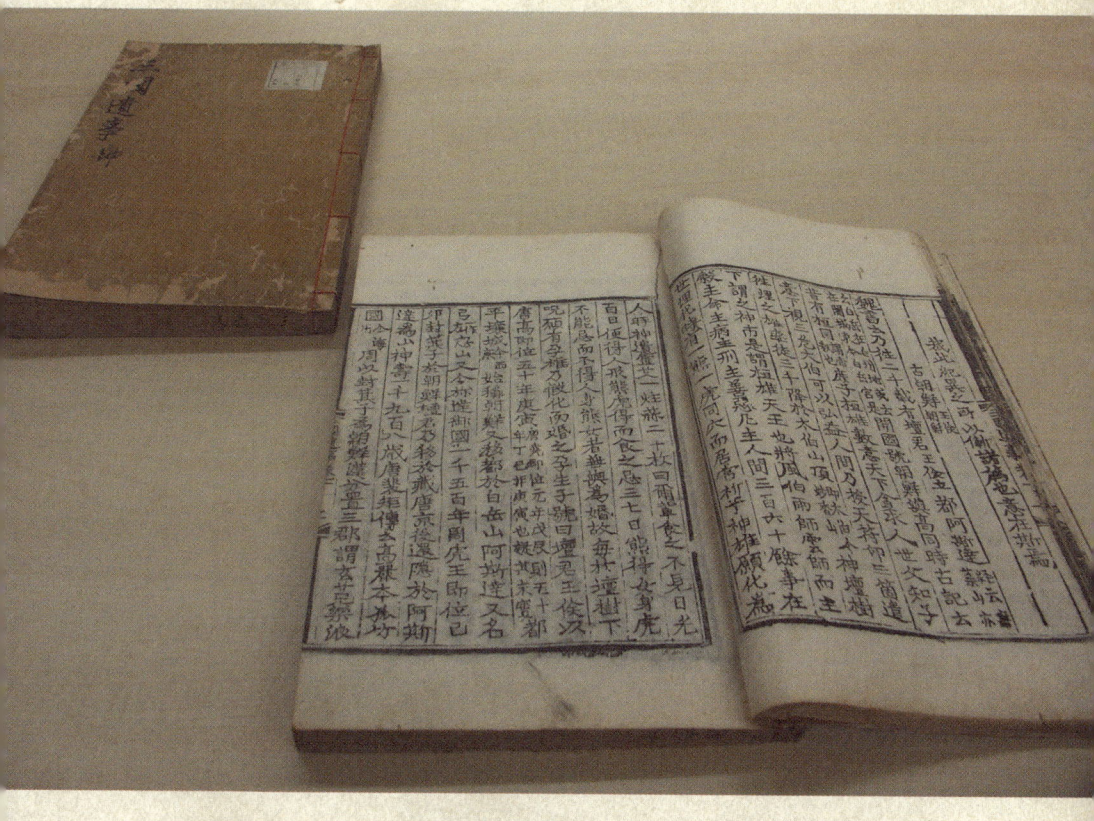

도쿠가와본 『삼국유사』 임진왜란의 소용돌이 속에서 퇴각하는 일본군이 챙긴 조선의 책 가운데 『삼국유사』도 들어 있었다. 1512년 경주에서 찍은 그 책 가운데 한 질이다. 이는 도쿠가와 이에야스에게 바쳐졌으며, 어문고의 목록 속에 들어가 소중히 보관되었다. 좀 하나 슬지 않은 채 지금도 그 모습을 볼 수 있다. 이를 도쿠가와본이라 부르는데, 1904년 도쿄제국대학이 『삼국유사』를 간행할 때 그 저본이 되었다.

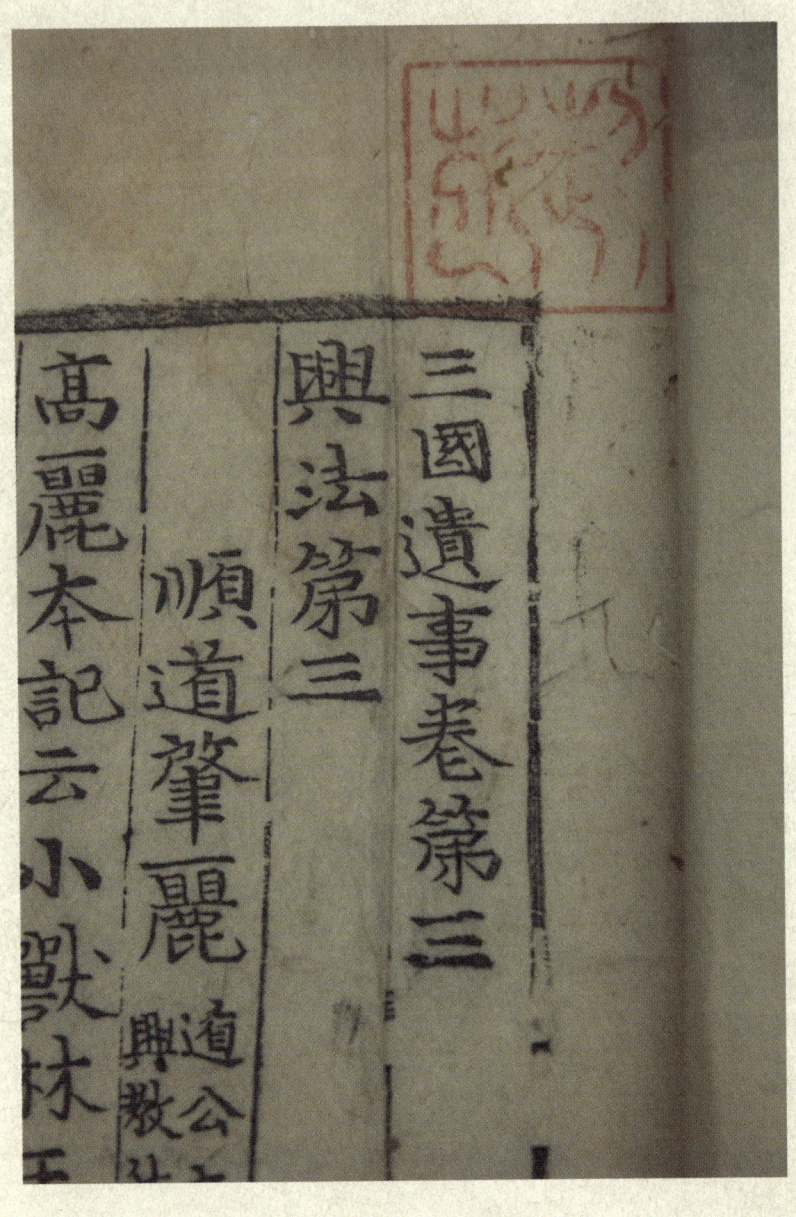

三國遺事卷第三

興法第三

順道肇麗

高麗本記云小獸林王

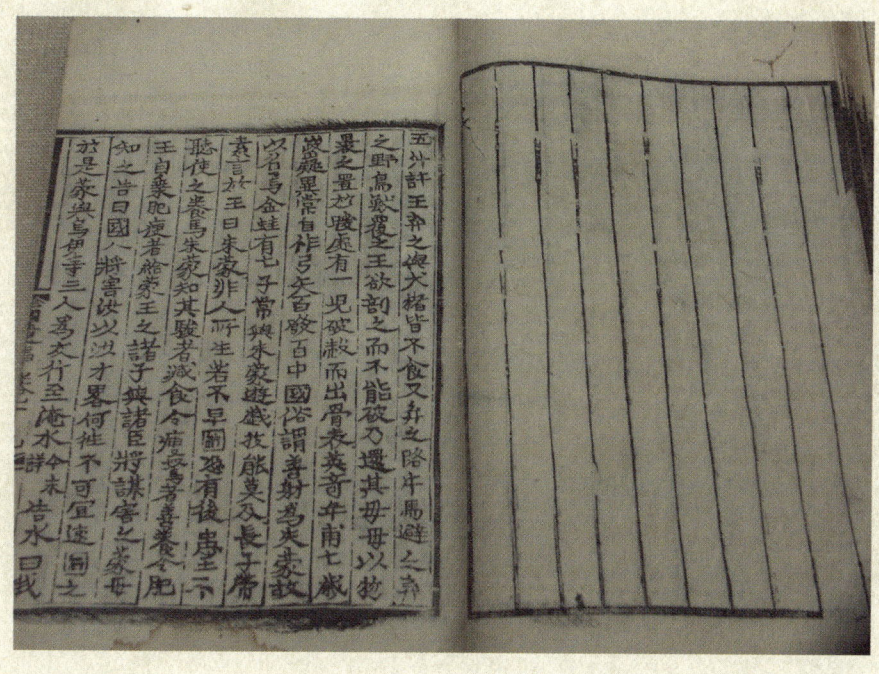

도쿠가와본 『삼국유사』 도쿠가와 이에야스로부터 물려받은 책에는 '어본(御本)'이라는 도장을 찍었다.(왼쪽 사진) 이 도장이 찍힌 책은 더 특별한 대접을 받았음은 물론이다. 그러나 도쿠가와본 『삼국유사』에는 빈 페이지가 여러 면 보인다.(오른쪽 사진)

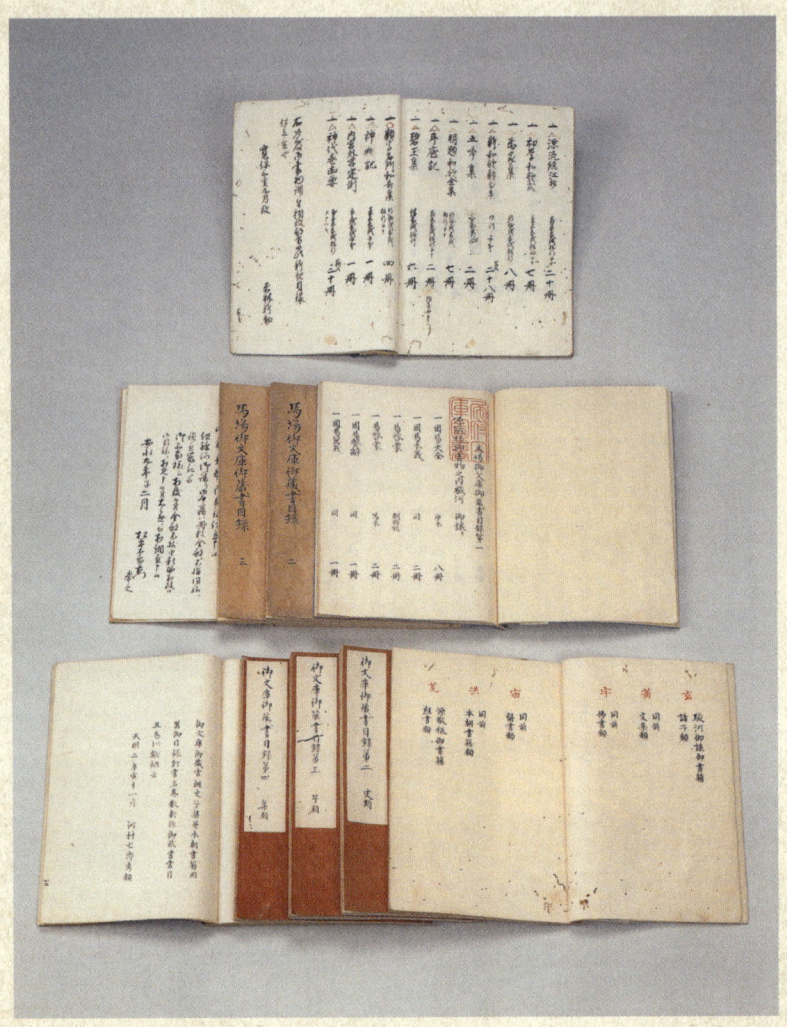

호사문고 도서 목록 호사문고의 자료가 소중한 것은 역대로 이 문고에서 간행한 도서 목록이 있기 때문이다. 도서 목록을 통해 문고 안의 장서가 어떻게 보관되어 왔는지 알 수 있다. 『삼국유사』도 마찬가지이다. 오늘날 국내외에 남아 있는 『삼국유사』 원본 가운데 세밀한 전승 과정을 알 수 있는 것은 이 도쿠가와본이 유일하다. (『호사문고―역사와 장서』에서)

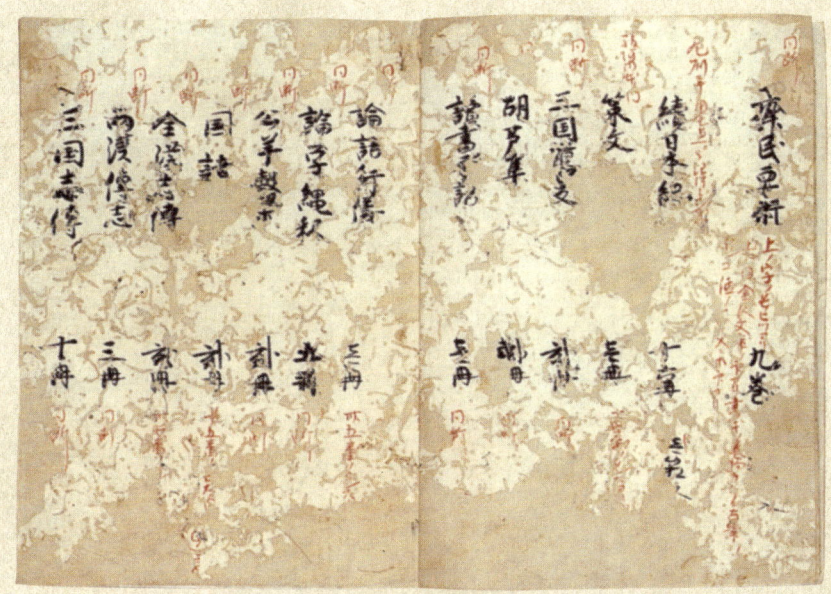

황실에 빌려 드린 서적의 메모 '호사문고—역사와 장서'라는 제목의 안내책자를 보다 문득 38쪽에서 눈길이 멎었다. 거기에는 '황실에 빌려 드린 서적의 메모'라는 제목을 단 사진이 실려 있었다. 1624년, 호사문고가 궁중에 32종의 책을 빌려 주었을 때의 목록이라는 설명과 함께. 그때 처음 알았다. 궁중에 책을 빌려 주기도 했었구나, 그러면서 나중에 돌려받자고 목록까지 만들었군, 대단한 친구들이야……. 그리고 적힌 책 제목들을 하나하나 읽다 보니, 뜻밖에도 열번째에 '삼국유사'가 보였다. 어라, 『삼국유사』를 궁중에 빌려 주었단 말이지. 나에게는 순간 어떤 생각이 스쳐 지나갔다. (본문에서)

어문고 도장 도쿠가와 이에야스가 물려주었다는 표시로 찍었던 도장. '어본(御本)'이라 새긴 도장은 지금 여러 종이 남아 있다.(『호사문고—역사와 장서』에서)

도쿄대학 발상지 지금은 유지마(湯島) 성당(聖堂)이라 불리는 곳이다. 도쿠가와 막부 시절에는 유학자들이 공자의 사당을 두고 공부하였다. 막부가 망하자 이들은 메이지 정부의 전속 학자가 되었는데, 창평학교라는 이름을 내걸고 뒤이어 도쿄대학의 문학부로 이어 나갔다. 호사문고의 『삼국유사』를 찾아내 새로운 활자본으로 간행한 것도 이들이었다.

도쿄대본 『삼국유사』 1512년 경주에서 간행된 다음 『삼국유사』는 392년 만인 1904년 8월 도쿄에서 일본인의 손에 의해 인쇄되었다. 전통적인 방식에 케이스까지 만든 고급스러운 장정의 3책 1질이었다.

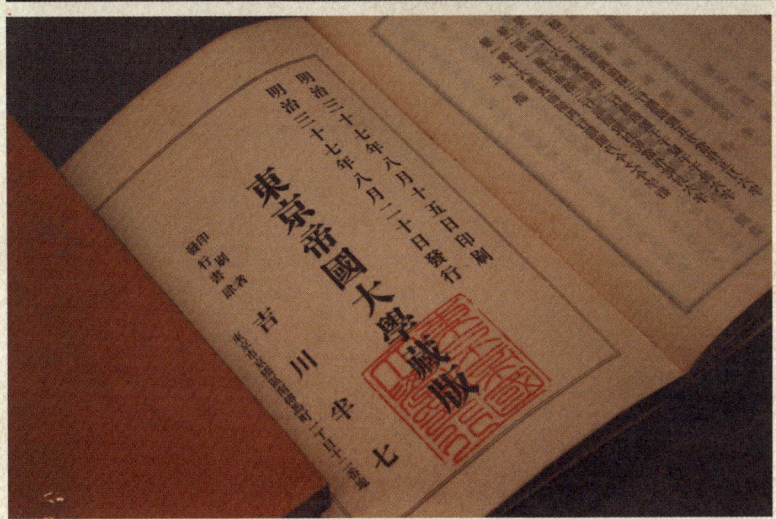

도쿄대본 『삼국유사』 도쿄대학 문과대 학장인 쓰보이 구메조가 '문과대학 사지총서'라는 시리즈의 하나로 간행한 『삼국유사』의 본문은 현대식 활자로 인쇄되었다. 1904년이라면 을사보호조약이 체결되던 바로 한 해 전이다.

교토대학 동쪽의 도쿄대학에 대항하여 서쪽의 교토대학이 만들어졌다. 두 학교 모두 메이지 신정부에 적극 봉사할 관료를 키울 목적으로 세워졌지만, 교토대학은 왠지 그 분위기가 달랐다.

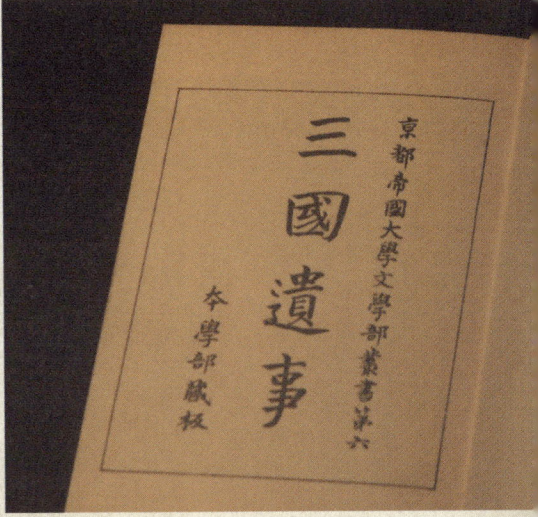
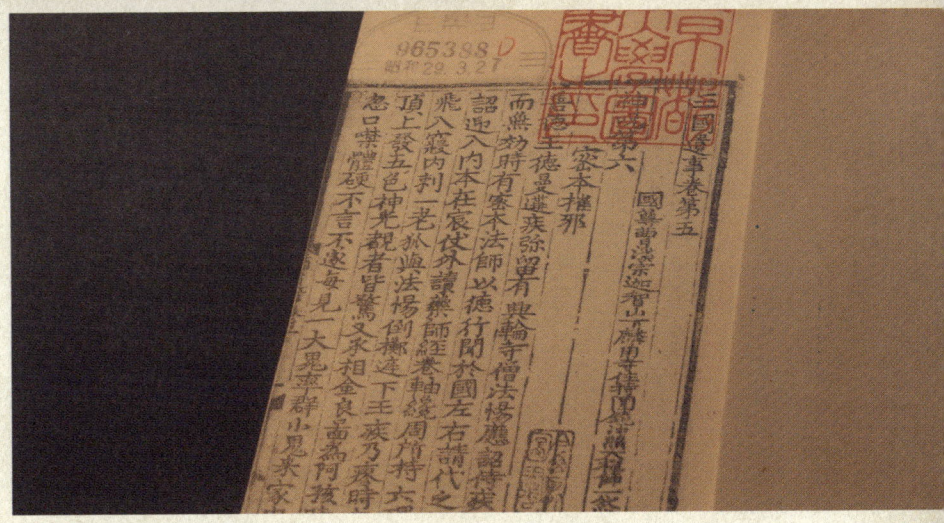

교토대본 『삼국유사』 1925년, 교토대학의 이마니시 류에 의해 간행된 『삼국유사』. 이마니시가 서울에서 구한 순암수택본을 저본으로 원문을 그대로 영인하였다. 동과 서를 대표하는 일본의 양대 대학에서 모두 출간된 책은 아마도 『삼국유사』가 유일할 것이다.

진전사 터에 피어난 들꽃 일연이 승려로 입문한 강원도 양양의 진전사 터에는 이제 탑 하나만 남았다. 그것이 쓸쓸해서였을까, 탑 옆에는 봄만 되면 이 아름다운 들꽃이 핀다. 오직 혼자 남아 그 시절을 증언하는 『삼국유사』 같은 꽃이다.

스토리텔링 삼국유사 1

도쿠가와가
사랑한
책

三國遺事

고운기 지음

현암사

운명도 운명 나름이다.
운명은 기구하다 해야 어울린다.
기구하면 기구할수록 운명답다.
기구한 운명의 끝이 해피엔딩이라면 더욱 좋다.
『삼국유사』는 그런 책이다.

| 화보 | _002

1장 프롤로그 _023

2장 운명적인 만남 _033

3장 뜨거운 감자-단군 _055

4장 경주에서 다시 태어난 『삼국유사』 _092

5장 도쿠가와 이에야스와 나고야라는 도시 _119

6장 황실에 바쳐진 책 _148

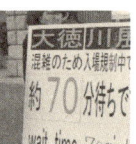

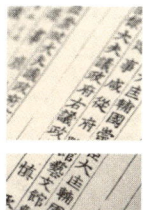

7장 나고야 어느 사무라이의 일기 _182

8장 호사에 핀 꽃 _201

9장 조선 후기 실학자와 『삼국유사』 _229

10장 메이지 유신의 격랑 속에서 _270

11장 1904년, 『삼국유사』의 재발견 _296

12장 에필로그 _336

| 참고문헌 | _346
| 찾아보기 | _351

桑之野。有神童自稱白帝子。交通而生小昊。簡狄吞卵而生契。姜嫄履跡而生弃。胎孕十四月而生堯。龍交大澤而生沛公。自此而降豈可殫記。然則三國之始祖皆發乎神異何足怪哉。此紀異之所以漸諸篇也。意在斯焉。

古朝鮮 王儉
朝鮮

魏書云。乃往二千載有壇君王儉。立都阿斯達。經云無葉山亦云白岳在白州地。或云在開城東今白岳宮是。開國號朝鮮。與高同時古記云。昔有桓國庻子釋提謂帝釋也桓雄。數意天下。貪求人世。父知子意。下視三危太伯可以弘益人間。乃授天符印三箇。遣往理之雄率徒三千。降於太伯山頂伯即今太白妙香山。神壇樹下。謂之神市。是謂桓雄天王也。將風伯雨師雲師而

1904년 일본의 도쿄에서 처음 현대식 활자로 출판된『삼국유사』의 '고조선'조. 이 조에 실린 단군신화는 조선왕조 500년 내내 우리에게, 조선을 식민지로 경영하려는 일본제국주의자에게 모두 뜨거운 감자로 받아들여졌다. 먹지도 놓지도 못하는 것, 단군신화는 분명 역사의 키였으니, 이 키를 잡고 순풍을 맞는 쪽이 시대를 앞서나가게 되었다.

I

프롤로그

최남선,
415년 만에 『삼국유사』를 찍다

열다섯 살 홍안의 소년 최남선(崔南善)이 기울어 가는 대한제국 황실의 유학생에 뽑혀 일본으로 건너간 것은 1904년 10월의 일이었다. 그가 입학한 학교는 도쿄부립제일중학교(東京府立第一中學校). 그러나 도쿄에 사는 일본인조차 부러워했던 이 명문에 입학한 지석 달을 채우지 못하고 그는 자퇴하였다.

거기 무슨 까닭이 들어가 있는지 자세히 알려져 있지 않다.

이태 뒤인 1906년 3월, 최남선은 사비생(私費生)으로 다시 일본에 건너갔다. 이번에는 와세다대학(早稻田大學) 고등사범부 지리역사

최남선 1927년 『계명』 제18호에 『삼국유사』를 실어 '삼국유사 돌풍'의 기폭제가 되게 하였다.

과에 입학하였다. 이병도(李丙燾) 같은 이들이 바로 그를 이어 이 학교로 유학을 왔었다. 그러나 이번에도 입학한 지 석 달 만인 6월, 학교에서 열린 모의국회가 사단을 낳아, 최남선은 한 무리의 한국인 유학생들과 함께 자퇴한 뒤 귀국하였다.

이렇듯 최남선의 일본유학 기간은 모두 합쳐 여섯 달을 넘지 않았다.

굳이 공부라면 그의 공부는 이미 끝나 있었다. 이 시대의 천재는 다만 새로운 문물이 어떻게 만들어지고 있는지, 현장에서 눈으로 확인해 보고 싶었는지 모른다. 그렇다면 6개월로도 충분했다.

이듬해 최남선은 겨우 열여덟 살의 나이에 신문관(新文館)을 만들었다. 민중을 계몽·교도하는 내용의 책을 출판하자는 목적이었다. 신문관에서 1908년, 최초의 근대적인 잡지 『소년』이 탄생하고, 거기에 최초의 신체시 「해에게서 소년에게」가 실렸다. 이후로도 이렇게 그가 하는 일마다 '최초'라는 수식어가 따라다닌다.

이런 가운데 또 하나 '최초'를 붙여야 할 일이 있다. 1927년, 계명구락부의 기관지 『계명』에다 일연(一然)의 『삼국유사(三國遺事)』

를 실은 것이었다.

또 하나 최초의 사업 『삼국유사』의 간행 ―.

최남선이 『삼국유사』를 잡지에 실은 데 대해 이렇듯 강조하는 까닭이 있다. 1512년 경주에서 한 번 인쇄된 다음, 실로 415년 만에 『삼국유사』는 최남선의 손을 통해 새 옷을 입고 세상에 다시 나왔기 때문이다. 415라는 숫자만으로도 우리는 압도당한다. 그러나 이 숫자는 그만한 햇수 동안 『삼국유사』가 제대로 읽히지 않았음을 뜻한다. 오늘날 거창한 표현으로 '민족의 고전'이라 떠받들어지는 『삼국유사』는 이렇듯 긴 침묵과 외면의 세월을 견뎌야 했다.

어떤 사연이 거기에 끼어들어 있을까. 최남선은 무슨 생각으로 저 긴 잠에 빠진 책을 깨웠을까.

계명구락부와 잡지 『계명』

계명구락부는 1918년 서울에서 조직되었던 애국계몽단체였다. 민족 계몽과 학술 연구를 목적으로 최남선을 비롯해 오세창(吳世昌)·박승빈(朴勝彬)·이능화(李能和)·문일평(文一平) 등 지식인 33명이 발기인으로 참여하였다. 3·1운동이 일어나기 한 해 전, 마침 그 숫자도 33인으로 같은 점이 우연의 일치치곤 이채롭다.

이 구락부에서 했던 구체적인 사업은 말과 글·예의·의식주 등을 연구하고 이를 선전하고자 여러 잡지와 서적을 간행하는 일이었다. 그리고 강연회와 전통 놀이 보급 등을 통해 일반 대중과 부단히 가까워지려 노력하였다. 이 가운데 가장 중심적인 일이 『계명』의 발행이었다.

계명구락부의 기관지 『계명』은 1921년 5월에 창간되었다. 1933년 1월까지 통권 24호를 냈다. 이 잡지가 심혈을 기울인 고전 연구는 가장 뜻깊은 활동이었는데, 여기 실린 고전의 면면을 보면 과연 그만한 평가를 받을 만하다는 생각을 갖게 된다. 제19호에 실린 이능화의 「조선무속고(朝鮮巫俗考)」에다 김시습(金時習)의 「금오신화」가 그렇고, 제20호에 실린 오세창의 「근역서화징(槿域書畵徵)」이 그렇다. 주요 논객들의 면면도 화려하였다. 안국선(安國善)·민태원(閔泰瑗)·김억(金億)·심우섭(沈友燮)·홍명희(洪命憙)·이광수(李光洙)·변영로(卞榮魯)·정인보(鄭寅普)·윤백남(尹白南) 등 이들은 한 시대를 대표할 문사 아님이 없다.

한편 최남선은 조선광문회에서 시작하였던 『조선어사전』의 편찬을 계명구락부가 이어 받아 추진하자고 제안하였다. 이는 비록 완성을 보지 못하였지만, 이후 조선어문학회와 그 사전 편찬으로 이어지는 중요한 징검다리 역할을 하였다.

이런 단체요 그 기관지였기에, 『계명』을 통해 『삼국유사』가 415년 만에 인쇄된 의의는 더욱 빛난다.

사실 중요 고전 자료의 소개를 목표로 가장 먼저 채택한 것이 바로 『삼국유사』였다. 최남선의 입을 빌리자면, 『계명』은 호당 100쪽 남짓한 분량을 3등분하여 내기로 하였다. 하나는 새로운 연구를 발표하고, 다른 하나는 계몽 시대의 자극이 되도록 외국인의 조선에 관한 연구 중 긴요한 것을 번역하여 싣고, 나머지 하나는 입수하기 어려운 귀중한 고서와 출판하기 어려운 요긴한 신저(新著)를 부록으로 실어 학자에게 자료로 공급한다는 것이다.

이런 원칙이되 제3항은 소개할 만한 자료가 좀체 나타나지 않았다. 드디어 창간된 지 6년 만에 처음으로 그 자리를 『삼국유사』가 차지하고 있다. 회원은 당대 최고의 국학연구자려니와, 그들이 내세운 '입수하기 어려운 귀중한 고서'의 기준에 가장 먼저 『삼국유사』가 들어맞았다고 해야겠다.

이에 대한 반응은 좋았다. 다음 호에 예의 이능화·김시습·오세창 등의 빛나는 노작이 같은 자리를 찾아 이어진 것도 그같은 반응에서 나온 부수적인 성과였다.

'백천금이라도 구하기 어렵든 진서'

최남선은 『계명』 제18호 전체 106쪽을 『삼국유사』 하나에 온전히 바치고 있다. 이는 "전편을 한꺼번에 등재함이 필요하겠다고 생각할 때에는 한 종으로만 한 회도 하고"라는, 『계명』의 편집 원칙에 따른 것이었다.

여기서 최남선은 먼저 50여 쪽에 이르는 장문의 '삼국유사 해제'를 붙였다. 『삼국유사』에 관한 한 이 글이 우리 학자의 손으로

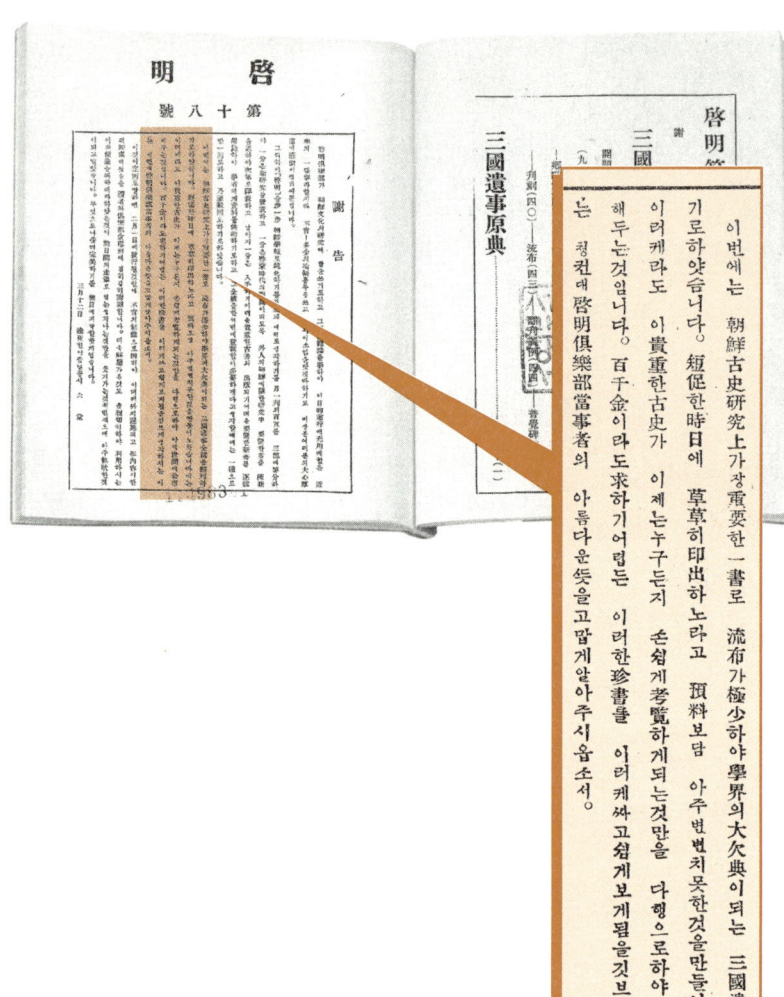

『계명』 제18호 106쪽 분량으로 간행된 제18호의 전반부 절반이 최남선의 해제, 후반부 절반이 『삼국유사』 원문이었다. 첫 쪽의 사고(謝告)에 최남선은 '백천금이라도 구하기 어렵든 이러한 진서(珍書)'라는 감개 어린 말을 썼다.

쓰인 최초의 해제였다. 그는 "수일간의 주필(走筆)로 얼른 생각나는 것만을 쫓겨 가는 것처럼 적으매 아주 무상(無狀)한 것이 되고 말았습니다" 하고 겸손해하였지만, 이 글이 쓰이고 90여 년이 지난 지금도 사실 이만한 해제를 찾기 어렵다. 그리고 이 해제에 이어 『삼국유사』 원문을 50여 쪽에 걸쳐 실었다.

첫 쪽에는 최남선이 쓴 '사고(謝告)'라는 짤막한 글이 보인다.

이 글 가운데 "조선고사(朝鮮古史) 연구 상 가장 중요한 한 책으로 유포가 극소하여 학계의 대흠전(大欠典)이 되는 삼국유사 전편을 번각하기로" 하였다는 점을 강조하였다. 1927년의 시점이라면 학계에서 『삼국유사』의 중요성에 조금씩 눈길을 주던 때였다. 그러므로 최남선이 이 책의 가치를 '가장 중요한 책'으로 강조한 대목은 그만의 생각이 아니었다. 다만 '유포가 극소'하다는 데 최남선은 몸이 달았던 듯하다. "이제는 누구든지 손쉽게 고람(考覽)하게 되는 것만을 다행으로 하야" 간행을 서둘렀다는 것이다. 최남선의 조바심은 드디어 다음과 같이 속내를 보이고 만다.

백천금이라도 구하기 어렵든 이러한 진서(珍書)를 이렇게 싸고 쉽게 보게 됨을 기쁘게 생각하시는 이는 청컨대 계명구락부 당사자의 아름다운 뜻을 고맙게 알아 주시옵소서.

당시 『계명』의 한 부 값은 50전이었다. 우편으로 받아 보는 이들에게 우송료를 부담 지우지도 않았다. 『삼국유사』가 실린 제18호

106쪽짜리 분량의 고급 잡지에 50전은 무척 싼 값이었다. 백천금을 주어도 구하기 어려운 '진서'를 이렇듯 싸고 쉽게 볼 수 있게 했으니, 굳이 최남선이 강조하지 않아도 참말로 고마운 일이었다.

전승에 얽힌 이야기는 한 편의 드라마

그렇다면 최남선은 어떻게 『삼국유사』를 알았을까. 그리고 『계명』에 실은 『삼국유사』는 어떤 원본을 가지고 옮겼을까.

이를 따져 보기 위해서는 그가 처음 일본 유학을 갔던 1904년으로 돌아가 보아야 한다.

바로 이해 8월, 도쿄에서는 도쿄제국대학의 이름으로 『삼국유사』가 출판되었다. 이 책은 '문과대학 사지총서'라는 이름을 단 시리즈의 하나였다. 『삼국유사』가 간행된 두 달 뒤, 대한제국 황실 유학생으로 도쿄에 도착하였던 최남선은 이 책을 샀다. 그는 도쿄에 와서야 『삼국유사』를, 그것도 일본인에 의해 간행된 것을 처음 실물로 접했다.

이는 과연 사실과 부합하는가.

원전을 실은 『계명』 제18호의 마지막 쪽에는 두 편의 글이 실려 있다. 그 가운데 하나가 '문과대학 사지총서본 교정 삼국유사 서'이다. 이 글은 1904년에 나온 『삼국유사』의 편찬자 가운데 한 사람인 구사카 히로시(日下寬)가 써서 책 앞에 붙인 것이었다. 그런데

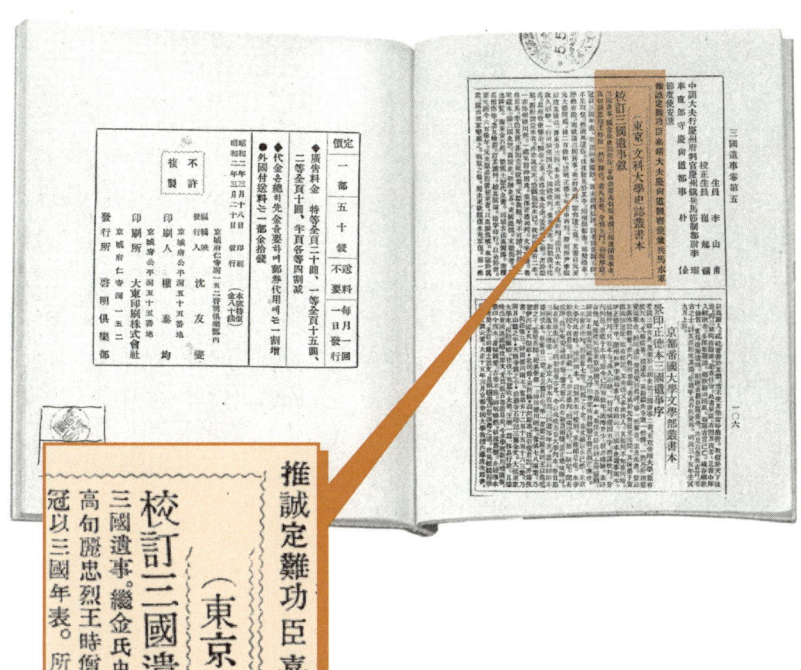

校訂三國遺事叙

三國遺事。繼金氏史記而作。敬錄新羅高句麗百濟三國遺聞逸事者。高句麗忠烈王時僧一然所撰也。書凡五卷。分爲九門。初無序跋。冠以三國年表。所記神異寔多。專主崇佛弘法。論者謂荒誕不經。

(東京) 文科大學史誌叢書本

推誠定難功臣嘉靖大夫慶尙道觀察使兼兵馬水軍

校訂三國遺事叙

문과대학 사지총서본 교정 삼국유사 서 『계명』제18호의 마지막 쪽에는 두 편의 글이 실렸는데, 1904년에 간행된 도쿄대학본 『삼국유사』와 1925년에 간행된 교토대학본 『삼국유사』의 서문이다. 최남선이 두 책을 모두 가지고 있었던 것은 지금 고려대에 기증된 육당문고를 통해 확인된다. 최남선은 이들을 저본으로 『삼국유사』를 『계명』에 실었을 것이다.

프롤로그 031

최남선은 왜 이 글을 『계명』에다 옮겨 실었을까? 아마도 그가 『삼국유사』를 접하게 된 계기가 바로 이 책이었음을 알리고 싶어서였다고 나는 믿고 있다. 최남선은 그때까지 『삼국유사』 원본을 본 일이 없었다. 이미 국내에서는 유통이 끊어져 있었기 때문이다. 그런데 뜻밖에도 도쿄에 가 보니 도쿄제국대학의 이름으로 『삼국유사』가 출판되어 있었다. 최남선의 놀라움은 컸을 것이다.

도쿄제대 문과대학 사지총서본 『삼국유사』는 일본 돈 2원 50전에 팔고 있었다. 『계명』 50전의 다섯 배이다. 그러나 굳이 돈만의 문제가 아니었다. '백천금이라도 구하기 어렵든 진서'라는 대목은 정녕 헛말이 아니었다.

최남선에 의해 이 땅에서 415년 만에 '진서'『삼국유사』가 간행된 데는 알려지지 않은 많은 이야기를 품고 있다. 이제 우리는 이 이야기의 끈을 한쪽에서 잡고 한걸음씩 옮겨 가 보고자 한다. 그러면 전승의 과정에 매료되고, 이 끈의 양쪽을 잡고 모종의 줄다리기가 벌어졌음도 보게 된다. 놓으려야 놓을 수 없는, 그렇다고 적극적으로 감싸 안지 못한, 그래서 『삼국유사』를 있는 듯 없는 듯 여기면서도 끝내 외면하지 못한 이야기들이다. 그 이야기의 핵심에 단군신화가 놓여 있다.

2

운명적인 만남

한 권의
책을 만나다

이 이야기는 내가 『삼국유사』 원본을 직접 보러, 일본의 나고야(名古屋)로 찾아간 2006년 가을과, 다시 한 번 확인하러 간 2007년 여름의 일을 설명하는 데서 시작한다.

  한마디로 극적인 운명을 타고난 책에 관한 이야기이다.

  집필이 끝나고 제 주인의 손을 떠나기로는 13세기 후반, 어느 눈 밝은이가 경주 관아의 작은 창고에 묻어 둔 판본을 꺼내 손질하고 새로 인쇄하기는 16세기 중반, 그 중 한 권이 임진왜란의 소용돌이에 휘말려 제 땅을 떠나 이역만리 바다 건너가 새로운 권력자의 집에 들기는 17세기 초반, 그곳에서 근대식 활자로 다시 태어나기는 20세기 초반.

제 땅을 떠난 뒤로 제 땅에서 까마득히 잊혔고, 이국땅에서 다시 태어난 20세기 이후에야 제 땅의 사람들에게 비로소 널리 읽히기 시작한 책.

이 극적인 운명의 책이 바로 『삼국유사』이다.

정녕 우리 역사를 지식인의 역사에서 민중의 역사로, 사대의 역사에서 자주의 역사로 바꿔 놓은 것이 『삼국유사』이다. 우리 문학을 지식인의 문학에서 민중의 문학으로, 사대의 문학에서 자주의 문학으로 바꿔 놓은 것이 『삼국유사』이다. 그럼에도 불구하고 제 땅에서 무려 600년이 넘게 정당한 평가를 받지 못했던 것 또한 『삼국유사』이다.

평가는 20세기에 들어서서야 내려지기 시작했다. 그 계기는 1904년, 도쿄제국대학의 '문과대학 사지총서'의 하나로 출판되면서였다. 나는 이를 '1904년 삼국유사'라 부른다.

도쿄제국대학은 근대 일본의 고급관료와 학자를 양성하려는 목적으로 설립되었다. 본디 도쿄대학이었다가, 제국대학이라 불린 것은 1886년 '제국대학령'이 만들어지면서였다. 서양의 근대가 곧 대학이 가져다준 선물이기도 했음을 그들은 잘 알았다. 도쿄제대야말로 근대 일본을 이끌어 갈 인재양성소로 기대를 한 몸에 받았다.

물론 대학의 이름에 붙여진 '제국'이라는 단어가 우리에게는 못내 걸린다.

나고야의 마천루 나고야는 일본의 도시 가운데서도 예외적으로 넓고 시원스런 공간을 가지고 있다. 패전 후 세운 도시계획 덕분이다. 요즈음은 지진조차 괘념하지 않는지, 시내 중심가에 높은 건물이 쭉쭉 올라간다.

근대 일본은 다만 일본으로 그치지 않고, 근대가 곧 제국을 만들어 줄 것이며, 동아시아의 패권을 자신의 손에 넣을 것이라는 야망 속에 자라나고 있었다. 역사는 그것을 '후발제국주의 일본'이라 부른다.

이런 도쿄제대에 국사학과가 설치된 것은 1889년의 일이었다.

실은 메이지(明治) 유신 정부는 1886년 제국대학을 설립하고, 이듬해인 1887년 독일의 역사가 루드비히 리스(Ludwig Riess)를 초청하여 사학과를 두었으며, 이듬해에는 메이지 정부의 수사국(修史局)을 대학으로 이관하여 놓았다. 수사국은 우리로 치면 국사편찬위원회 같은 곳이다. 여기서 그들은 '대일본사'라는 이름의 역사책을 쓰려 하였다. 그래서 다시 그 이듬해에 일본사만 독립시켜서 연구하고 가르치는 국사학과를 설치한 것이었다.

국사학과가 만들어진 2년 뒤, 곧 1891년 쓰보이 구메조(坪井九馬三)가 교수로 취임하였다. 쓰보이는 자신의 스승 리스의 영향으로 유럽 유학을 마치고 돌아온 신진기예였다.

그러나 대학에는 학생들을 가르칠 만한 변변한 교재 하나 없었다. 대학이라고 해 봐야 이제 겨우 발걸음을 뗀 처지이니 당연했다. 독일풍의 역사교육을 받고 온 쓰보이는 무엇보다 강독 교재의 필요성을 절감했다. 그것은 철저히 실증적 사학을 중시하던 독일 사학의 영향을 받은 결과였다.

쓰보이는 한문의 대가 구사카 히로시(日下寬)를 불러들였다. 그들은 이제 막 끝난 도쿠가와 막부의 에도 시대를 정리할 사료를

'문과대학 사지총서'라는 이름을 붙여 간행하기로 하고, 도쿠가와 집안의 협조를 얻어 『마쓰다이라기(松平記)』와 『이에타다 일기(家忠日記)』를 먼저 냈다. 두 책이 모두 에도 시대 초기 역사를 보여 주는 사료이다. 1897년, 쓰보이가 교수로 취임한 지 6년 만의 일이었다.

이것이 도쿄제대의 '문과대학 사지총서'의 출발이다. 이 총서는 매년 한 권씩 간행을 계속하여, 드디어 시작한 지 7년 만인 1904년, 총서의 아홉 번째 책으로 『삼국유사』를 내놓고 있는 것이다.

한편 총서는 1913년까지 16권으로 이어졌는데, 특히 『삼국유사』에 대한 일본인의 관심은 각별하였다. 초판은 발매 얼마 만에 동이 났다. 거기에는 그들 나름의 고민이 있었다. 이미 조야(朝野)에서 동조동근론(同祖同根論) 같은 주장이 나와 조선에 대한 식민지 지배 정책을 세워나가는 판에, 『삼국유사』가 득의만만해서 보여 주는, 저들의 조상보다 앞선 단군조선의 존재를 어떻게든 '처치'해 줘야 할 게 아닌가. 관심의 속내는 분명 여기까지 닿아 있었으리라.

두 세트의 총서와 『삼국유사』

그렇다면 쓰보이와 구사카는 『삼국유사』를 어떻게 알고 이 총서에 집어넣었던 것일까? 실로 원산지인 한국에서조차 관심은커녕 종적조차 감추어 버린 책이었는데 말이다.

이를 설명하기 위해서는 잠시 돌아가야 할 길이 있다.

여기 또 다른 세트의 총서가 있다. '황실에 빌려 드린 서적의 메모'란 이름으로 묶인 책들이 바로 그것이다. 1624년 도쿠가와 막부 아래의 오와리 번(尾張藩)에서 궁중의 고미즈노오(後水尾, 1611~1629년) 천황에게 빌려 준 32종 한 세트이다.

오와리 번은 지금의 나고야이다. 이곳 출신인 도쿠가와 이에야스(德川家康)는 그의 아홉 번째 아들 요시나오(義直)에게 나고야의 번주를 시키고, 죽으면서 책을 비롯한 중요한 유품을 물려주었다. 이것이 지금 나고야 시립 호사문고(蓬左文庫)의 모태이다. 일찍이 왜장 가토 기요마사(加藤清正)가 임진왜란 중 조선에서 가져온 책을 도쿠가와에게 바쳤던 바, 이 책이 도쿠가와 장서의 중심이 되었고, 『삼국유사』도 여기에 들어 있었다. 1616년의 일이었다.

그리고 8년 뒤, 오와리 번에서는 자신만이 가지고 있던 희귀도서 32종을 천왕에게 빌려 준 것이다. 이 목록을 살펴보면 조선의 책이 무려 3분의 1을 넘게 차지하고 있다. 그 가운데 열 번째가 『삼국유사』였다.

위에서 소개한 두 세트의 총서에 두 가지 공통되는 점이 있다. 하나는 '황실에 빌려 드린 서적의 메모'는 말할 나위 없지만, '사지총서' 또한 도쿠가와 집안에서 나온 일기 자료가 중심이라는 점, 다른 하나는 두 총서에서 유일하게 겹치는 책이 있는데, 바로 『삼국유사』라는 점이다.

『삼국유사』는 어쩌다 두 세트에 모두 들게 되었을까?

일본에서 이 두 세트는 각각 에도 시대와 유신 시대를 상징할 만한 의의를 지니고 있다. 이 총서를 조사해 나가면 나갈수록 나는 이들이야말로 『삼국유사』의 전승 과정과 재발견의 계기를 설명해 줄 중요한 고리를 갖고 있으리라 보았다. 둘을 함께 놓고 보면 거기서 분명한 이유가 밝혀진다는 것이다.

도쿄제대 사지총서 『삼국유사』의 서문에서 편찬자는 간다본(神田本)과 도쿠가와본(德川本)이 그 저본이라 밝혔다. 간다본은 행방불명되었으나, 정체가 확실한 도쿠가와본은 다름 아닌 지금 나고야의 호사문고에 보관된 그것이다. 다시 말하거니와 이 책은 황실에 보내져서 천황도 읽었다.

꺼져 가던 생명을 다시 피운 책 '1904년 삼국유사'는 일거에 한국의 고대사와 고대문화를 이해하는 거의 유일한 책으로 돌출했다.

황실에 보내진 책, 그리고 제국대학 역사교재로 만들어진 책 『삼국유사』—.

둘 사이에는 뭔가 떼려야 뗄 수 없는 관련이 있어 보였다. 나는 호사문고에서 『삼국유사』와 그 관련 자료를 살펴보고 이런 생각을 놓칠 수 없었다. 그래서 그 까닭의 실마리가 있는 데를 찾아가야 했다.

내가 처음 호사문고에 가 본 것은 2006년 10월이었다. 대구 KBS와 함께, 일연 탄생 800주년 특집 다큐멘터리를 만드는 중이었다. 우리는 나고야에 가서 꼭 찍어야 할 장면이 하나 있었다.

호사문고의 『삼국유사』 원본—.

원본이라고 하지만, 정확히 말하면 일연이 살아 있을 때가 아닌 조선 중종 때인 1512년에 찍은 책이고, 같은 종의 원본이 국내외

십여 군데 남아 있기는 하다. 그런데도 호사문고의 『삼국유사』가 매력적인 것은 단 한 가지. 언제 어떻게 얻어 어떤 경로로 전승되었는가를 확실히 알 수 있는 유일한 책이라는 점이다.

나고야는 참 넓고 시원스러운 도시이다. 태평양 전쟁에서 패전한 뒤 폭 100미터짜리 중앙도로를 만들며 새로 짠 도시계획 덕분이다. 그곳의 호사문고는 본디 도쿠가와 집안의 개인문고였으나, 지금은 나고야 시가 위탁 관리한다. 시에 위탁한 도쿠가와미술관과 마찬가지로.

오전 10시경, 나는 취재진과 함께 나고야 시 외곽 아주 한적한 동네에 자리 잡은 호사문고에 도착했다. 담당 학예사와는 미리 연락이 되어 있었다. 단정하게 생긴 전형적인 일본인 공무원 타입의 중년 남자였다. 고개를 몇 차례 숙이며 서로 인사를 나눈 다음, 학예사는 귀중서고에서 『삼국유사』를 받들고 나왔다.

400여 년 전, 포로 아닌 포로로 끌려온 우리 책, 『삼국유사』를 내 눈으로 처음 확인하는 순간이었다.

책은 너무나 잘 보관되어 있었다. 좀 하나 슬지 않았다.

기실 패전의 퇴로에 정신없이 챙겨 넣었을 것이다. 무슨 책이라고 확인조차 하지 못하고, 조선 것이면 무엇이든 귀중하니 쓸어 담으라는 명령에 따라 우연히 『삼국유사』도 끼었을 뿐, 비바람 맞으며 지친 걸음 속에, 권력이 무엇인지 전쟁이 무엇인지, 애꿎게 끌려 나와 겨우 목숨이나 부지하고 돌아가는 원망 섞인 어느 병사의 등짐 속에 섞였을 것이다. 보쌈당해 가는 여자의 심정이 그랬을까,

『삼국유사』는 제 운명의 앞날이 어떨지도 모르는 먼 길, 영문 없이 실려 갔을 것이다.

그리고 400년, 나는 보쌈당해 간 옛 우리 마을 아가씨를 만나는 심정이었다. 비록 세월에 바랜 색깔일지언정, 그것이 도리어 아련해 보이는, 곱게 늙은 아가씨였다.

그래서 다행이라면 다행이었다. 고운 얼굴이 옛 모습을 고스란히 전해 주고 있었으므로.

나는 시계를 풀었다. 자칫 시곗줄에 걸려 책이 손상될 수도 있었기 때문이다. 손목에서 시계가 풀려나가는 순간, 나는 현실의 시간이 아닌 아득한 세월의 시간 속으로 들어가는 것 같았다. 같이 온 카메라맨은 책장을 한 장 한 장 넘기는 나를 찍었다. 나는 눈물이라도 쏟아질 것 같은 감정을 억눌렀다.

『삼국유사』가 소중히 다뤄진 이유

촬영을 마치고 일행은 교토로 향했다. 이동하는 차 안에서 나는, 호사문고를 나올 때 학예사가 건네주었던 팸플릿 하나를 무심코 이리저리 뒤적였다. '호사문고―역사와 장서'라는 제목을 달고 있었다. 그 안에는 조선에서 가져온 다른 책들, 이를테면 『악학궤범』·『고려사』 등이 선명한 컬러사진으로 찍혀 소개되어 있었다. 그런데 『삼국유사』는 없었다.

호사문고-역사와 장서 나고야 시립 호사문고에서 간행한 안내책자. 1624년, 궁중에 빌려 준 『삼국유사』를 비롯한 32종의 목록집 한 쪽이 사진으로 실려 있다.

"왜 빼놓은 거야, 더 중요한 책인데……."

혼자 중얼거리다, 문득 팸플릿의 38쪽에서 눈길이 멎었다.

거기에는 '황실에 빌려 드린 서적의 메모'라는 제목을 단 사진이 실려 있었다. 1624년, 호사문고가 궁중에 32종의 책을 빌려 주었을 때의 목록이라는 설명과 함께.

그때 처음 알았다. 궁중에 책을 빌려 주기도 했었구나, 그러면서 나중에 돌려받자고 목록까지 만들었군, 대단한 친구들이야……. 그러고 적힌 책 제목들을 하나하나 읽다 보니, 뜻밖에도 열 번째에 '삼국유사'가 보였다.

어라, 『삼국유사』를 궁중에 빌려 주었단 말이지. 나에게는 순간 어떤 생각이 스쳐 지나갔다. 이 과정을 철저히 조사하지 않으면 안 되겠다 싶었다.

그로부터 5개월 뒤였다.

나는 2007년 3월, 메이지(明治)대학의 객원교수로 초청을 받아 도쿄로 갔다. 1년간 이 대학 학생들에게 한국문학사와 향가를 가르치기로 하였다.

기실 객원교수 초청은 2006년 가을에 정해져 있었다. 대구 KBS와의 동행 때 한 장의 사진에 눈이 박혔지만, 취재의 짧고 빡빡한 일정에 밀려 다시 나고야로 돌아가지 못하였어도, 섭섭지 않게 발걸음을 옮겼던 것은 바로 다음 기회가 기다리고 있었기 때문이었다. 내년을 기약하자 다짐하였던 것이다.

드디어 메이지대학에 와 보니, 객원교수라 하지만 대우는 전임과 크게 다르지 않았다. 연구동의 507호가 개인 연구실이었고, 우연히 전화번호의 뒷자리는 2007이었다. 뭔가 좋은 예감이 들었다. 지난 해 가을, 나고야에서 풀지 못한 수수께끼를 이 기회에 해결하고 가리라 굳게 마음먹은 터였다. 대학에서는 정해진 연봉 외에 35만 엔의 특정개인연구비라는 것을 지급해 주었다. 간단한 연구계획서만 쓰면 무엇을 해도 된다고 하였다.

주저하지 않고 나는 그 서류에 '호사문고 삼국유사 전승의 연구'라고 썼다.

갖은 탐색 끝에 호사문고 300년 동안의 역대 장서 목록이 영인본으로 나와 있는 것을 알았고, 연구비의 3분의 1을 들여 이 책을 샀다. 장서 목록 22종을 10권의 영인본으로 만들어 놓은 것이었다. 책값은 무려 우리 돈으로 권당 12만 원 남짓, 단 10권에 100만 원이 훌쩍 넘어갔다.

그렇게 시작하여 1년 남짓, 관련된 자료를 샅샅이 뒤진 다음, 나는 조심스럽지만 다음과 같은 결론에 이르렀다.

궁중으로 간 32종 한 세트는 천황의 열람을 마치고 돌아와, 이후 도쿠가와 막부가 망하는 날까지 나고야의 호사문고에서 특별한 대우를 받았다. 천황이 본 책이니 더 말해 무엇하랴. 목록의 편찬자들은 22종의 목록집마다 『삼국유사』를 비롯한 32종의 제목 밑에 반드시 '궁중에 빌려 드렸다가 돌려받은 책'이라는 메모를 빼놓지 않고 적어 넣었다. 에도 시대의 사료를 찾아 헤매던 도쿄제대 국사학과의 교수 쓰보이 구메조도 이 때문에 쉬 눈길이 머물렀을 것이었다. 『삼국유사』라는 낯선, 그러나 한국의 역사를 매우 특이하게 전해 주는 이 책을 읽어 보고, 학계에 이를 소개하지 않으면 안 된다고 판단했겠다.

다시 읽는
연오랑 세오녀

한갓진 해변에 살던 평범한 부부가 어느 날 바위를 타고 바다를 건너가 일본의 왕과 왕비가 되었다. 『삼국유사』「기이」편에 나오는 연오랑 세오녀 이야기이다. 그간 연구자들이 내린 이 이야기의 숱한 의미해석에도 불구하고, 그 의미망을 벗어나는 또 다른 해석을 나는 하지 않을 수 없다. 연오랑 세오녀 이야기야말로 『삼국유사』 자신의 운명을 예견한 것이었다고 말이다.

제8대 아달라왕이 즉위한 지 4년은 정유년(157년)이다. 동해 바닷가에 연오랑(延烏郞)과 세오녀(細烏女) 부부가 살고 있었다.

하루는 연오가 바다에 나가 해초를 따는데, 갑자기 바위 하나가 나타나 그를 태워서 일본으로 갔다. 그 나라 사람들이 이를 보고, "이는 비상한 사람이다"라고 하여 이내 왕으로 삼았다.

세오는 남편이 돌아오지 않자 괴이히 여겨 나가서 찾아보았다. 남편의 신발이 벗어져 있는 것을 보고 그 바위 위에 오르니, 바위가 또한 이전처럼 태워서 갔다. 그 나라 사람들은 놀라워하며 왕에게 바쳐, 부부가 다시 만나게 되었다. 귀비(貴妃)로 삼았다.

서기 2세기 중반을 배경으로 하는 이 이야기에서 일본이니 왕이니 하는 용어에 대해서는 다른 설명이 필요하지만, 핵심은 동해 바닷가에 살던 한반도의 부부가 일본열도로 그 사는 곳을 옮겼다는 것이다. 그리고 그들은 가서 왕과 왕비라는 극상의 대우를 받았다. 바위를 타고 바다를 건넌다는 사실 자체가 그들을 신비스럽게 만들었지만, 외적의 침입에 대해 극도로 민감했던 때였으니만큼 도리어 귀신으로 몰려 죽음을 당할 수도 있었는데, 과연 일본열도의 사람들은 어떤 면을 보았기에 부부에게 고난 대신 영광을 주었던 것일까.

그러나 이야기는 다음 대목에서 심각해진다. 일본이 아니라 신라에서이다.

이때 신라에서는 해와 달이 빛을 잃었다. 일관(日官)이 아뢰었다.
"해와 달의 정령이 우리나라를 버리고 지금 일본으로 가 버린 까닭에 이 같은 변괴가 일어났습니다."

왕은 사신을 보내 두 사람을 찾아오게 하였다. 연오는 말하였다.

"내가 이 나라에 이른 것은 하늘이 시켜서 된 일이다. 지금 어찌 돌아가겠는가? 그러나 왕비가 짠 가는 비단이 있으니, 이것을 가지고 하늘에 제사 지낸다면 될 것이다."

그러고서 그 비단을 내려주었다. 사신은 돌아와 아뢰었다. 그 말에 따라 제사를 지낸 다음에야 해와 달이 예전처럼 되었다.

이 대목을 읽다 보면 처음부터 이 이야기가 일본을 목적으로 하지 않았음을 알게 된다. 연오와 세오가 일본에 가서 왕과 왕비가 된 데 초점이 맞추어져 있지 않았다는 것이다. 사단이 나기로는 신라였다. 바로 해와 달이 빛을 잃는 사건이었다.

정말 기가 막히기로야 왕이나 신라 사람들이었을 것이다. 고기잡이하며 사는 동해 바닷가의 평범한 부부가 바위를 타고 바다를 건너가는 일이 벌어질 줄이야 상상이나 했겠는가. 그런 그들이 해와 달을 움직이는 정령과도 같은 존재였음을 짐작이나 했겠는가. 쥐도 새도 모르게 출국한 연오와 세오 부부가 야속할 따름이다.

일이 벌어지고 나니 그 같이 엄청난 존재를 파악하지 못하고 있었다는 불찰로 그 책임을 돌릴 수밖에 없었다. 부랴부랴 부부를 찾아가 신라로 다시 돌아오기를 간청하는 것은 그 때문이었다. 문제는 연오와 세오의 출국이 그들 스스로의 결정에 따른 것이 아니라는 사실이었다. '하늘이 시켜서' 이런 일이 벌어졌음을 말하는 연

일월지의 봄 세오녀가 짠 비단을 가져와 제사 지냈다는 곳으로 여겨지는 일월지. 지금은 포항의 한 군부대 안에 자리 잡고 있다. 새봄을 맞아 하늘거리는 버들가지가 한가롭다.

오이지 않은가.

대안으로 왕비가 짠 비단을 가지고 돌아와 신라가 문제를 해결할 수 있었음은 그나마 천만다행이었다.

이야기의 끝에 일연은 후일담을 다음과 같이 들려준다.

그 비단을 왕의 창고에 보관하고 국보로 삼았다. 그 창고의 이름을 귀비고(貴妃庫)라 하고, 하늘에 제사 지낸 곳을 영일현(迎日縣)이라 이름 지었다. 또는 도기야(都祈野)라 한다.

왕비의 비단이 국보가 되었다는 것이며 하늘에 제사 지낸 곳과 보관처를 알려 주고 있는데, 이로써 연오와 세오가 살았던 곳을 지금의 영일만 어디쯤으로 추정하지만, 사실로 따지면 제사 지낸 곳을 바로 그들이 살았던 곳이라 하기에는 미심쩍은 구석이 있다. 그러나 이런 문제는 여기서 밝히려는 주된 과제가 아니다.

연오랑 세오녀 설화가 말하는 것

앞서 분석한 대로, 정연한 3단 구성의 연오랑 세오녀 이야기는 일연의 글 솜씨가 빚어낸 결과이다. 실로 일연은 『삼국유사』에 싣는 이야기마다 자신의 화법에 따른 첨삭을 마다하지 않는다. 거기서 우리는 일연의 편찬 의도를 볼 수도 있다.

그렇다면 연오랑 세오녀 이야기를 그동안 어떻게 해석해 왔는가.

나는 이미 연오와 세오를 해와 달의 정령(精靈)을 의인화한 것으로 본 바 있다. 한 집단은 정신세계의 어떤 고갱이가 필요하다. 그것으로 이른바 하나된 세계를 만들고, 그것으로 흐트러지지 않는 사회질서를 다잡아 나간다. 연오와 세오가 일본으로 갔다는 것은 신라 사회의 그런 정신적 질서가 상실되었음을 말한다.

해와 달을 의인화한 데서 이야기의 의의는 더 커진다. 이런 이야기 수법을 일연은 자연스럽게 받아들였지만, 월명사의 이야기에 가면 이는 더욱 극적으로 나타난다. 월명은 「도솔가」와 「제망매가」를 남긴 사람이다. 「도솔가」는 다름 아닌 해가 둘 나타난 변괴를 물리치기 위해 지은 노래가 아닌가. 월명은 해를 다스린 사람이었다. 그런가 하면 월명은 달도 다스린 사람이었다. 달 밝은 밤 피리를 불고 길을 가는데 달이 따라왔다는 것이다. 해와 달이 제 빛을 내는 것이야말로 세상이 바로 서 있는 증거나 다름없었다.

연오와 세오의 이야기는 이렇듯 해와 달을 매개로 월명의 시대까지 이어지는 것이다.

여기에 또 한 가지, 나는 연오와 세오를 문면 그대로 받아들여 바닷가에 사는 어부의 어떤 비극적인 죽음과, 그 죽음을 애도하는 혼굿의 전승으로 보기도 하였다. 지금도 동해안 일대에서는 바다에서 죽은 이의 넋을 달래는 굿이 장엄하게 펼쳐지곤 한다.

연오가 바다를 건너 저 세상으로 간 것이며, 그가 떠난 자리에 세오가 와 보니 바위 위에 남편의 신발이 놓여 있었다는 상황을 보면 언뜻 죽음이 연상된다. 그러니까 바닷가에서 생계를 유지하며 살다 수중고혼(水中孤魂)이 된 어떤 부부가 있었다 하자. 그리고 사람들이 그들의 슬픈 넋을 위로하기 위해 그들 방식의 예식을 베풀어 주는 행사가 있었다 하자. 하늘의 해와 달이 다름 아닌 나라의 근간을 이루는 백성 한 사람 한 사람인 것을 누구보다 그들이 잘 알았다 하자. 그 이야기가 전해지고 확장되고 굳어지면서, 사람들은 마지막에 이 부부를 바다 건너 다른 나라에 가 왕이 되었다고 미화하고 기억하게 된 것은 아닐까.

일본의 연구자들은 어떻게 보았는가. 그들은 연오가 바다 건너 일본에 와 왕이 되었다는 결말에 주목하여, 그들의 설화 속에 등장하는 한 사람을 끌어냈다.

  그의 이름은 신라 왕자인 아메노히보코(天日槍)이다.

  옛날, 신라의 아구누마(阿具奴摩)라는 호숫가에서 여자가 낮잠을 자는데, 그 음부에 햇빛이 무지개처럼 되어 닿았다. 여자는 이로 인해 임신하고 붉은 구슬을 낳았다. 그 모습을 본 한 남자가 구슬을 빌려 달라고 하여 몸에 간직한 채 돌아다녔다. 어느 날, 남자가 소에다 먹을 것을 싣고 운반하는데, 도중에 아메노히보코를 만났다. 히보코는 남자가 소를 잡아먹으려 한다고 잘못 판단해 감옥에 집어넣으려 했다. 남자는 사정을 말했지만 히보코는 믿으려 하지 않았고, 결국 남자가 지닌 붉은 구슬을 내놓고 나서야 풀어주었다. 히보코가 구슬을 가지고 돌아와 상 위에 놓자, 구슬은 아름다운 아가씨가 되었다. 히보코는 이 아가씨와 결혼하여 행복하게 살았는데, 어쩐 일로 심하게 꾸짖자 제 아버지의 나라로 돌아간다고 하면서, 배를 타고 일본의 오사카로 가 버렸다. 히보코는 뉘우치고 부인을 쫓아서 일본에 왔다.

  부부가 일본으로 왔다는 사실은 같지만, 남녀의 신분 그리고 도일(渡日)의 동기와 순서 등이 연오랑 세오녀와 다르다. 이야기의 끝에, 히보코가 오사카에 도착하긴 했으나 바다의 신이 막아서 부인을 만나지 못하고, 다른 지방의 여자와 다시 결혼한다는 것도 다르다. 그러므로 남녀가 일본으로 건너간다는 사실만 중심에 둔, 변이된 이야기의 하나가 아닌가 짐작할 따름이다.

  세오가 짠 가는 비단을 가지고 와 하늘에 제사 지냈다는 대목으로부터도 여러 해석이 나왔다.

사실 여성 사제가 베를 짜서 이를 신의(神衣)로 삼아 하늘에 제사 지내는 의식은 동서양을 막론하고 널리 퍼져 있는데, 보다 분명한 이야기의 형태를 가지고 남아 있는 연오와 세오의 경우는 무척 중요한 실례에 속한다. 이를 가지고, 영일 바닷가를 중심으로 하는 지역이 비단의 생산지였으며, 직물신(織物神)에게 드리는 감사의 제례에서 이 이야기가 나왔을 가능성을 말하는 학자도 있다.

『삼국유사』의 운명을 닮은 연오랑 세오녀

서거정(徐居正)은 그가 지은 『필원잡기(筆苑雜記)』에서 연오랑 세오녀 이야기를 소개하고 있다. 줄거리는 『삼국유사』의 그것과 똑같으나, 그가 인용한 책은 『신라수이전(新羅殊異傳)』이었다. 오직 다른 것 하나는 『삼국유사』가 남자의 이름을 연오(延烏)라고 한 데 대해 『필원잡기』가 영오(迎烏)라 했다는 데 있다.

연(延)과 영(迎)으로 글자는 다르나 뜻이 같으니 이만한 차이야 무시해도 좋다면, 서거정과 일연은 같은 자료를 옮겨 놓았다는 말이 된다. 비록 『삼국유사』가 인용처를 밝히지 않았어도, 자연스레 『신라수이전』을 떠올릴 만하다. 그런데 서거정은 이 이야기를 일본의 왕실이 한반도에서 건너간 이들에 의해 이룩되었음을 말하고자 하여 써 넣었다고 밝혔다. 물론 그러면서도 믿겠다는 투는 아니다.

서거정이 이렇게 속내를 쉬 드러낸 데 비해 일연은 끝내 의도를 밝히지 않았다. 서거정이 쓰지 않은, 비단을 간직한 귀비고와 제사를 지낸 도기야까지 추가로 설명하면서도, 일연은 왜 이 이야기를 싣는지 말하지 않았다. 이런 대목이 『삼국유사』를 읽는 묘미이다.

나는 여기서 또 하나의 해석을 추가하려 한다. 사실 해석이라기보다, 이 이야기로 인해 떠오르는 어떤 기묘한 나만의 생각이다. 나는 연오랑 세오녀 대신 '삼국유사'라는 말을 넣어 본다.

'삼국유사'는 어느 날 바다 건너 일본으로 건너갔다. 그곳에서 사람들은 매우 중요한 책으로 대접했다. 새로운 활자를 가지고 새롭게 찍어 내기도 했다. 이런 사실을 알게 된 우리나라 사람들이 본디 책은 어쩌지 못하고 새로 나온 '삼국유사'를 한 부 가지고 왔다. 그때부터 '삼국유사'는 우리나라 사람에게도 소중한 책으로 다루어졌다.

이 줄거리는 픽션이 아니다. 여기서 내가 쓸 사실들이다.

20세기의 『삼국유사』는 재발견의 책이었음을 나는 누누이 말하였다. 13세기 후반에 저자인 일연의 손에서 떠났고, 16세기 초반에 경주에서 한 차례 더 간행된 다음, 『삼국유사』는 이 땅에서 매우 소수의 사람이나 읽었던 책이다. 그런 이 책이 어쩌다 일본으로 가게 되었는데, 20세기에 들어서자마자 그곳에서 출간되고, 마치 봇물이라도 터진 듯 많은 사람에게 읽히게 되었다. 중요한 연구 자료로도 이용되었다.

이런 『삼국유사』의 일생은 마치 연오랑 세오녀의 일생과 너무나 닮았다. 그러기에 『삼국유사』 안에 들어간 연오랑 세오녀 이야기는 다름 아닌 이 책의 운명을 예견이라도 하고 있는 듯이 보인다. 이런 것을 뭐라 말해야 좋을까. 책 속에 실은 어떤 이야기 하나가 그 책의 운명을 그대로 닮아 있다니.

운명도 운명 나름이다. 운명은 기구하다 해야 어울린다. 기구하면 기구할수록 운명답다. 기구한 운명의 끝이 해피엔딩이라면 더욱 좋다. 『삼국유사』는 그런 책이다.

일본의 한 서고에서 소중히 취급되던 책이 근대적 안목을 지닌 학자의 눈에 띄어 햇빛을 보게 된 과정을 지켜보자면 놀라움과 아쉬움이 겹쳐진다. 놀랍기로야 그렇다 치지만 아쉽다는 것은, 오늘날 우리가 민족 최고의 고전이라 떠받들어마지 않는 『삼국유사』의 '생환'에 깔린 그림자가 우리 것이라 할 수 없는 까닭이다.

이국의 도서관에서 혼자 300년을 호젓이 피어 있었을 『삼국유사』라는 꽃의 그 향기만 우리 것이다.

이렇게 말하면 어쩌면 내 자신이 친일파로 몰릴지 모르겠다. 임진왜란을 일으키고, 전후에는 수많은 문화재를 약탈해 간 저들의 원초적인 죄과에 대해서는 준엄히 따지지 아니하면서, 잘 보관하여 되살려 놓은 쪽에만 초점을 맞추어 일본을 미화하는 데에 급급한다고 말이다. 더욱이 저들의 연구와 출판은 결국 자신들의 이익을 위한 것이었음에랴.

이 같은 비판을 감안하지 않은 바가 아니다. 그러나 비판은 이미 많은 사람이 했고, 나 또한 전적으로 그에 동의하면서, 나는 우리가 확실히 알고 넘어가지 않으면 안 될 무엇인가를 찾고 싶었다. 심혈을 기울여 책을 관리하고 연구하여 저들이 무엇을 얻어냈는지, 거기서 반면교사(反面教師)로 우리가 생각해야 할 것은 무엇인지 분명히 하고 싶었다.

또 한 가지가 있다.

에도 시대 300년을 남의 집에서 『삼국유사』는 홀로 피어 있었다. 같이 붙잡혀 온 다른 책들이, 이를테면 『악학궤범』이라든가 『고려사』라든가 『동문선』 같은 책이, 고향에 남은 동종의 친구들 덕 또는 조선사회 이데올로기와 부합한 덕에 줄곧 읽히고 연구되었다고 한다면, 『삼국유사』는 아무도 거들떠보지 않는 세월 300년을 제 땅에서 버려져 있었다.

홀로라면 가여울 밖에 없으나 그런데도 꿋꿋이 피어 있던 책. 소박한 아름다움과 강인한 성질의 들꽃처럼 『삼국유사』는 피어 있었다.

3

뜨거운 감자 – 단군

조선 초기에 나온 『삼국유사』

실로 『삼국유사』가 처음 인쇄된 때를 우리는 지금 정확히 알 수 없다. 집필을 마친 시기가 일연의 만년일 가능성이 높아, 그가 세상을 떠나기 전후 곧 13세기 말에 처음 인쇄되었을 가능성은 있지만, 지금 남아 있는 인쇄본은 조선왕조 초밖에 거슬러 올라가지 못한다. 조종업본(趙鍾業本)을 비롯한 다섯 종이다.

일연이 살았던 13세기는 팔만대장경을 새기던 인쇄의 황금기였다. 몽골과의 살얼음판 전쟁을 치르면서 싸움이 아닌 인쇄에 심혈을 기울이던 아이러니를 설명하자면 먼 길을 돌아와야 하지만, 어쨌건 덕분에 이규보의『동국이상국집』이 인쇄될 수 있었던 것처럼 『삼국유사』도 그 와중에 인쇄에 부쳐질 기회를 얻었던 것만은 틀림이 없다.

다만 이제 그 같은 상황을 소상히 살필 수 없음이 안타깝다. 어디에서 인쇄하여 얼마나 배포를 했을까. 누가 이 책을 손에 넣어 읽어 보았을까.

구체적인 자료가 없으니, 다른 경로로 『삼국유사』가 그 흔적을 어떻게 남기고 있는지 찾아갈 수밖에 없다. 『삼국유사』가 어디에 인용되었는지에 따라 이 책이 어떻게 세상에 흘러 다녔는지 알 수 있겠다. 인용의 빈도는 『삼국유사』의 유포 정도를 가늠할 수 있게 해 줄 것이다.

이 빈도를 따지는 데 하나의 기준을 세워 보자. 『삼국유사』가 간행된 다음 몇 차례 중간을 거쳤는지 확실히 알 수 없지만, 분명한 것은 조선조 중종 임신년이 하나의 이정표가 된다. 임신년은 1512년이다. 이후로는 다시 간행된 적이 없다. 앞에 쓴 것처럼 1904년 일본에서 근대식 활판으로 인쇄되기 전까지 말이다.

먼저 임신년 이전에 간행된『삼국유사』와 그 인용 상황을 정리해 본다. 모두 다섯 종이다.

널리 알려지기로는 곽영대본(郭英大本)이 있다. 이인영과 이병직을 거쳐 곽영대가 소장하고 있는데, 보물 419호로 지정된 이 본은 권3·4·5만 남아 있다. 조종업본(趙鍾業本)은 조종업이 소장하다 권2만 남은 채로 공개되었다. 그나마 이 두 종이 소장처를 확실히 알 수 있는 것이고, 나머지 세 종은 소장처를 모르거나 소장자가 공개하지 않고 있는 것이다. 석남본(石南本)은 소장처를 모르는 경우인데, 석남은 민속학자 송석하(宋錫夏)의 호이고, 다행히 그 필사본이 고려대에 소장되어 남았다. 니산본(泥山本)은 이름을 알 수 없는 개인이 소장하고 있으며, 1990년에야 겨우 권2만 남았다는 사실을 알게 되었다. 이름을 붙이지조차 못한 모씨본(某氏本)은 역시 이름을 알 수 없는 개인이 소장하면서 내용도 공개되지 않았다. 왕력 및 권1·2가 남은 잔본(殘本)이라는 사실만 알려졌다.

이상에서 알 수 있듯이 조선 초기의 간행본은 어느 하나로 『삼국유사』의 전모를 볼 수 없다. 두세 종을 합쳐야 하나의 완본을 만들어 낼 수 있는 것이다. 그보다 더 아쉽기로는 출판 상황을 알 수 없다는 점이다. 임신년에 나온 책만 해도 발문이 있어 그 경위를 알 수 있다. 다만 이런 정도라도 남아 있는 것은 조선 초기에 상당한 사람들이 『삼국유사』를 읽었음을 짐작하게 한다.

『삼국유사』를 가장 많이 활용한 책은 『세종실록』의 지리지와 『동국여지승람』 같은 인문지리서였다. 지역의 지명이나 유적 그리고 전설 등을 수록하는 데에서 『삼국유사』의 인용가치는 높았다. 두 책이 인문지리서였으므로 당연한 결과였다.

여기에 단군신화가 추가된다. 이 대목이 중요하다. 『삼국유사』가 아주 잊힌 책이 되지 않은 데 가장 큰 역할을 한 것이 단군신화였다.

그렇다면 조선 초기의 여러 서적에 『삼국유사』는 어느 정도 인용되고 있는가.

『삼국유사』의
어디를 인용했나

지금까지 남은 자료로 보았을 때 『삼국유사』를 인용한 첫 번째 책은 『세종실록』이다. 『세종실록』은 다른 왕대의 실록과 달리 지리지를 붙였다는 점에서 특이하다.

『세종실록』 지리지의 제주목(濟州牧)에는 "『삼국유사』에 실린 해동안홍기(海東安弘記)에 구한(九韓)을 열거하였는데 탁라(乇羅)가 네 번째에 있다"는 구절이 나온다. 인용한 책 이름을 명백히 밝히고 소개하였기에 가장 눈에 띈다. 황룡사 구층탑을 지은 경위를 설명한 『삼국유사』 「탑상」편의 '황룡사 구층탑'조에서 인용하였다. 탁라는 곧 탐라이며 제주를 이름이다.

『세종실록』 지리지에 더는 『삼국유사』를 직접 거명하지 않았지만 많은 곳에서 인용했을 가능성은 높다.

한편 가장 많은 인용 빈도를 보이는 책은 『동국여지승람』이다.

이 책은 1481년(성종 12년)에 50권으로 완성되었다. 그리고 1485년(성종 16년) 김종직(金宗直) 등에 의해, 1499년(연산군 5년) 임사홍(任士洪)·성현(成俔) 등에 의해 2차에 걸쳐 교정과 보충이 이루어졌다. 보다 광범위하게 증보된 것은 1530년(중종 25년)이었다. 이행(李荇)·윤은보(尹殷輔)·신공제(申公濟)·홍언필(洪彦弼)·이사균(李思鈞) 등이 중종의 명을 받아 작업했고, 책 이름에도 이때부터 '신증(新增)'이라는 말을 앞에 붙였다. 그래서 지금 이 책의 정식 명칭은 '신증동국여지승람'이다.

신증본이 나온 1530년이라면 『삼국유사』 임신본 간행년보다 18년이 뒤진다. 그러나 『삼국유사』의 인용은 이미 신증 이전에 이루어졌다. 『동국여지승람』은 "귀교(鬼橋) 신원사(神元寺) 옆에 있다. ○『삼국유사』에 이르기를……"과 같은 방식으로 『삼국유사』를 인용하였다. '귀교'는 항목, '신원사 옆에 있다'는 설명, 그리고 '○' 이후는 구체적인 설명이나 보충인데, 『삼국유사』 같은 책을 인용한 이 부분이 『동국여지승람』의 내용을 풍부하게 해 준다. 실로 이 책의 가치는 여기서 커진다고 할 수 있다.

과연 『동국여지승람』의 편찬자는 『삼국유사』에 대해 어떤 생각을 가지고 있었을까.

『삼국유사』에 이르기를, "고구려 지역엔 본래부터 마읍산(馬邑山)이 있는 까닭으로 마한이라 이름하고, 백제 지역엔 본래부터 변산(卞山)이 있기 때문에 변한이라 하였다"로 하였는데, 이제 평양부에 마읍산이 있고, 부안현(扶安縣)에 변산(邊山)이 있으니 『삼국유사』의 말은 혹 증거가 있는 것이 아닌가 합니다. 이 책을 누가 지었는지 알지 못하겠고, 또 고려 중엽 이후에 나온 것으로, 그 기재한 것이 허황됨이 많아서 족히 믿을 만한 것이 못 되나, 삼한의 설을 변증(辨證)한 것은 증거가 매우 밝아, 동방의 지리를 기록하고자 하는 사람은 진실로 참고로 보는 것이 옳겠습니다.

『신증동국여지승람』 제6권 경기(京畿)

명백하게 한계를 긋되 장점은 장점대로 살리자는 태도가 보인다. 허황됨이 많아서 믿을 만하지 못하다는 것은 전자요, 비록 '삼한의 설'에 국한하고 있으나 진실로 참고해야 옳다는 것은 후자이다. 15세기 후반 곧 성종 임금의 시기에 이르러 바야흐로 강화되는 유학자적 관점이 엿보이는데, 그럼에도 불구하고 가치에 따라 유연히 대처하는 태도도 보인다. 조선 전기의 분위기를 짐작할 중요한 대목이다.

그러나 누가 지었는지, 어느 시기에 나왔는지 모른다 함은 무엇을 말하는가.

뒤에 나온 『삼국유사』 임신본은 서지 정보를 가지고 있는 데 반해 『동국여지승람』이 참고했을 것으로 보이는 이전의 판본은 이를 누락하고 있었다는 말이 된다. 어쩌면 아주 조심스럽게, 서둘러 겨우 꼴만 갖춘 채 내다 보니 생긴 결과인지도 모른다.

김종직이 가졌던 주체적인 사고방식

지금까지 『동국여지승람』과 『삼국유사』의 관계는 웬만큼 알려져 있다. 이에 더하여 좀 더 자세히 소개하고 싶은 사람이 김종직(金宗直, 1431~1492년)이다.

조선조 사림(士林)의 조종(祖宗)—. 우리는 이 한마디로 김종직을 평하지만, 그에게서 발견하는 역사에 대한 식견은 상상 이상이다.

그가 신종호(申從濩) 등과 함께 『동국여지승람』을 엮은 것은 1485~1486년의 일이었다. 이 일을 마친 다음 해인 1487년의 기록, 곧 『성종실록』 18년 2월 10일 조에는 이런 기사가 눈에 띈다.
　김종직은 이날 주강(晝講)을 마치고 왕에게 이렇게 말하였다.

　　신 등이 『여지승람』을 교정하였는데, 태조(太祖) 이래로 모두 묘호(廟號)를 일컫고 있지만, 임금께서는 이제 시호(諡號)로 고쳐 쓰도록 명하셨습니다. 신의 생각으로는, 고치는 것은 어렵지 않으나 그대로 두는 것도 무방할 듯합니다.

　임금을 적는 데 태종이니 세종이니, 그러니까 조(祖)나 종(宗)을 뒤에 받쳐 쓰는 것, 곧 묘호의 사용은 천자의 나라 중국에서나 있는 일이 아니냐, 중국에 거슬러서는 곤란하니 고치도록 하라는 성종의 지시에 대한 답변이었다. 고쳐도 좋으나 그대로 두어도 무방하다는 김종직의 입장이 이채롭다. 주체적인 사고방식이라고나 할까.
　그는 어떤 근거에서 이런 주장을 한 것이었을까? 왕도 이 점이 궁금하여 되묻는데, 김종직의 답변은 다음과 같이 이어졌다.

　　우리나라 『삼국유사』에 신라 무열왕을 태종(太宗)이라고 일컬었습니다. 당나라 무후(武后)가 보고서 꾸짖기를, "우리 천자를 태종이라고 일컬었는데, 너희가 어찌하여 참람하게 일컫느냐?"라고 하자, 대답하기를, "무열왕이 어진 신하 김유신의 무리를 얻어서 삼국을 통합하였기 때문에 태종이라고 일컫습니다"라고 하니, 무후가 그대로 두고 묻지 아니하였습니다.

김종직은 여기서 『삼국유사』의 「기이」편 '태종 춘추공'조를 인용하였다. 왕조 시대에 중국을 거슬리는 일은 무척 예민한 문제였다. 그 가운데 하나가 묘호였다. 고려가 묘호를 쓰다 원나라 간섭기에 시호로 바꾼 것은 사소하지만 사소하지 않은 사대관계의 엄연한 현실이었다. 조선이 건국되고 묘호를 다시 쓰면서 속으로는 얼마나 켕겨했는지 알 수 있는 대목이다.

그런데 이에 대한 반대논리를 대면서 김종직은 『삼국유사』에서 전거를 찾아오고 있다. 김종직이 『삼국유사』에 가까워지게 된 계기는 당연히 『동국여지승람』의 편찬이었으리라. 그가 이 신라의 묘호 사용 대목을 무심히 지나치지 않고 보아 둔 덕에 나름대로 자존심 한 번 세우는 훌륭한 전거로 활용하였다. 신라가 당나라를 향하여 굽히지 않고 제 주장을 편 것이나, 일연이 이를 『삼국유사』에 기록한 것이나, 김종직이 다시 인용하여 비슷한 문제를 해결한 것이 모두 한 가지로 설명 가능하다. 그들 모두는 자존(自存)을 넘어 자존(自尊)하는 심지가 굳셌다.

김종직이 꽤나 공들여 『삼국유사』를 읽었으리라 짐작하게 할 예가 하나 더 있다.

그가 교유하던 승려 가운데 경민(敬敏)이라는 이가 있었다. 경민

김홍도가 그린 월정사 오대산은 온통 전나무 밭이다. 김홍도가 살았던 시대에도 사정은 마찬가지였던 듯, 월정사를 둘러싼 전나무 숲이 장관이다. 『삼국유사』에는 보천과 효명태자 이야기로 신비스런 풍경을 실감나게 그리고 있다.

은 서거정(徐居正, 1420~1488년)이나 이승소(李承紹, 1422~1484년) 같은 당대의 문인과도 교유하였지만, 그 무렵 그가 사회적으로 어느 정도 위치를 차지하고 있었으며, 구체적으로 어떤 활동을 했는지는 잘 알려져 있지 않다. 다만 그 교유범위로 볼 때 활동영역은 불교에 그쳤던 것 같지는 않다.

경민이 서울을 떠나 오대산으로 돌아가게 되었는데, 위 세 사람이 나란히 전별시(餞別詩)를 써 주고 있다. 그 가운데 김종직이 쓴 시에는 다음과 같은 대목이 나온다.

> 문득 생각하니 바닷가엔 도죽(桃竹)이 자랄게고　　忽憶海崖桃竹長
> 응당 알건대 숲 속에는 철련(鐵蓮)이 피었으리　　應知林下鐵蓮開

도죽은 대나무의 일종으로 도생(桃笙)이라고도 한다. 한편 철련에는 김종직 스스로 주석을 달아 "산중의 고사를 쓴 것인데 삼국유사에 있다"라고 밝혔다. 『삼국유사』에 실린 고사라면 오대산에서 수행한 보천과 효명태자의 이야기일 것이다.

> 두 태자가 산중에 이르자 푸른 연꽃이 피어났는데, 그곳에서 형은 암자를 짓고 머물렀다. 여기를 보천암(寶川庵)이라 한다. 이곳에서 동북쪽을 바라보고 600보쯤 간 곳이 북대(北臺)인데, 남쪽 기슭에도 푸른 연꽃이 핀 곳이 있었다. 동생 효명태자가 암자를 짓고 머물렀다.
> 「탑상」편 '오대산의 오만 개 진신'조

세속에서 왕자의 신분을 버리고 산중에 수행하러 들어온 이들의 이야기는 신비스러운 오대산 월정사 창건연기설화의 절정이다. 일연은 『삼국유사』에서 오대산 이야기를 4개 조에 걸쳐 자세히 싣고 있다. 푸른 연꽃 곧 청련(靑蓮)이 피어난 곳에 암자를 짓고 산 위 대목은 바로 이어 '명주 오대산 보천태자 전기'조에서도 문장을 조금 달리 하여 실려 있다.

　다만 『삼국유사』의 '청련'이 김종직의 시에서는 '철련'으로 바뀐 점이 다르다. 왜 철련이 되었을까?

청련은 이태백(李太白)이 썼던 호였다. 그가 쓴 시 가운데 "금속여래는 바로 나의 후신일세〔金粟如來是後身〕"라는 구절이 있다. 여기서 금속여래는 불교의 유마힐(維摩詰)을 뜻하는데, 청련거사 이태백이 스스로를 유마힐에 견준 구절이다. 김종직은 청련을 금속으로 보고 이는 곧 철련으로도 연결된다 생각한 것 같다. 그렇다고 김종직이 그 자신이나 경민을 이태백에 견주었다고 볼 수 없다. 『삼국유사』의 고사가 그의 머릿속에 자리 잡아 있었고, 그것을 자연스레 시화(詩化)한 것이다. 그렇다면 주석으로 밝히지 않았지만, 도죽(桃竹) 또한 의상의 낙산사 창건연기설화를 담고 있는 「탑상」편의 '낙산이대성 관음 정취'조에 나오는 대나무임에 틀림없다. 김종직이 꽤나 『삼국유사』를 탐독했으리라 추정해 좋을 대목이다.

김종직의 위 시는 1484년 이전에 쓰였다. 경민이 오대산으로 돌아간 것이 언제인지 알 수 없으나, 함께 전별시를 쓴 이승소가 1484년에 세상을 떠났기 때문이다. 적어도 이 몇 년 전이었다고 본다면, 김종직은 『동국여지승람』을 수정하던 1486년보다 훨씬 여러 해 전부터 『삼국유사』를 읽고 있었다는 계산이 나온다.

사림의 조종 김종직이 『삼국유사』에 기울인 관심이 적잖았음을 보면서, 적어도 조선 초기에 관심 있는 학자들 사이에 열독하는 이가 있었음을 짐작하게도 된다.

상소문에 실린
『삼국유사』의 단군신화

단종이 즉위한 해인 1452년 6월 28일에 경창부윤 이선제(李先齊)가 왕에게 상소를 하고 있다.

황해도의 마을에서 발생한 전염병이 사방에 퍼져, 북으로 평안도에 남으로 경기도에 이르려는 위기 상황이었다. 상소는 이 전염병을 물리칠 방안에 대해 쓴 것이었다. 황해도 봉산현에 사는 하급관리에게 들었다고 하면서, 그가 내놓은 퇴치방법은 뜻밖이었다. 문화현 단군의 사당을 평양에 옮긴 뒤에, 괴이한 기운이 뭉치어 마치 귀신 모양 같은 것이 생겼다는 것이며, 이것이 반드시 전염병의 원인일 터이니, 이 사당을 되돌려 놓아야 한다고 했다.

문화현의 단군사당은 삼성사(三聖祠)란 이름으로 설치되어 있었는데, "구월산 성당리에 있으니, 바로 환인·환웅·단군의 사당이다. 나라에서 봄가을로 향축(香祝)을 내려 보내 제사드리며, 또 비가 심한 때와 가물 때 기도하면 문득 감응한다"는 설명이 『동국여지승람』에도 나와 있다. 바로 이 사당을 평양으로 옮겨 갔다는 말이 된다.

이런 상소문을 쓴 이선제는 누구였던가.

본관이 광산(光山)인 그는 1419년(세종 1년) 증광문과에 급제하여 벼슬길에 나섰고, 1423년에는 『고려사』를 고쳐 지을 때 사관(史官)으로서 일했으며, 1431년에는 집현전 부교리로 춘추관 기사관이

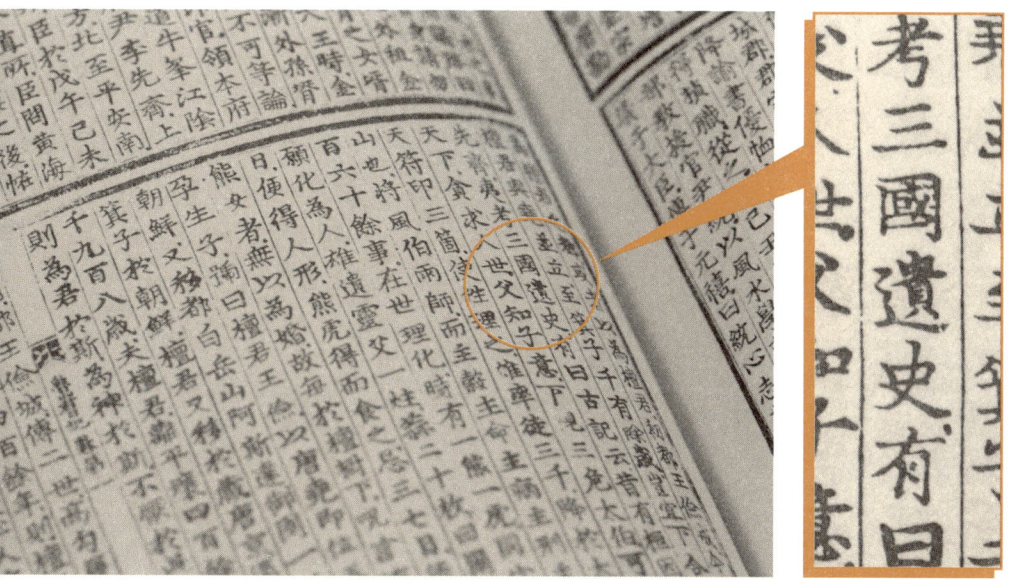

조선왕조실록에 인용된 『삼국유사』 단종 즉위년 6월에 이선제가 올린 상소문에는 『삼국유사』의 '고조선'조가 인용되었다. 왕조실록에서 유일한 경우이다. 삼국유사를 '三國遺史'라 썼다. 천하의 왕조실록에도 오자가 보인다.

되어 『태종실록』 편찬에 참여하였다. 정통 관료이면서 특히 역사에 밝은 이였다. 그뿐만 아니라 1448년에는 호조참판으로 정조사가 되어 명나라에 사신을 다녀왔다. 그야말로 두루 활동영역이 미치지 않는 곳이 없었다. 예문관 제학까지 역임한 그였다.

그런 그가 단군을 들먹이며 그 사당을 옮긴 데에서 전염병의 원인을 찾고 있으니, 아직 조선식 성리학에 덜 훈련된 사람으로 보아야 할까, 나름대로 치세에 대한 관점이 독특하다고 해야 할까.

단군사당을 문화현으로 돌려놓아야 한다는 주장을 하면서, 흥미롭기로는 이선제가 그 근거를 바로 『삼국유사』에서 대고 있다는 사실이다. '신이 『삼국유사』를 상고하니……'라 전제하고 '고조선'조를 그대로 옮겨 놓았다. 글자 한 자 다르지 않다. 외워서 쓴 것이 아니라 책을 앞에 놓고 베꼈다고 해야 옳겠다.

전문을 그렇게 인용하면서 그가 주목한 대목은 특히 마지막 부분 곧 "백악산 아사달에 옮기어 나라를 다스린 지 1,500년, 주나라 무왕이 즉위하여 기자를 조선에 봉하니, 단군이 또 장당경에 옮기었다가 돌아와 아사달에 숨어 산신이 되었는데, 1,908세를 살았다"는 곳이다. 이것이 그가 주장하는 문화현에 단군의 사당이 서 있어야 하는 까닭이었다. 아니 다른 곳에도 사당을 세울 수 있지만, 문화현에 있던 사당을 평양으로 옮긴 일은 잘못이라는 주장의 근거였다.

그러면서 그가 하는 다음과 같은 이야기는 더욱 우리의 주목을 요한다.

혹자는 말하기를, 천제가 단수(壇樹) 아래에 내려와 단군을 낳았다는 것은 일이 괴탄한 데에 가까워서 족히 믿을 것이 못 된다 합니다. 그러나 신인(神人)의 출생은 상민(常民)과 다릅니다.

괴탄한 일이라 믿을 게 못 된다 한다……, 그러나 신인의 출생은 다르다―. 이 대목을 읽다 보면 마치 『삼국유사』 「기이」 편의 서문을 보는 듯하다. 성인은 괴력난신(怪力亂神)을 말하지 않았다……, 그러나 제왕의 출현은 반드시 남과 다르다―. 서문에서 일연은 이렇게 말하지 않았는가. 이선제는 아예 더 나아가 『삼국유사』에 실린 신라·백제·고구려 시조의 건국신화까지 요약해 실어 놓았다. 마치 일연이 다시 살아온 듯한 느낌마저 받는다.

이선제는 김종직보다 앞선 시기의 인물이었다. 조선 초기로 올라갈수록 후기와 다른 사회분위기를 우리는 여러 군데서 느끼지만, 역사문제와 편수에 관심과 특기를 가졌던 그였기에 당연히 『삼국유사』의 존재를 다른 이들보다 관심 있게 보았을 터이나, 그 시각이 부정적이 아니라 긍정적이면서 강렬하다. 왕가의 종친이었고 전염병의 퇴치에 힘썼던 당대 선구적 지식인이 단군신화에 대해 갖는 이런 전향적 태도를 눈여겨보아야 한다.

인용처를 분명히 밝히면서 단군신화를 옮겨 적은 상소문은 조선왕조실록 전체를 통틀어 이 한 군데뿐이다. 그런 상소문을 쓴 이도 이채롭지만, 이를 버리지 않고 실록에 실은 편찬자의 시각도 궁금해진다.

단군신화 논의, 조선 초기에 불붙었다

기왕에 이야기가 단군신화로 이어졌다. 사실 단군과 그 신화는 이 책에서 큰 줄거리가 될 것이다. 『삼국유사』의 전승과 단군신화는 떼려야 뗄 수 없는 관계이기 때문이다.

그나마 조선왕조를 지나는 동안 『삼국유사』가 읽힌 것, 죽지 않고 살아남은 것은 단군신화에 의지한 바가 컸다. 『삼국유사』에 단군신화를 실은 데 대해 우리는 그 저자인 일연의 식견과 안목을 아낌없이 칭찬하지만, 거꾸로 단군신화가 실렸기에 『삼국유사』는 '존재감'을 가질 수 있었다. 단군신화는 신화 그 자체로서만이 아니라, 『삼국유사』를 살린 공로자로서 새로운 평가를 받아 마땅하다.

그렇다면 조선 초에 단군신화가 어느 정도 거론되었는지 살펴보는 쪽으로 이야기를 넓혀가 보자. 이를 통해 『삼국유사』가 이 무렵 얼마나 읽혔는지 직간접적으로 살펴볼 수도 있다.

앞서 이선제의 상소문이 1452년에 쓰였는데, 우연히 이 시기를 전후하여 단군신화는 여러 사람의 기록에 올라간다. 이를 시기순으로 정리하면 다음과 같다.

1. 『고려사』 권58 지리지(1451년)
2. 『세종실록』 권154 지리지(1454년)
3. 권람의 『응제시주(應製詩註)』(1461~1465년)
4. 『동국여지승람』 권54(1481년)
5. 『동국통감』 외기(1485년)

다섯 권은 모두 역사기록물이라는 공통점이 있다. 조선조에 들어 앞 시대를 정리하는 역사편찬의 분위기가 고조되었고, 직전 왕조로서 고려사의 편찬이야 당연했지만, 『동국통감』처럼 통사(通史)

에 대한 욕구도 생겨났으니, 이에 따라 나라의 시작을 어디서든 잡아야 할 형편이었다. 이 마당에 단군은 그 시조로서 급부상하게 되었다.

그런데 이 책들은 어떤 모양새를 갖추어 단군을 소개하고 있는가.

먼저 『고려사』부터 살펴보자. 단군이 등장하는 권58은 지리지로 평양을 소개하는 대목이다. 조선의 옛 도읍이라 하면서, "당요(唐堯) 무진년에 신인이 단목(檀木) 아래로 내려오니, 나라 사람들이 임금을 삼고 평양에 도읍하여 단군이라 불렀다"고 하였다. 어디에서 인용했는지는 밝히지 않았다.

다음 『세종실록』 또한 지리지의 「평양부」에서 단군신화를 실었는데, 『고기』에서 인용한다고 밝혔다. 내용은 『고려사』보다 상세하다.

> 상제 환인(桓因)에게 웅(熊)이라는 이름의 서자가 있는데, 세상으로 내려가 교화하고자 하는 뜻을 가지고, 하늘의 삼인(三印)을 받아 태백산 신단수 아래로 내려왔다. 이가 단웅천왕이다.
>
> 손녀로 하여금 약을 마시고 사람의 몸을 만들어, 단수(檀樹)의 신과 더불어 혼인해서 아들을 낳으니, 이름이 단군이다. 나라를 세우고 이름을 조선이라 하니, 조선, 시라(尸羅), 고례(高禮), 남·북옥저, 동·북부여, 예(濊)와 맥(貊)을 모두 단군이 다스렸다. 단군이 비서갑 하백의 딸에게 장가들어 아들을 낳으니, 부루이다. 이를 곧 동부여 왕이라고 이른다. 단군이 당요와 더불어 같은 날에 임금이 되고, 우(禹)가 도산(塗山)의 모임을 만들자, 태자 부루를 보내 조회하게 하였다.

나라를 누린 지 1,038년 만인 은나라 무정(武丁) 8년 을미년에 아사달에 들어가 신이 되니, 지금의 문화현 구월산이다.

『세종실록』의 기록은 앞서 『고려사』와 다르지만 『삼국유사』와도 몇 가지 점에서 다르다. 환인의 아들 이름이 웅(雄)이 아닌 웅(熊)이고, 손녀를 사람으로 만들어 단수의 신과 결혼시켜 단군을 낳았으며, 단군이 부루의 아버지라는 것이다. 이런 차이점이 왜 생겼는지는 뒤에 밝히기로 한다.

다음은 권람(權擥, 1416~1465년)의 기록이다. 그는 세조를 왕위에 앉히는 계유정난을 주도하였던 사람이었다. 할아버지가 개국공신 권근(權近)인데, 근이 지은 응제시(應製詩)에 주석을 붙인 책이 바로 『응제시주』이다. 할아버지는 시만으로 역사를 노래하였지만, 권람은 민족시조나 개국시조를 거의 빠짐없이 주석에 자세히 적어, 이 시기 역사인식이나 사서편찬 방향을 이해하는 데 중요한 자료를 남겼다.

단군신화 대목은 그 또한 『고기』에서 인용한다고 밝혔는데, 『세종실록』과는 몇 가지 차이가 나고, 도리어 『삼국유사』와 거의 흡사하여 흥미롭다.

본디 권근은 "처음에 하늘 문을 연 동이의 임금"이라 쓰고 주석을 붙이기를, "옛날 신인이 단목 아래로 내려와 나라 사람들이 세워서 왕을 삼았다. 그래서 단군이라 불렀다. 때는 당요 원년 무진년이다" 하였으니, 이는 『고려사』의 기록과 흡사하다. 그런데 권람은 여기에 자신의 주를 다음과 같이 붙였다.

　상제 환인에게 웅(雄)이라는 이름의 서자가 있는데, 세상으로 내려가 교화하고자 하는 뜻을 가지고, 하늘의 삼인(三印)을 받아 3,000명의 무리를 데리고 태백산 신단수 아래로 내려왔다. 이가 환웅천왕이다. 환(桓)은 단(檀)이라고 한다. 산은 지금 평안도 희천군 묘향산이다. 풍백(風伯)·우사(雨師)·운사(雲師)를 데리고 곡식과 목숨과 형벌과 선악 등 무릇 세상의 360여 가지 일을 주관하여, 세상에 있으면서 교화를 베풀었다.

　그때 곰 한 마리와 호랑이 한 마리가 같은 굴에서 살면서 늘 웅에게 사람으로 변하게 해 달라고 빌었다. 웅은 신령스러운 쑥 한 다발과 마늘 스무 낱을 주며, "이를 먹고 햇빛을 100일 동안 보지 않으면 사람의 몸을 얻게 될 것이다"라고 말했다. 곰과 호랑이가 이를 먹는데, 호랑이는 지켜내지 못하였으나 곰은 삼칠일(三七日)을 지켜서 여자의 몸이 되었다. 그러나 혼인할 사람이 없어서 매번 단수 아래로 가서 잉태하게 해 달라고 빌었다. 그래서 웅이 사람의 몸으로 잠시 변해 잉태시켜 아들을 낳으니 단군이다.

　당요와 더불어 같은 날에 임금이 되어, 나라 이름을 조선이라 하고 처음 평양에 도읍하였다가 뒤에 백악에 도읍하였다. 비서갑 하백의 딸에게 장가들어 아들을 낳으니, 부루이다. 이를 곧 동부여 왕이라고 이른다. 우(禹)가 도산(塗山)의 모임을 만들자, 부루를 보내 조회하게 하였다.

단군은 하우(夏禹)를 지나 상(商) 무정 8년 을미년에 아사달에 들어가 신이 되니, 지금의 문화현 구월산이다. 묘가 지금도 있으며, 누린 해는 1418년이었다.

이를 『세종실록』과 비교했을 때 이야기의 앞과 끝은 거의 비슷하다. 웅(熊)을 웅(雄)이라 한 것이 다르나, 권람이 좀 더 자세한 것은 『세종실록』이 군데군데 생략하며 썼기 때문으로 보인다.

그러나 단군의 탄생 부분은 완전히 다르다. 이는 도리어 『삼국유사』와 같다. 단군의 탄생이 신화의 핵심적인 부분일진대, 그렇다면 『세종실록』과 권람이 모두 『고기』를 인용한다 하면서 이 같은 차이가 난 까닭을 어디에서 찾을 수 있을까.

이런 의문을 가진 채 『동국여지승람』까지 내려가 보자.

이 책에서는 우선 본문을 『고려사』와 같은 내용으로 써 놓고, 주석 부분에서 "웅(雄)이 신단수 아래 내려와 신시(神市)를 다스리는데, 어떤 곰이 나타나 신에게 빌어 사람이 되기를 바라므로, 신이 영약(靈藥)을 주어서 먹게 하고 여자가 되자, 신이 사람의 몸으로 나타나 혼인하여 아들을 낳았다"고 하였다. 『동국여지승람』이 인용한 책도 『고기』이다. 그런데 환웅의 신시를 비롯한 전체적인 분위기는 『삼국유사』를 닮았고, 단군의 탄생 대목은 마치 『세종실록』과 권람의 주석을 버무려 놓은 듯하다.

조선 초기, 좀 더 범위를 좁히자면 15세기 후반 50년 동안 나온 역사서에 단군신화가 빈번히 등장하는 것은 반가운 일이다. 그러나 같은 시기에 나온 책에서 핵심부분을 달리 하는 단군신화가 수록되어 있다는 점, 정신 바짝 차리고 따라가지 않으면 안 될 문제이다.

단군신화를
처음으로 실은 두 사람의 차이

어떤 차이, 거기에서 우리는 시대를 읽는 실마리를 잡을 수 있다. 실마리는 처음 자리에 있을 것이다. 그래서 이야기는 15세기를 떠나, 단군신화와 처음 만날 수 있는 13세기로 거슬러 올라간다.

오늘날 우리가 흔히 아는 단군신화는 13세기 일연의 『삼국유사』에 의지해 있다.

하늘에서 환웅이 내려오고, 그 앞에 곰과 호랑이가 나타나 사람이 되게 해 달라 빌고, 마늘과 쑥을 먹으며 금기를 지킨 곰이 여자가 되어 환웅과의 사이에서 단군을 낳는다. 곰과 호랑이, 그리고 마늘과 쑥은 단군신화에서 빠질 수 없는 존재이다. 이 같은 핵심 화소와 존재 앞뒤로 환웅의 신시와 단군의 조선이 놓인다. 일연은 신시와 조선의 역사적 발전 단계를 보여 주는 줄거리에 어떤 편견도 개입시키지 않았다. 그래서 신화로 불리는 우리 상고시대사가 온전히 남았다.

그런데 단군신화가 나오는 또 다른 책인 같은 시대 이승휴(李承休)의 『제왕운기(帝王韻紀)』는 이렇게 쓰지 않았다.

일연은 승려였고 이승휴는 유학자였다. 신분상의 차이였을까? 유교적 합리주의에 훈련된 이승휴는 어떻게 하든 이야기를 좀 더 이치에 맞게 풀어 보려 한 것이었을까?

두 사람은 같은 시대를 살며 함께 어울리는 사이였다. 그러던 어느 날, 일연이 개성에서 이승휴를 만났다. 이승휴는 당대의 문장가였다. 마침 이장용(李藏用)이 60여 년간 계속되던 최씨무인정권을 물리친 다음이었다. 두 사람은 이장용과 자리를 함께하며 시회(詩會)를 열었다. 성대했던 모양이다. 이승휴는 그날의 모습을 기록해 오늘날까지 전하고 있다.

나는 그날 일연과 이승휴 사이에 있었을 대화를 상상해 본다.

"스님께선 단군신화를 들어 보신 적이 있으시오?"
"듣다마다요.『고기』라는 책도 보았는걸요."
"스님께선 그것을 보고 어떻게 생각하셨소?"
"우리 민족의 뿌리가 어떻게 박혀 있는지 분명히 알았소이다."
"그렇다면 이 이야기를 우리들이 바로 써서 책에다 남깁시다."
"좋은 생각이십니다. 원나라 사람들이 우리 고려를 유린하고, 온통 제나라 식으로 만들려 하고 있는데, 시세가 그러니 어쩔 수 없다 하여도, 우리 후손들이나마 뿌리를 제대로 알게 해야지요."

자리를 마치고 돌아온 두 사람이 각각 쓴 책이『삼국유사』와『제왕운기』이다. 두 책은 단군신화를 그 머리에 두고 있다. 다른 점이 있다면, 『삼국유사』가 산문으로, 『제왕운기』가 운문으로 쓰였다는 것이다. 그도 약속의 소산일까?

같은 시대를 살았던 두 분의 책에, 더욱이 함께 어울려 시회를 열만큼 가까운 사이였는데, 약속이나 한 듯 단군신화가 머리에 장식된 것을 우연으로 보아서는 안 된다. 우연의 일치라고 하기에는 지나친 우연이다. 그래서 나는 앞과 같은 상상을 해 본 것이었다.

단군신화를 쓰자고 약속해 놓고 그들은 어떤 결과를 보여 줄까. 그렇다면 이제 이승휴가 쓴 단군신화를 좀 더 자세히 살펴볼 차례이다.

같은 자료로
어쩌다 달라졌을까

이승휴의 『제왕운기』는 시로 읊은 우리나라의 역사이다. 그 가운데 단군신화를 다룬 첫 대목을 보이면 다음과 같다.

가운데가 천리니 이 땅이 곧 조선이라	中方千里是朝鮮
강산 좋은 경치 그 이름 천하에 알려졌다	江山形勝名敷天
밭 갈고 우물 파는 예의의 나라이라	耕田鑿井禮義家
중국 사람들은 작은 중화라 부른다네	華人題作小中華

| 누가 나라 열어 풍운을 열었는가 | 初誰開國肇風雲 |

천제의 손자, 단군이라 불렀다네	釋帝之孫名檀君
제요와 함께 무진에 일어나	竝與帝高興戊辰
하나라를 지나 하나라를 거쳐 임금 자리에 있었다네	
	經虞歷夏居中宸

이승휴는 "천제의 손자, 단군이라 불렀다네"라는 대목에서 주석을 달아 단군신화를 소개하고 있다. 그가 소개하는 단군신화는 이렇다.

본기에 이르기를, "상제 환인에게 서자가 있는데 환웅이라 하였다. 그에게 말하기를, '아래로 삼위태백에 이르러 널리 인간을 이롭게 하라'고 하였다. 환웅은 천부인 세 개를 받고 3,000명의 귀신을 데리고 태백산 마루 신단수 아래로 내려왔다. 이를 일러 단웅천왕이라 한다"고 하였다.

손녀로 하여금 약을 먹여 사람이 되게 하여 단수신(檀樹神)과 결혼시켜 아들을 낳게 했다. 이름을 단군이라 한다. 조선의 땅을 차지하여 왕이 되게 하였다. 1,038년을 다스리다가 아사달산에 들어가 신이 되었다. 죽지 않았기 때문이다.

하늘의 아들 웅(雄)이 신단수에 내려와 단웅천왕이 되는데, 손녀가 약을 먹고 사람이 되어 단수신(檀樹神)과 혼인하고 단군을 낳는다는 것이다. 곰과 호랑이 대신 손녀가, 마늘과 쑥이라는 구체적인 물건 대신 약이 등장하였다. 그러고 보니『세종실록』에 실린 단군 신화가 바로 이승휴의『제왕운기』와 같음을 알 수 있다.

『고기』를 인용하되 이승휴처럼 각색된『세종실록』의 단군신화.

조선 시대에 들어와 단군신화를 싣고 있는 편찬물을 보면 재미있는 사실이 보인다.『세종실록』의 편찬자는 이승휴를 인용하고, 같은 시기의 권람은 일연에 가깝게 인용하였다. 실록이 관찬(官撰)이라면 권람은 개인자격이었다. 같은 시기의『고려사』는 아예 "신인이 단목(檀木) 아래 내려와, 나라 사람들이 임금을 삼으니, 단군이라 부른다"고 하여, 문제가 될 만한 부분은 모두 생략하고 말았다.『고려사』또한 관찬 아닌가. 시대가 시대이니 만큼 분명코 승려 일연에 대한 유학자 이승휴의 승리로 보인다.

그런데 이보다 조금 뒤에 나온『동국여지승람』만 이승휴와 일연의 기록 가운데 서서 줄타기를 하고 있다. 이를 그림으로 나타내 보자.

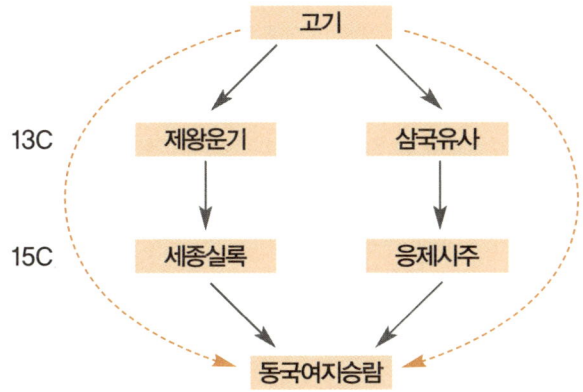

「삼국유사」와 「제왕운기」의 비교

	화소(話素)	삼국유사	제왕운기	비고
1	환웅	옛날 환국(桓國)의 아들 환웅이	상제 환인(桓因)에게 아들이 있는데, 웅(雄)이라 한다.	
2	환웅의 의지	자주 하늘 아래에서 사람이 사는 세상을 찾아가고자 하였다. 아버지가 자식의 뜻을 알고	운운(云云)	「제왕운기」는 생략함.
3	홍익인간	아래로 세 봉우리가 솟은 태백산을 굽어보니, 널리 인간을 이롭게 할 만하였다.	말하기를, "아래로 세 봉우리가 솟은 태백산에 이르러, 널리 인간을 이롭게 하겠구나" 하였다.	
4	환웅의 강림	이에 천부(天符)의 증표 세 개를 주어 가서 다스리도록 하였다. 환웅은 3,000명의 무리를 이끌고 태백산 마루 신단수 아래로 내려왔다. 이곳을 일러 신시(神市)라 하였고,	그래서 웅은 천부의 증표 세 개를 받아 귀신 3,000을 이끌고 태백산 마루 신단수 아래로 내려와,	무리(徒)/ 귀신(鬼) 「제왕운기」에는 신시가 나타나지 않음.
5	환웅천왕	스스로를 환웅천왕이라 불렀다.	스스로를 환웅천왕이라 불렀다.	
6	보좌하는 신하	풍백(風伯), 우사(雨師) 그리고 운사(雲師)를 거느리고, 곡식·운명·질병·형법·선악을 주관하는 등 무릇 세상의 360여 가지 일을 맡아보고, 세상에 있으며 교화를 베풀었다.	운운(云云)	「제왕운기」는 생략함.

7	웅녀(손녀)의 탄생	그때 곰 한 마리와 호랑이 한 마리가 굴에 같이 살면서, 늘 환웅 신에게 자신들이 사람으로 변하게 해 달라고 빌었다. 환웅 신은 신령스런 쑥 한 다발과 마늘 스무 낱을 주고서, "너희들은 이것을 먹고 100일간 햇빛을 보지 마라. 사람의 모습을 얻게 될 게야"라고 말했다. 곰과 호랑이는 받아서 그것을 먹고 21일을 꺼렸는데, 곰은 여자의 몸이 되었지만, 호랑이는 제대로 꺼리지 못해 사람의 몸이 되지 못하였다.	손녀(孫女)에게 약을 먹게 하여 사람의 몸을 만들었다.	웅녀/손녀
8	단군의 탄생	웅녀는 누구와 혼인할 상대가 없었기 때문에 늘 신단수 아래에서 잉태하게 해 달라고 빌었다. 이에 환웅이 사람의 몸으로 나타나 혼인하고, 잉태하여 아들을 낳으니 단군왕검이라 불렀다.	단수신(檀樹神)과 결혼하여 아들을 낳으니, 단군이라 이름하였다.	환웅/단수신
9	조선 건국	단군왕검은 요임금이 즉위한 지 50년 곧 경인년에 평양성에 도읍을 정하고 비로소 조선이라 불렀다.	조선 지역을 거점으로 왕이 되었다.	

10	다스린 영역	×		시라(尸羅)·고례(高禮)·남북옥저·동북부여·예맥이 모두 단군이 다스린 곳이다.	
11	단군의 아들 부루	×		×	『세종실록』, 『응제시주』, 『동국여지승람』에는 자세히 적음.
12	우왕 조회	×		×	『세종실록』, 『응제시주』, 『동국여지승람』에는 자세히 적음.
13	단군의 최후	또 도읍을 백악산 아사달로 옮겼는데, 궁홀산(弓忽山)이라고도 하고, 지금은 미달(彌達)이라고도 한다. 1,500년간 나라를 다스렸다. 주나라 무왕이 즉위한 기묘년에 기자(箕子)를 조선에 봉하였다. 단군은 이에 장당경(藏唐京)으로 옮겨 가고, 뒤에 아사달로 돌아와 숨어 산신이 되었는데, 1,908세를 살았다.		1,038년을 다스리고 아사달산으로 들어가 신이 되었는데, 죽지 않았기 때문이다.	1,500년/ 1,038년

이승휴와 일연은 각각 『고기』를 인용하여 단군신화를 실었다. 13세기의 일이었다. 그런데 그 내용은 꽤 달랐다. 그리고 15세기에 『세종실록』과 『응제시주』가 역시 『고기』를 인용하여 단군신화를 실었다. 그런데 그 내용 또한 꽤 달랐다. 『세종실록』은 이승휴와 닮았고, 『응제시주』는 일연과 닮았다. 이것만으로는 『세종실록』과 『응제시주』가 실제로는 『고기』를 인용한 것이 아니라, 각각 이승휴와 일연을 인용했다고 볼 수도 있다.

그런데 이승휴와 『세종실록』은 긴밀한 연관 관계를 보여 주지만, 일연과 『응제시주』는 뒷부분이 다르다. 곧 단군이 부루를 낳아 부루가 부여의 왕이 된다는 대목이다. 이는 도리어 『세종실록』과 닮았다.

이 같은 영향 관계를 어떻게 보아야 할까.

『고기』의 단군신화를 인용하면서 이승휴는 유학자적 합리주의에 따라 단군의 탄생 부분을 고쳤다. 앞서 설명한 대로이다. 그런데 일연은 부루가 단군의 아들이라는 대목을 부정해 이 대목을 고쳤다. 역사적인 진실에 좀 더 가까이 가자는 것이 일연의 목표였을 것이다. 그것이 15세기에 들어 『고기』를 인용하면서 『세종실록』은 유학자 이승휴가 만들어 준 전범에 가까이 갔고, 권람은 『응제시주』에서 일연에 가까이 갔다. 그리고 마지막으로 『동국여지승람』은 두 쪽을 절충했다. 단군의 탄생을 이승휴 식으로만 쓰기에는 뭔가 억지스럽다고 생각했을 것이다.

우리는 여기서 사찬(私撰)이기에 가능했던 운신(運身)의 폭에 눈길이 간다. 아무래도 비합리적으로 보이는 이야기인지라, 어쨌든 그들 나름의 이성에 꿰맞추어야 했던 것은 관찬(官撰)이 지닌 운명이었다. 그에 비해 일연이나 권람은 사찬의 자유를 만끽하였다. 그 자유가 오늘날 우리에게 변질되지 않은 '날것' 그대로를 선물해 주지 않았는가. 참으로 다행한 일이다.

같은 자료를 가지고 다른 해석을 내린 단군신화를 이렇게 소개한 것은 사실 조선 초기에 『삼국유사』가 얼마나 읽혔는지 알아보기 위해서였다.

이 가운데 주목되는 자료가 권람의 『응제시주』이다. 이 자료는 『고기』의 단군신화를 원형에 가장 가깝게 보여 주는 자료가 아닌가 싶다. 이승휴나 『세종실록』이 고쳤던 단군의 탄생 부분, 일연이 손댔던 부루의 탄생 부분을 함께 다 가지고 있는 것이 권람의 기록이다. 일연은 부루의 가계(家系)에 대해 다른 생각을 가지고 있었고, 「기이」 편의 '동부여'와 '북부여'조에서 이를 정리했다. 그러므로 『고기』의 이 부분을 손댈 수밖에 없었을 것이다.

권람은 이만한 안목까지 열려 있었던 것 같지 않고, 『고기』를 있는 그대로 옮겨 적어 놓는 데 의의를 둔 듯하다. 바로 그런 점이 『동국여지승람』의 편찬자에게 받아들여졌다. 그리고 이런 논의 덕분에 『삼국유사』도 잊히지 않고 읽히는 책이 되었다.

다만 여기서 우리가 결코 놓쳐서는 안 될 중요한 사실이 하나 있다. 단군신화에 관한 한 어느 기록물보다도 『삼국유사』가 가장 완벽한 이야기 구조를 갖추고 있다는 점이다. 이야기 그 자체가 그렇거니와 단군 이전과 이후의 역사상 계보를 놓고 보아서도 그렇다.

먼저 단군 이전에 관한 것.

일연은 환웅의 신시(神市)에 대해 명확한 의미 규정과 역할을 부여하였다. 홍익인간의 정신으로 이 땅에 내려와 원시적 공동체를 열었던 환웅은 단군의 아버지이기에 앞서 정치적 지도자였다. 그가 이룩한 신시는 엄연한 공동체의 실상이었다. 이것을 단군의 조선과 뒤섞어서는 곤란하다.

다음은 단군 이후에 관한 것.

앞서 소개한 대로, 『고기』의 기록을 가장 충실히 전한 권람에 비해 일연은 단군 이후의 여러 나라가 지닌 뿌리와 전개 양상을 다르게 적었다. 이를 통해 일연이 적은 단군조선은 한결 설득력 있게 역사 속으로 들어갔다. 물론 이것은 신화를 바탕으로 한 것이다. 그럼에도 불구하고 신화에서 끝나지 않는 어떤 것, 또는 신화에서 출발하는 더 큰 어떤 것에 일연의 역사적 상상력은 미쳤다.

일연의 역사적 상상력—.

이야말로 『삼국유사』를 두고두고 만만히 보지 못하게 만든 핵심적인 요인이었다.

그들에게 단군은 뜨거운 감자였다

강화도에 들어가기는 쉬워도 나오기는 어렵다. 요즈음 다리가 하나 더 생겼다지만, 평일 아닌 휴일에 발품 한번 잘못 팔았다가는 모처럼의 일정을 망치기 십상이다. 극심한 교통체증 때문이다.

그럼에도 가끔은 훌쩍 '강화도에 한번 가고 싶어' 하는 마음이 드는 것은 강화가 가진 여러 가지 매력이 우리를 끄는 까닭이다. 갯벌과 석양 한 번 보는 것만으로도 얼마나 가슴 벅찬 일인가. 딱히 엄청난 볼거리를 가진 곳도 아니련만, 작지만 마음 설레게 하는 한두 가지가 깊이 새겨져 있다.

강화도 하면 그곳을 대표하는 것이 마니산이다.

마니산에는 두 가지 믿음이 있다. 하나는 한반도의 중앙에 자리 잡고 있어, 산의 정상에서 남쪽 한라산까지와 북쪽 백두산까지의 거리가 같다는 점. 그래서 산 이름을 마리산·머리산이라고도 부르는데, 이는 강화도에서 가장 높은 땅의 머리를 뜻함이요, 산 정상의 하늘에 제를 지내는 단이 강화뿐만 아니라 우리나라 전 민족, 전 국토의 머리 구실을 한다는 뜻이다.

다른 하나는 처음으로 하늘에 제를 지낸 이가 단군왕검이라는 점. 참성단(塹城壇)이 바로 그곳이다.

이미 『고려사』에서부터 "참성단은 세속에서 '단군이 하늘에 제사 지내던 단이다' 하고, 전등산(傳燈山)은 일명 삼랑성(三郎城)인데, 세속에서 '단군이 세 아들을 시켜서 쌓은 것이다'라고 전한다"는 말이 실려 있다. 적어도 고려 시대 이후 강화도는 단군의 성지로 발돋움해 있었다.

조선 시대에 들어와서도 이 전통은 이어졌다.

마니산 적석사 마당에서 바라본 마니산이다. 멀리 가장 높이 보이는 산인데, 한반도의 중심이라 여기는 이 산의 정상에 단군에게 제사 지내는 참성단이 자리 잡고 있다.

변계량(卞季良, 1369~1430년)은 마니산에서 지낸 제사의 청사(請詞)를 지었다. 그 가운데 "산이 바다 위에 떠 있으니 멀리 속세와 떠나고, 단(壇)은 구름 사이에 놓였으니 신선의 행차를 맞이하옴에 적합하나이다"라고 쓴 대목이 나온다. 오늘날 우리가 보는 마니산의 느낌과 다르지 않다.

태백산에 하강한 환웅의 아들로 태어난 단군이건만, 어쩐 일인지 황해도 문화현의 구월산으로 옮겨 와 거기서 신이 되어 종적을 감추었다 하는데, 이와는 별도로 강화도에서 제사 지내는 활동을 보여 주고 있다. 태백산과 구월산 그리고 마니산 사이에는 무슨 관계가 있다는 말일까.

우리의 역사 시대에서 아연 강화도가 한반도의 중심이 되어 본 첫 경험은 아무래도 고려 시대 무인정권기로 올라가야 할 듯하다.

1170년, 정중부의 난으로 시작한 무인정권은 곡절 끝에 1196년 최씨무인정권의 성립으로 안정된 기반을 잡았다. 최충헌이 집권하여 최우(1219년), 최항(1249년), 최의(1257년)의 4대에 걸친 60여 년간이 그렇다. 그런데 최우의 집권기인 1231년에 터진 몽골과의 전쟁은 무인정권의 향배를 바꿔 놓았다. 몽골에게 1차 침입을 당한 이후 최우정권은 단호히 항전할 것을 결의하고, 1232년 강화도로 도읍을 옮겼다. 한적한 섬이 정치와 역사의 소용돌이 속으로 들어가는 순간이었다.

강화도가 고려의 임시수도 노릇을 한 것은 1270년에 환도하기까지 38년간이었다. 적어도 이 동안 강화도는 지리상으로만 한반도의 중심이었던 것이 아니다.

그러나 그곳은 어디까지나 피난지 임시수도였다. 한국 전쟁 기간 중 부산이 그랬듯이, 피난지 임시수도의 삶이 얼마나 괴로운 것이었던가는 굳이 말하지 않아도 되리라. 최우가 천도를 결정한 다음 날부터 군대를 강화에 보내 궁궐을 짓게 하였는데, 미리 준비된 천도가 아니었으므로 궁궐과 관아 등의 시설은 오로지 백성들의 고된 공역을 통해 갖추어졌다.

여기에 한 가지 더.

몽골의 3차 침입 때는 팔공산 부인사에 보관 중이던 대장경이 불타는데, 최씨정권은 불력(佛力)을 빌린다는 명목 아래 새롭게 대장

선원사 터 강화군 선원면 지산리에 이제 절터만 남은 선원사에는 몽골과의 전쟁 중 팔만대장경 조성사업을 지휘한 대장도감이 설치되었다고 한다. 일연이 머물렀던 선월사도 이 절인 것으로 추정하고 있다.

경을 만드는 일에 착수하였다. 해인사 팔만대장경으로 불리는 바로 그것이다.

이 일을 총괄하던 곳이 선원사(禪源寺)였다.

지금 강화군 선원면 지산리에 절터만 남아 있는 이 절은 1245년 최우가 대몽항쟁의 정신적 지주로 삼으려고 심혈을 다해 세운 것이었다. 평시도 아닌 전시에, 게다가 피난 온 임시수도에서 만들어야 하는 팔만 장의 경판은, 명분 없는 정권을 위한 여론몰이의 호도책으로 쓰이기는 했을지언정, 백성으로서는 공역의 하나를 더 맡아야 하는 과중한 짐 이상이 아니었다.

나라의 중심이 되어 보았지만, 강화도는, 그 땅의 백성은 결코 달갑지 않은 중심의 역할을 감내하고 있었다.

1258년 최씨무인정권이 무너졌다. 더불어 몽골과의 오랜 전쟁도 마침표를 찍었다. 그러나 강화도는 그러고도 12년을 더 임시수도 역할을 했다.

거기에 경상도 남해로부터 한 승려가 올라왔다. 일연이었다. 1261년, 그의 나이 55세 때, 임금의 부름을 받아 서울로 가서 선월사(禪月寺)에 주석하였다고, 그의 비문은 전해 준다.

왜 임금은 그를 부른 것이었을까? 그가 주석했다는 선월사는 어디였을까?

연구자에 따라서는, 최씨정권이 물러난 마당에 그동안 그에게 협력하던 승려들이 내몰리고, 새로운 정권 담당자를 돕는 승려가 필요했을 것이며, 일연은 거기서 선택된 대타였다고 주장한다. 이때 선월사는 선원사가 이름을 바꾼 바로 그 절이다. 무릇 추정일 뿐, 지금으로서는 아쉽게도 확실한 답이 없다.

여러 가지 의문이 남지만, 분명 일연의 강화도 체류 중에 단군신화를 접했으리라는 사실은 확실해 보인다. 강화도가 임시수도로 있는 동안 나라 안팎에서는 국조(國祖) 단군에 대한 의식이 강해졌을 뿐만 아니라, 심지어 강화도 바로 그곳이 단군의 활동지였다고 선전되기 시작했을 것으로 보이기 때문이다.

단군신화에 관한 한 가장 오랜 기록을 담은 『삼국유사』와 『제왕운기』는 같은 시대를 살다 간 두 사람, 곧 일연과 이승휴의 저작이다. 그런데 그들은 서로 어울리는 친밀한 사이였다. 두 책에 나란히 단군신화가 실린 것은 결코 우연이 아니었다.

그리고 이 신화는 뒤이어 조선 시대에 들어서, 심지어 조선이 망하고 일제 강점기라는 치욕스러운 역사가 시작될 무렵까지, 해결되기는커녕 더욱 복잡한 문제를 안겨 주는 뜨거운 감자였다. 놓을 수도 먹을 수도 없는 존재였다. 조선의 유학자가 그들의 이성에 결부되지 않아 먹지 못했고, 일제의 제국주의 역사학자는 자신의 역사에 흠이 될까 봐 먹지 못하였다. 그렇다고 버리지도 못하였다. 버리기에 이 이야기는 너무도 생생하였다. 역사적 사실에서 벗어나 있을지언정, 이 땅의 사람이 나라를 처음 세운 과정을 설명해 주기에 이만한 진실이 없었다. 그래서 뜨거운 감자였다.

강화도에 들어가기는 쉬워도 나오기는 어렵다. 그것은 굳이 교통체증만의 이야기가 아니다. 강화도에 와서 머문 단군신화를 이해하는 길도 그렇다.

들어가기는 쉬워도 나오기는 만만치 않다.

4

경주에서 다시 태어난
『삼국유사』

조선 중종 시대의
출판

너무 많이 흘러넘쳐 감당하기 힘든 요즘과는 달리 조선 시대에 책은 귀한 것이었다. 그 까닭이 책을 제작하는 기술이나 물자의 궁핍에만 있지 않았다. 출판은 철저히 중앙 정부에 의해 통제되고 있었다.

무엇 때문에 무엇을 통제한다는 말일까.

조선 후기인 헌종 때 군인이었던 신대흥(申大興)은 달력을 만들어 팔다가 붙잡혀 곤장을 맞고 유배까지 당하였다. 그때 달력은 관상감에서 만들었고, 소수에 한정되어 열람이 가능한 국가 기밀에

속했다. 이 책판을 장인들과 내통해 몰래 빼내 인쇄해서 팔다가 걸렸으니 중죄를 저지른 셈이었다. 1838년의 일이다.

달력이 국가 기밀이라니 언뜻 이해하기 어렵고, 이 경우는 출판 통제에 관한한 조금 극단적인 예가 되겠지만, 전반적인 분위기가 이와 크게 다르지 않다는 사실만 염두에 두도록 하자.

사실 출판을 통해 중앙 정부는 치밀하게 사상을 통제하면서, 그렇기에 다른 한편 책은 왕이 신하에게 베푸는 은혜로 활용하는 물건이 되었다. 이는 조선조 초기부터 그랬다. '문화의 왕'으로 불리는 세종 임금마저 다음과 같은 생각을 가지고 있었다.

> 각 도의 관찰사들이 제 마음대로 서책을 간행하고, 혹은 다른 도에서 이미 간행한 글을 간행하기도 하고, 혹은 긴요하지 않은 글을 간행하면서 한갓 재력만 허비하게 되니 실로 불편한 일이다. 지금부터 반드시 보고하고 간행하게 하라.

세종 14년(1432년) 8월에 내린 교지이다. '제 마음대로'와 '한갓 재력만 허비'라는 말이 눈에 띈다. 전자는 분명 사상 통제와 연관되고, 후자는 이를 뒷받침하기 위한 명분으로 해석된다.

어느 시대건 통치이념에 봉사하는 사상이 있다. 그 사상으로 끊임없이 교육하고 감시하는 체제가 생기게 마련이다. 그래서 어떤 네트워크보다도 책이 그런 역할을 크게 하던 시대에는 출판과 유통의 통제야말로 당연한 일이었다. 물론 책을 자유롭게 내게 했다

한들 요즘 같기야 했겠는가. 우리 시대에도 불과 5, 60년 전으로만 돌아가면 책은 귀했다. 필자와 물자가 모두 모자라던 시절은 언제나 그렇다. 그런데 정부에서 강력히 통제까지 하고 나선다면 더 이상 말할 바 없다.

그런 조선 시대에도 약간 다른 분위기가 만들어지기로는 중종 때(1506~1544년)를 들 수 있다. 연산군을 폐위하고 들어선 이 임금의 주변에는 사림(士林)이라는 새로운 세력이 포진하였다. 이념을 선전하고 그 이념에 따라 통치하겠다는 생각은 이전이나 같았지만, 그것을 책을 통해 보다 널리 펼치려는 방식은 달랐다. 왕이 된 지 10년째인 1515년, 중종은 책이 부족하다고 개탄하면서 출판을 맡는 임시 관청을 설치하였다. 중앙에서 다 해내지 못할 경우에는 지방에 그 임무를 맡기되, 여덟 개의 도 가운데 큰 곳에는 좀 더 많은 양을, 작은 도에는 적은 양을 배정하여 발간하게 했다.

그로부터 4년 뒤, 1519년에는 시강관 한충(韓沖)으로부터 서점을 설립하자는 주장까지 나왔다. 시강관은 중종 즉위 후 새롭게 등장한 사림 세력이 맡는 대표적인 자리였다. 16세기까지 조선에는 서점이 없었다. 이 주장은 여기서 그치지 않았다. 1522년에는 이런 상소문도 올라왔다.

우리나라는 서적을 인쇄하는 데가 교서관 하나뿐이라, 학문에 뜻을 둔 사람이라도 서적을 구입할 수 없기 때문에 뜻을 이루지 못합니다. 중국에는 서점이 있기 때문에 배우고 싶은 사람들이 쉽게 배워 익히니, 지금 저자 안에 서점을 설치한다면 사람들이 모두 구입하여 그 편리함을 누릴 수 있을 것입니다.

이 상소문을 쓴 사람은 어득강(魚得江)이었다. 주장하는 바는 한충과 다르지 않았다. 그는 무려 20년 뒤인 1542년에 거듭 서점의 필요성을 강조하는 상소문을 올렸다.

중종은 이 같은 상소가 올라올 때마다 검토하고 시행하라는 지시를 내렸다. 그런데 왜 상소는 계속되었던가. 대신들이 깔아뭉갠 까닭이었다. 심지어 어득강은 사헌부의 탄핵을 받아 파면되기까지 하였다. 한마디로 사림 출신의 젊은 관리들과는 달리 대신들의 속마음은 달랐던 것이다.

이 시기를 연구하는 학자들은, 대신들이 내심 소수만 누릴 수 있는 책의 소유라는 특권을 여러 사람과 함께 나누고 싶지 않았을 것이라고 말한다. 왕이 지닌 통제의 저변에는 대신들의 속마음이 깔려 있었다. 그래서 책을 통해 지식을 독점하려던 지배층이 책이 널리 보급되는 것을 꺼렸다는 주장까지 나온다.

그렇다면 젊은 관료들은 한결같이 백성을 위한 충심에서 출판과 유통의 확대를 주장하였던가. 사실 여기에도 저들대로 저의가 숨어 있었다. 통제와는 반대로 확대 또한 자신의 이념을 실현하기 위해 벌이는 반대파와의 투쟁 가운데 하나였다. 그러나 결과적으로 사림의 젊은 관료들이 지닌 이 같은 태도가 책의 출판에 활력을 불어 넣은 것만은 확실하다.

우리가 여기서 16세기 초반, 그러니까 중종 때의 출판 사정을 엿본 데는 나름의 까닭이 있다.

오늘날 가장 널리 접하는 『삼국유사』 원본 곧 임신본은 바로 이 무렵에 인쇄되어 나왔다. 1512년 중종 7년이었다. 사림세력과 훈구세력의 갈등이 있었고, 출판과 유통은 그런 와중에 도로(徒勞)를 거듭하지만, 그럼에도 불구하고 분위기는 조금씩 고양되어 갔기에, 『삼국유사』의 출판 또한 거기에 힘입은 바가 틀림없었다. 이로부터 100여 년 전쯤 한 번 출판된 것으로 보이는 『삼국유사』 초간본들이 지금 아주 엉성한 다섯 종 정도 남아 있는 데 반해, 이때에 와서 출판된 『삼국유사』 임신본은 완본의 형태로 우리에게 전해진다. 더욱이 누가 어떻게 어떤 연유로 간행했는지 구체적인 정보가 실린 매우 값진 것이다. 이 점이 중요하다.

중종 임신년의 『삼국유사』 간행자는 책에 대한 서지정보학적 식견을 풍부하게 가지고 있었다. 한마디로 책의 생리를 잘 아는 사람이었다. 임신본은 식견과 생리가 잘 표현된 판본이다. 그러나 이것이 간행자 한 사람의 개인적 능력에 따라서 이룩되었다고만 할 수 없다. 중종 때의 분위기가 그랬었고, 이 간행자 또한 그 분위기를 잘 탔을 뿐이었다.

역사의 어느 하나 시대의 산물 아님이 없다. 오늘날 우리 손에 담긴 『삼국유사』도 그 같은 산물의 하나였다.

이계복에게는
이단아의 기질이 있었다

그 사람은 과연 누구인가. 중종 시대의 분위기를 한 몸에 받고서, 『삼국유사』라는 책에 처음으로 명찰을 달아 준 사람.

그의 이름은 바로 이계복(李繼福)이다.

이계복에 대해서는 성종 20년인 1489년 과거에 합격했고, 본관이 전의(全義)이며, 관직은 강원감사에까지 올랐다는 것이 중요한 정보의 거의 전부이다. 물론 그사이 1506년(연산군 12년)에는 사은사가 되어 명나라를 다녀오고, 1507년(중종 2년)에는 이과(李顆, 1475~1507년)가 일으킨 역모사건을 다스리는 일에 참여한 공로로 정난공신(定難功臣) 3등을 받았다. 이과는 연산군의 후원관사(後苑觀射)에 관해 논한 것이 화가 되어 갑자사화 때 전라도로 유배되었다. 1506년 유배지에서 병사를 일으켜 진성대군(晉城大君) 곧 나중의 중종을 추대하려다가 마침 한양에서 먼저 터진 중종반정으로 중지했는데, 공적을 인정받기는 했으나 그다지 높지 않은 데 불만을 품었다. 끝내 중종을 제거하고 견성군(甄城君) 돈(惇)을 추대하려다가 밀고로 발각되었던 것이다. 중종은 이 일을 해결하는 데 나서 정난공신으로 오른 이계복을 아끼게 된다. 강원감사로 나간 것은 바로 그다음 해인 1508년이었다.

두 해 뒤인 1510년 경상우도병마절도사로 나갔다가 다시 경주부윤(慶州府尹)에 교체되었다. 바로 이때 이계복은 경주에서 『삼국유사』를 찍어 냈던 것이다.

  왕에게 총애받는 종2품의 고관―비록 지방의 수령이었지만 상당한 배경을 지니고 있었음이 틀림없는 인물이 이계복이었다. 특히 경주부는 경상도의 남쪽을 맡고, 동해 바다 건너 일본의 동향을 감시하는 중요한 기능을 하는 곳이었다. 그런데 이 과정에 상당한 곡절이 있었다. 그리고 그것은 그가 경주에서 『삼국유사』를 찍는 일과 무관해 보이지 않아 흥미롭다.

  일의 발단은 한 승려에 대한 예우 문제였다. 조선왕조실록에 적힌 사실들을 중심으로 이 일을 살펴보자.

  이계복이 강원감사로 나간 이듬해인 1509년 8월에 사헌부는 그에 대한 공격을 시작하였다. 종심(宗諗)이라는 승려를 양양까지 데리고 가 양식을 주어 여름을 나게 했으며, 이어서 철원으로 옮긴 그에게 또다시 양식을 주어 머물게 했다는 것이다. 승려에게 양식 좀 주었다고, 그것이 대체 얼마나 큰 죄이기에 본인은 체포하고 후원자인 이계복은 심문하라는 요청을 왕에게 하는 것일까.

  사실 이계복은 앞선 시기부터 대간으로부터 논박을 당하고 있었다. 대간의 주장은 이랬다. 승지로 있을 때에 실수한 바가 많았었는데, 관찰사가 되자 한 지방의 소임에 합당하지 못하다고 하면서도 스스로 새로워지게 할 길을 터주지 않을 수 없다고 하여 정지했었다는 것이다. 그런데 관찰사로 나간 이계복은 종심을 데리고 갔고, 더러는 청탁을 받아 옥의 죄수들을 많이 놓아 주게 하여 각 고을에서 폐단을 일으켰으니, 그의 직을 갈고 추고(推考)하기 바란다고 청하고 있다. 대간의 이러한 논박은 9월에 들어서도 계속되었는데, 윤9월 24일에는 "종심을 잡아 보내라는 것으로 철원부사에게 이첩하였었는데, 회보에 따르면, '부사 윤흥상(尹興商)이 종심을 추심하여 잡아 이범동(李凡同)에게 딸려 주어 이달 14일에 떠나보냈는데, 15일에 부사가 말미를 받아 길 떠난 뒤에 종심과 범동 온 가족이 도망갔다' 하였으니, 이는 반드시 일이 감사와 관계되므로 부사가 놓아 주어 도망하게 하고, 말미 받은 것을 핑계하여 그의 죄를 모면하려는 것"이라고 논하자, 중종도 이때는 할 수 없이 이계복을 갈라고 명하였다.

그러나 일은 이것으로 끝나지 않았다.

어전에서는 11월 15일에 다시 이 문제로 논의가 일었다. 이계복이 한 도의 관찰사가 되어, 승려에게 역마(驛馬)를 태워 도내에 횡행하게 하였으니, 진실로 죄가 된다는 것이었다. 역마는 공무에 쓰이는 말을 가리킨다. 승려에게 양식을 준 일만이 아니라 말을 내주었다는 구체적인 위법사실이 열거되었다. 중종은 영의정과 좌의정에게 그 결론을 물었다. 당시 영의정 박원종과 좌의정 유순정은 같은 의견을 내놓았다. 그들은 이계복이 관찰사로서 승려를 접대하였으니 원래 죄가 있다, 다만 말을 준 일은 계복이 불복하였으니 '역마를 사사로이 주었다'는 법률로서 벌을 주기는 애매하다는 것이었다. 중종은 이에 따라 이계복을 용서해 주기로 하였다.

승려를 접대하는 일조차 지방관에게는 죄가 되는 시절이었다. 그런데 이계복은 위험을 무릅쓰고 왜 이런 일을 했던 것일까? 지금으로서는 이에 대해서 다른 기록이 없으므로 판단하기 어렵다. 다만 한 가지, 이계복이 승려에 대해서 당시 분위기와 다른 생각을 가지고 있었음만을 확인할 뿐이다. 그리고 이것이 나중에 그가 승려인 일연의 저작을 인쇄에 부친 일과 무관해 보이지 않는다. 그 시대를 보아서는 다분히 이단아 같은 기질이 있었다.

이계복에게 다시 벼슬이 내려지기로는 다음 해인 1510년 6월 5일이었다. 중종은 그에게 경상우도절도사라는 직책을 주었다.

그러자 바로 다음 날부터 사흘간 대간은 "경상도는 조석으로 변에 대비하여야 하는데, 병사 이계복은 늙어서 책임을 감당할 수 없으니 바꾸라"고 요구하였다. 대간과 이계복 사이의 끈질긴 악연이었다. 6월 9일에 중종도 할 수 없이 굴복하여 직책을 갈라고 명하였다. 대간이 말하는 늙었다는 기준만으로 이때 이계복의 나이를 분명히 알 수 없으나, 1489년 과거에 합격했을 때로부터 친다면 20년 좀 넘게 관직생활을 한 시점이었다. 늙었다는 것은 핑계일 뿐 이계복에 대한 감정이 다분히 섞여 있다.

어쨌건 이계복은 여기서 자리를 바꾸어 신계부윤으로 옮겨 간 것 같다. 8월 21일 사간원에서 "신계부윤 이계복은 성질이 본래 번잡하여 경주 같은 큰 곳에는 합당하지 않으니 바꿔 임명하소서"라고 논한 데서 이를 알 수 있다. 신계는 황해도 신계현을 이르는 것 같다. 다소 한직이라 하겠는데, 두어 달 만에 중종은 경주부윤으로 옮겨 주었고, 이에 대해 사간원이 다시 이틀에 걸쳐 위와 같이 반대의견을 피력하였다. 참으로 끈질겼다. 그러나 이때는 중종 경주부에서 간행한 『삼국유사』 1512년 경주부윤 이계복의 노력으로 간행된 덕분에 『삼국유사』는 오늘날 온전한 모습으로 우리에게 보여 주고 있다. 책 뒤에 실은 이계복의 발문에는 이 사업에 참여한 이들의 이름이 함께 보인다.

도 이를 윤허하지 않았다.

이처럼 갖은 곡절 끝에 이계복은 경주부윤에 취임하였다. 그리고 2년 뒤 그의 손에 의해 『삼국유사』가 인쇄되어 나왔다. 부윤으로 가자마자 경주부의 창고를 점검하고, 바로 이 일을 시작하지 않았으면 안 될 시간이다.

사간원의 주장에 밀려 이때 이계복이 경주부윤에 끝내 취임하지 못하였다면 『삼국유사』는 어찌 되었을까.

물론 다른 이의 손을 빌려 찍혀 나올 수도 있었겠다. 그러나 이계복 이후에 아무도 『삼국유사』를 다시 찍지 않았다는 사실로 볼 때, 마치 이계복은 『삼국유사』를 찍으러 경주에 간 것 같고, 그 인연으로 인해 오늘날 우리가 그 모습을 볼 수 있는 것은 아닌가 싶어, 등골이 오싹할 전율을 느낀다.

드디어 세상에 나오는 『삼국유사』 임신본

젊은 사림파 출신의 관리들이 출판을 장려하는 분위기가 만들어진 중종 임금 초기에 정난공신으로 임금의 총애를 받던 이계복이 경주에 부임한 일은 『삼국유사』 간행의 계기가 되었다. 더욱이 경주는 경상도의 중심 도시이자 오래전부터 출판이 활발한 곳이었다. 여기에다 경주부윤에 오기까지 곡절이 많았던 이계복으로서는 이곳에 있는 동안 지방관으로서 자신의 능력을 보여 주어야겠다는 생각을 했을 수도 있다. 출판으로 공적을 쌓아 어서 바삐 중앙 관직으로 올라가는 데 도움을 받자는 계산이 없었다고만 하겠는가.

물론 이계복이 오직 이 일만을 머릿속에 두고 골몰했던 것은 아니었다. 부윤으로 부임했던 이듬해 곧 중종 7년(1512년) 2월 23일, 이계복은 경상도의 부족한 방어 능력을 살펴보고 다음과 같은 건의를 올리고 있다.

신이 듣건대, 이번에 온 왜인(倭人)들을 접대하지 않기로 했다 하는데, 신의 생각에 경상도의 군사가 10여 만이라 하지만 직접 가 보면 겨우 2만여 명인데, 방어해야 할 곳은 33개 처나 되어, 2만 명의 군사를 3교대로 나누어 33개 처를 방어하기로 하면 한 곳에 겨우 100명씩이니, 만일 쓰시마와 심처왜인(深處倭人)이 힘을 합쳐 나누어 침범한다면 방어하지 못할 것 같고, 만일 합번(合番)하여 방수(防戍)하기로 한다면 3~4년씩이나 걸릴 것인데, 한 도의 백성이 어떻게 감당할 수 있겠습니까. 접대하고 접대하지 않는 데에 이해가 달려 있다고 여깁니다. 신이 직접 방어 형편을 보고 감히 와서 아룁니다.

간략하면서도 용의주도한 이 건의서에서 형세를 판단하는 이계복의 안목이 두드러진다. 힘으로만 할 수 없는 일을 효과적으로 이룩하기 위해 실리를 따라야 한다는 것이었다.

사실 조선 초부터 장사하러 오든지 표류해 오든지 왜인의 출현에 대해 조정은 여러 대책을 세워 처리해 왔었다. 이해 들어서는 표류를 가장한 왜적이 등장하자 조정의 여론은 무척 격앙되어 있었다. 대비책을 두고 여러 차례 의논이 있었음을 우리는 지금 실록을 통해 확인할 수 있는데, 영의정 김수동의 주재 아래 최종적인 결론이 내려지기는 2월 17일이었다. 곧 "소이전(小二殿)이 보낸 사선(私船)만 특별히 상경을 허락하고, 나머지 배들은 모두 속히 돌아가야 하는데, 바다를 건너노라면 곤란하고 군색할 것이므로 각각 바다 건너갈 식량을 준다"고 하였다. '소이전'은 쇼니 미쓰사다(小貳滿貞)를 가리키는 말로, 쓰시마를 다스리는 지역영주였다. 조정으로서는 소극적이지만 적대적인 방법을 썼다 할 수 있었다. 이로부터 꼭 일주일 뒤 이계복은 현지 지방관으로서 조정의 결정에 이의를 제기하는 건의를 올렸던 것이다.

그러나 이계복의 건의는 받아들여지지 않았다. 중종은 이미 의견이 모아진 대로 시행하라는 전교를 내렸다.

비록 받아들여지지 않았지만 이런 기사를 통해 우리는 이계복이 지방관으로서 적절하고 민첩한 업무처리를 하고 있었음을 알 수 있다. 특히 이런 형세 판정에 빨랐던 것은 그가 『성종실록』을 편찬한 경험이 있었기에 가능하지 않았나 싶다. 연산군 5년(1499년)에 완성된 『성종실록』 부록의 명단에는 통훈대부 행 종친부 전첨(通訓大夫行宗親府典籤)이라는 직책으로 27명의 편수관 명단 가운데 그의 이름이 적혀 있다. 역사에 관한 남다른 식견은 실로 이때 만들어지지 않았나 싶다.

그러나 『삼국유사』의 간행 과정에 대한 보다 직접적인 설명은 이계복 본인의 입을 통해 확인할 수밖에 없다. 이에 대해 다른 곳에서는 없고 오직 그가 쓴 『삼국유사』 발문만이 유일한 까닭이다.

물론 이 발문은 『삼국유사』에만 한정된 것은 아니었다. 이때 이계복은 『삼국유사』와 더불어 『삼국사기』를 함께 출간하였고, 발문은 이 두 권을 아우르며 쓰고 있기 때문이다. 그 첫 대목에서 이계복은 두 권이 다른 곳에서 간행된 적이 없으며 경주에만 있으나, 그나마 마모되고 없어져서 한 줄에 알아볼 수 있는 글자가 네댓 자밖에 되지 않는다는 소식을 전해 준다. 이는 무척 중요한 정보이다. 그의 설명대로라면 『삼국유사』가 처음 인쇄된 곳도 경주였으리라 짐작해 보게 된다.

그리고 역사에 특별한 관심을 가진 그의 생각은 그 다음 대목에서 잘 나타난다.

> 내가 생각하건대, 선비가 이 세상에 태어나 여러 사서(史書)를 두루 보아 천하 정치의 잘잘못과 흥함과 망함, 그리고 여러 이적(異跡)까지도 널리 알고자 하는데, 하물며 이 나라에 살면서 그 나라의 일을 알지 못해서야 되겠는가. 그래서 다시 간행하려 널리 완본을 구하고자 했으나 몇 년이 지나도록 얻지 못하였다. 그것은 일찍이 세상에 드물게 돌아다녀 사람들이 쉽게 구해 볼 수 없었음을 알 수 있다. 그러므로 다시 간행하지 않는다면 앞으로 실전(失傳)되어 동방의 지난 일을 후학들이 들어서 알 수 없는 지경에 이를 터이니, 걱정스러울 따름이다.

일반적인 역사론처럼 보이지만 유심히 살피면 이 글의 두 가지 지점에 눈길을 멈추게 된다.

첫째는 여러 이적까지도 널리 알고자 한 점이다. 이는 다분히 『삼국유사』의 내용을 염두에 둔 발언인 듯하다. 그렇듯 이적을 수용하고자 하는 열린 마음이 돋보인다. 둘째는 이 나라에 살면서 이 나라의 일을 몰라서는 안 된다고 한 점이다. 주체적인 역사의식의 단면을 보여 주고 있어서 흥미롭다.

그가 이런 생각을 가지고 있지 않았다면 『삼국유사』의 간행은 어려웠으리라 보인다. 이 무렵의 조선왕조가 아직은 주자학 일변도의 교조적 분위기에 빠지지 않았었지만, 『삼국유사』와 가까워지는 것은 유학자로서 처신에 적잖은 위험을 노출시키는 일이나 마찬가지였다. 승려와 가까이 지낸다는 이유만으로 탄핵까지 받았다가 가까스로 모면한 시점의 그이지 않은가. 적대적인 세력에게 충분히 또 다른 공격의 빌미를 만들어 주는 일이었다.

그럼에도 불구하고 과감하게 『삼국유사』 간행에 나섰다는 데서 그가 가진 소신이 적잖게 단단했음을 확인하게 된다. 한마디로 거리낌 없는 행동이었다. 더러 시대의 이단아가 뜻밖에 저지르는 일이 시대를 바꾸는 경우를 우리는 본다. 그의 안목과 노력 덕에 『삼국유사』가 살아남았다 해서 지나치지 않다.

소신이야 그렇다 치더라도 문제는 책을 낼 여건의 조성이었다. 우선 그가 확인한 바대로 경주부에 남은 『삼국유사』의 판본은 한 줄에 네댓 자나 겨우 읽을 수 있었다. 그는 주변 마을에 이 같은 사

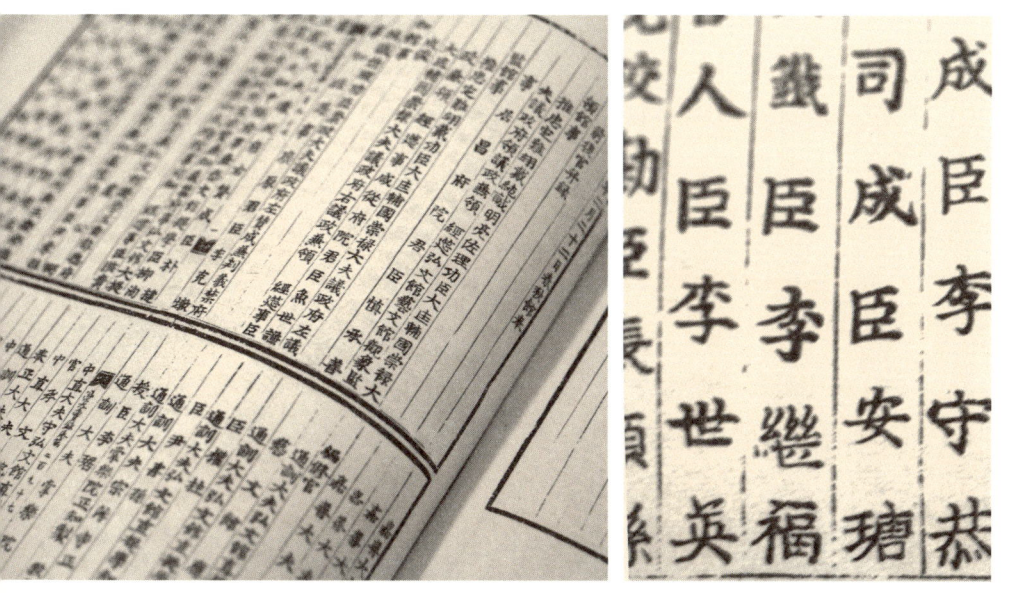

『성종실록』 편찬에 참여한 이계복 1499년 12월에 간행된 『성종실록』의 편수관 명단에 이계복의 이름이 보인다. 이때 함께 편수관을 맡았던 안당은 바로 옆에 이름이 올라 있다.

정을 전하고 혹 완전한 책을 가진 곳이 있는지 수소문했다.

가장 기쁜 소식을 전해 준 이가 성주목사 권주(權輳, 1458~1518년)였다. 그는 완본을 구해서 보내 주었다.

권주는 누구였던가. 본관이 안동(安東)인 그는 22세 때 사마시에 합격하였다. 과거 합격으로는 이계복보다 10년쯤 빠른 사람이다. 여동생이 후궁으로 선택되어 그 혜택으로 서부참봉에 임명되었으나, 본격적인 관직 생활은 33세 때 도원수 허종(許琮)에 의해 선전관으로 발탁된 이후, 여러 내외직을 거치며 관리로서의 능력을 인정받았고, 이 무렵에는 부모봉양을 위해 외직을 희망해 성주에 와 있었다. 이때 선산부사 유희철(柳希轍), 금산군수 문근(文瑾)과 더불어 '영남삼량(嶺南三良)'이라 불릴 정도였다 한다.

완본을 받아 든 이계복은 자신의 상관인 경상감사 안당(安瑭, 1461~1521년)에게 이 소식을 전하였다.

안당은 이계복과 막역한 사이였다. 서울의 명문 출신으로 20세 때 과거에 급제했던 그는 『성종실록』 편찬과 정난공신 책록에서 이계복과 인연을 맺고 있었다. 『성종실록』을 편찬할 때 안당은 이계복과 함께 27명의 편수관 가운데 한 사람이었다. 봉렬대부 수 성균관 사성(奉列大夫守成均館司成)이라는 직함으로 명단의 이계복 바로 위에 이름이 올라 있다. 정난공신으로 함께하였다는 것은 더 의미가 크다. 경우에 따라 생사를 넘나들어야 하는 것이 왕권을 걸고 벌이는 권력싸움이다. 두 사람은 1507년 이과(李顆)의 모반 사건을 처리한 일에 생사를 함께하였다. 안당은 이계복과 같은 3등으로 책록되었다.

그런 안당이 충청도관찰사와 형조·병조참판을 거쳐 이때 마침 경상감사로 와 있었다. 안당은 직책상으로 상관일 뿐만 아니라 정계의 유망주였기에, 이계복은 여러 도움을 받을 수 있었음에 틀림없었다. 실제 안당은 나중에 호조·이조판서를 거쳐 우의정·좌의정까지 이르렀었다.

보고를 받은 안당은 간행을 기쁘게 허락하였다. 그의 허락을 받은 것은 출판에 대한 조선 조정의 강력한 중앙 통제 때문이었겠지만, 허락받는 것을 빌미로 모종의 도움을 받고자 하는 이계복 나름의 속셈이 들어 있었다고 볼 수 있다. 발문에 따르면, 안당의 허락을 받은 다음 '여러 읍(邑)에서 나누어 간행하도록 하여 우리 부로 보내 간직하게' 하였다고 한다. 인쇄를 하기 위한 원판인 판목을 새기는 데는 많은 돈과 기술자가 필요하였다. 이 비용을 경주부에서 다 대고 기술자를 모두 관리하기란 벅찼다. 이런 경우 판목 새기는 일을 여러 마을에 나누어 하는 것이 일반적인 방법이었다. 경상도의 여러 고을로 나누자면 경상감사의 명령 없인 불가능하였다. 여기에 안당의 힘이 긴요했던 것이다. 그리고 만들어진 판목을 경주로 모아, 어디까지나 이 일을 주관하는 자가 경주부의 부윤인 점을 명백히 하였다. 이계복으로서는 '꿩 먹고 알 먹고'인 셈이었다.

이계복은 발문의 마지막 문장을 다음과 같이 감개 어린 문구로 맺었다.

아, 물건이란 오래되면 반드시 없어지게 마련이고, 없어지면 반드시 일어나게 마련이니, 일어났다가 없어지고 없어졌다가 일어나는 것이 당연한 이치이다. 후세의 학자들은 이러한 이치를 알아 때로 일으켜 영원히 전할 것을 역시 후세의 학자들에게 바란다.

때는 임신년 계동(季冬) 곧 1512년 12월이었다. 1510년 8월 경주에 부임했으니, 2년 4개월 만의 일이었다.

물건의 속성은 만들어졌다가도 없어지는 것, 영원한 물건이란 없다. 책도 물건의 하나일진대, 『삼국유사』가 없어졌던 것도 그런 물건의 보편론으로 이해하면서, 다른 핑계나 탓으로 돌리지 말고 '때로 일으키는 것'을 명심해 달라고 하였다.

그러나 그의 이런 당부는 1904년에 와서야 실행되었다. 392년 만에, 그것도 조선 땅이 아닌 일본 땅에서 일본인의 손으로.

이계복은 발문의 끝에 자신의 이름을 밝히고, 이 일에 수고한 이들의 이름을 일일이 거명하고 있는데, 그 마지막 자리에 안당의 이름도 넣었다. 그리고 부임한 지 만 4년 만인 중종 9년(1514년) 8월, 한성부 좌윤의 벼슬을 받아 경주를 떠났다.

임신본 출간 이후의 사정

이계복에 의해 『삼국유사』가 다시 간행된 이후 이 책이 얼마나 읽혔는지에 대해서도 객관적인 통계는 나와 있지 않다.

목판본의 출판 인쇄가 대체로 2~300권 안팎이고, 전면적인 재판각이 아니라 개간(開刊) 곧 원본을 가지고 그대로 다시 파는 과정으로 출판되었다면, 아무래도 이 책의 배포 범위는 그다지 넓을 수는 없었다. 보고를 위해 한양에 보낸 소량에다 경상도를 중심으로 각 고을에 보내는 정도가 읽혔으리라 추측해 볼 뿐이다.

여기서 한 가지, 임신본이 출간된 이후 이 책을 인용했을 것으로 보이는 상소문이 실록에 하나 남아 있어 주목된다.

때는 중종 11년(1516년) 그러니까 임신본 출간 후 4년 뒤인 12월

10일, 한산 군수 손세옹(孫世雍)이 소격서(昭格署)를 없애고, 정조(正祖)의 공상을 감할 것을 요구하는 상소문을 올리고 있다. 이 상소문에 그가 『삼국유사』를 인용하고 있는 것이다.

손세옹은 연산군에서 중종 초기에 활약한 문관으로, 양산 군수를 지낸 손상장(孫尙長)의 아들이라는 사실이 보일 뿐 그 내력이 자세하지 않다. 연산군 3년(1497년)에 교서관 부정자로 있으면서 불교 배척에 관하여 상소를 하는 등, 승려가 나라에 이익이 없는 것은 말할 것도 없다는 생각을 가졌던 사람이다. 그런가 하면 정언으로 있을 때는 과부의 개가를 주장하는 다소 파격적인 모습을 보였는데, 이 때문에 당시 세간의 평가는 썩 좋지 않았던 것 같다. 사실 불교의 폐단을 지적하는 부분은 적절하기도 했고, "무릇 남편을 잃은 부녀가 자식이 있든지 늙은 사람이라면 그만이겠지만, 나이 20세도 못 되어서 과부로 지내는 사람은 너무도 가엾고 불쌍합니다. 율문에 이미 개가를 금한 것이 없으니, 개가하게 해 주어 원망하는 여자가 없도록 하는 것이 좋을 것입니다"라는 주장 또한 나쁘지 않았다.

이번에 손세옹이 문제 삼은 소격서는 도교의 제사 지내는 곳이었다. 고려 시대부터 있었고, 조선에 들어서서는 태조가 삼청동에 그 사당을 만들어 대대로 이곳에서 제사를 지냈는데, 중종반정 이후 신진 사림들은 이의 폐지를 주장하게 되었다. 손세옹의 상소가 나온 시점이 가장 극렬했던 때였다.

손세옹은 소격서에 대해 논하다 급기야 불교로까지 그 논의를 확대해 간다. "전진(前秦)의 부견(符堅)이 중 순도(順道)를 파견하여 불상을 보내었으니 이는 고구려 불법(佛法)의 시초이며, 호승(胡僧) 난나(難陀)가 진(晉)나라에서 왔었으니 이는 백제 불법의 시초요, 사문(沙門) 묵호자 아도(墨胡子阿道)가 고구려를 떠나 신라로 왔으니 이는 신라 불법의 시초입니다"라는 대목에서 그는 이를 『삼국유사』에서 인용했다고 밝혔다.

손세웅은 어떤 『삼국유사』를 보았던 것일까? 한산은 모시로 유명한 충청도의 그곳이지만, 아마도 이 글을 쓰기 4년 전 경주에서 이계복에 의해 간행된 『삼국유사』일 가능성이 높다.

삼국에 처음 불교가 전래되고 발전되어 가는 과정을 일목요연하게 정리한 것이 『삼국유사』의 「흥법」 편이다. 손세웅은 특히 이 부분을 중점적으로 요약하여 인용하였다. 인용된 내용을 보면 그가 『삼국유사』를 펼쳐 놓고 보지 않았으면 불가능했겠다는 생각을 하게 한다. 심지어 '보장왕이 노자를 섬기자 보덕이 암자를 옮겼다'는 조에 붙인 일연의 찬시 가운데 "백천(百川)의 유로(儒老)들로 하여금 바다같이 왕양(汪洋)한 석도(釋道)를 조종(祖宗)삼게 하였다"는 구절을 그대로 옮겨 놓고 있을 정도이다.

물론 이런 인용은 손세웅이 『삼국유사』의 내용을 동조하려는 의도에서 이루어지지 않았다. 도리어 정반대였다.

순도며 마라난타 그리고 아도의 행적을 쓰고는 그들이 '세상을 복되게 하였음을 듣지 못했다'고 마무리 지었다. 일연이 쓴 시조차 조롱삼아 인용하였다. 앞서 이계복이 보여 주었던 역사에 대한 넓고 부드러운 이해와는 사뭇 다른 태도이다.

　손세옹은 그것이 지나쳐서 오독까지 하고 있다.

　『삼국유사』의 이른바 '순도가 고구려를 세우고, 난타가 백제를 열고, 아도가 신라를 터전 잡게 했다'고 하였는데, 신은 결코 고구려는 순도가 세운 것이 아니고, 백제는 난타가 연 것이 아니며, 신라는 아도가 터전 잡게 한 것이 아님을 아오니, 역사를 만든 사람의 말이 자못 떳떳하지 못합니다.

　쾌나 흥분했던 것 같다. 손세옹은 이 구절에서 『삼국유사』「흥법」편 해당 조의 제목들, 곧 '순도조려(順道肇麗)'·'난타벽제(難陀闢濟)'·'아도기라(阿道基羅)'를 가지고 와서, 그 가운데 조(肇)·벽(闢)·기(基)를 나라를 세운 것으로 해석하였다. 일연은 세우고, 열고, 터전 잡은 것은 나라가 아니라 불교였음을 말한 것이었는데, 손세옹은 흥분한 나머지 잠시 착각하여 아주 다른 길로 나가고 말았다. 사실 도교의 사당인 소격서를 폐지하고 여기에 들어가는 세금을 더 이상 용납해서 안 된다는 논의가 돌연 불교로 옮겨 간 점이나 자구 해석에서 보인 잘못은 치명적이었다.

　그런데 우리의 관심은 손세옹의 인용 실수나 그가 지닌 역사관을 따져 보자는 데만 있지 않다. 『삼국유사』임신본이 경주에서 간행된 4년 뒤, 한 지방 관리의 상소문에 이 책이 인용되고 있다는 점에도 주목한다. 한갓 시골 관리도 구해 보자면 가능했던 책이 이 무렵의 『삼국유사』였음을 말하지 않는가.

　대단한 정도는 아니었을지언정, 이계복의 중간(重刊)에 힘입어 『삼국유사』가 일단의 관심을 불러일으킨 것만은 사실이었다.

임진왜란
그리고 바다를 건너는 책들

이계복이 찍어 간행한 『삼국유사』 임신본 가운데 지금까지 남아 있는 것은 완본 4종 결본 4종 도합 8종이다. 이들이 20세기 이후 세상에 알려지기 시작한 순서대로 간단히 소개하면 다음과 같다.

　가장 먼저 알려진 것은 호사문고본(蓬左文庫本)이다. 1904년 도쿄 대학의 배인본(排印本)으로 나와 세상에 알려졌다. 지금 우리가 관심을 가지고 추적하는 바로 그 책이다.

　다음으로 순암수택본(順庵手澤本)이 있다. 1925년 교토대학에서 간행하였다. 호사문고본이 근대식 활자본으로 나왔던 데 비해 이는 원본의 영인본이었다. 그러므로 원본의 형태로는 처음 일반에 소개된 본인 셈이었다.

　순암수택본은 『동사강목』을 쓴 18세기 실학자 순암 안정복(安鼎福, 1712~1791년)이 보았던 책으로 여겨져 이렇게 이름 붙여졌다.

　그러나 이 책의 본디 주인은 김연(金緣, 1487~1544년)이었다. 김연 또한 중종 시대에 활약한 인물로, 김안국(金安國)의 비행에 끝까지 맞서 싸운 강직한 성격을 지녔다. 김연의 마지막 임지는 경주부윤이었다. 1544년, 세상을 뜨던 해에 경주에 이른 김연은 그로부터 32년 전 이곳에서 간행된 『삼국유사』를 구했을 것으로 보인다. 그의 아들 부의(富儀)는 이 책이 아버지에게서 받은 것임을 밝히는 도장을 찍어 놓았다.

이로부터 200여 년 뒤, 안정복이 어떤 경로로 이 책을 구했는지는 알려져 있지 않다.

안정복의 손길을 떠나 다시 100여 년, 1916년 일본 학자 이마니시 류(今西龍)가 인사동에서 구입하여 교토대학을 통해 세상에 보여 주었다. 그와 이 본에 대해서는 뒤에 다시 자세히 설명할 것이다. 이마니시는 경성제국대학 교수로 있다가 해방 후 일본의 덴리(天理)대학으로 옮겼는데, 자신의 책과 자료 상당수를 이 대학에 기증하여 『삼국유사』 또한 그 도서관에 보관되어 있다.

이후 해방 직전까지 여기저기서 결본들이 발견되었다. 모두 5권으로 된 원본에서 1~2권 정도만 남은 것이었다. 그래서 이들은 활판으로건 영인으로건 일반인에게 소개될 기회를 얻지 못하였다.

해방 후에 처음 발견된 완본은 규장각본(奎章閣本)이었다. 재야서지학자 황의돈이 한국 전쟁 직후 모처에서 구득하였으며, 이는 간송미술관 설립자 전형필의 소장으로 넘어갔다가 서울대에 기증되었다. 이 본이 영인되어 나온 것이 1975년. 민족문화추진회(지금의 한국고전번역원)에서 충실히 원문 교감을 한 후 낸 이 영인본은 『삼국유사』 연구의 자료로서 가장 널리 이용되었다.

만송문고본(晚松文庫本)은 만송 김완섭이 소장하던 완본이었다.

고려대 도서관에 기증되었고 1980년 학계에 알려졌으며, 1983년 다른 필사본과 함께 영인 출판되었다. 이 본에는 '가정(嘉靖) 13년'이라는 연호가 메모되어 있는데, 이해는 1534 곧 임신본이 출간된 22년 뒤였다. 이 무렵의 『삼국유사』 유통 상황을 짐작하게 하는 귀중한 자료가 아닐 수 없다. 다만 이 메모를 한 이가 어디 사는 누구였는지 모르고, 김완섭의 수중에 들어오기까지의 과정도 알려져 있지 않아 아쉽다.

1990년 이후에는 니산본(泥山本), 범어사본(梵魚寺本)으로 불리는 결본이 세상에 알려졌다.

이상의 판본을 서지학적으로 검토했을 때 한 가지 드는 의문이 있다. 그것은 같은 해 같은 곳에서 찍은 책임에도 불구하고 미세하게 다른 부분이 나온다는 점이다. 글자의 모양이 조금 다른 것은 목판을 인쇄하는 과정에서 발생할 수 있는 일이라고 하겠으나, 심하게는 여러 페이지가 백지 상태인 판본이 있어, 이를 어떻게 보아야 할지 연구자들은 난처해하고 있다. 임신년에 찍은 다음에도 다시 더 찍은 것으로밖에는 이해되지 않지만, 그 같은 기록은 어디에도 남아 있지 않다.

어쨌건 남아 있는 판본을 두루 검토했을 때 1512년 이계복이 다시 찍은 『삼국유사』에는 다음 두 가지 점에서 크나큰 의미를 부여할 수 있다.

첫째, 16세기 사림 정치의 활발한 출판 분위기를 타면서 재간행된 『삼국유사』가 당대 지식인 사이에서 알게 모르게 은근히 유통

되었다는 점이다. 『삼국유사』를 인용하여 상소문을 쓰는 경우나 책의 소장자들이 지닌 면면이, 매우 제한된 자료 속에서 검토한 결과이지만 꽤나 다양하다. 그러나 사림의 등장 이후 조선의 이념적인 분위기가 성리학으로 강화되어 가고, 그 때문에 『삼국유사』는 '봐서는 안 될 책'으로 점점 굳어져 가는 모습이 보이는 것은 애처롭다. 우리는 앞서 『삼국유사』를 인용한 두 편의 상소문을 보았다. 연산군 때 나온 이선제의 상소문과 중종 때 나온 손세옹의 상소문이다. 같은 책을 인용하였음에도 불구하고 이에 대한 접근은 정반대였다. 연산군과 중종 사이에는 사림파의 등장이라는 역사적인 사건이 가로놓인다. 『삼국유사』에 대한 가치평가는 이 사건이 있기 전과 있고 난 다음으로 갈렸다. 인식의 차이는 바로 거기에서부터 나왔는지 모르겠다.

둘째, 결과적으로 임신본은 『삼국유사』의 완본을 오늘날까지 남아 있게 했다. 이선제가 『삼국유사』를 인용하여 상소문을 쓴 점, 성주부사가 완본을 구해 이계복에게 보내 준 점을 볼 때 16세기 초까지 『삼국유사』 초간본이 적은 수이나마 남아 있었던 것은 확실하다. 그러나 지금 그 책들은 모두 없어졌거나 현물의 일부분만 남아 있다. 이계복이 다시 찍지 않았더라면, 물론 이것은 어디까지나 결과론적인 측면이 있지만, 오늘날 우리는 『삼국유사』의 전모를 대하지 못하였을 것이다.

경주에서 『삼국유사』를 다시 찍은 지 꼭 80년 만인 1592년에 임진왜란이 터졌다. 7년 전쟁은 처참한 것이었다. 전 국토가 유린된

이 전쟁이 끝나고 난 다음 조선의 땅은 텅 비었다. 일상생활도 생활이지만, 그때까지 축적된 유형의 문화 재산은 잿더미로 변했기 때문이다. 그나마 왜적을 물리친 것만으로 다행이었다.

이런 와중에 퇴각하는 왜군의 전함에는 패전과 어울리지 않는 전리품이 가득했다.

그것은 주로 책이었으며, 거기에 『삼국유사』도 끼어 있었다. 이 책은 새로운 실력자 도쿠가와 이에야스에게 바쳐졌다.

5

도쿠가와 이에야스와
나고야라는 도시

속세에서
떠나는 천황

일본의 7세기경에 확립된 천황제의 틀을 부수고 천황과 막부의 이중체제가 형성된 것은 12세기 말, 이른바 가마쿠라(鎌倉) 막부 때였다.

  우연히 가마쿠라 막부는 고려의 무인정권과 때를 같이 한다. 막부의 수도가 가마쿠라였던 데서 비롯한 이 이름은, 일본이 역사상 처음으로 관서 지방을 벗어나 관동 지방으로 권력의 중심을 이동한 것을 상징하기도 한다.

  막부는 무인 출신으로 그 수장을 쇼군(將軍)이라 불렀으며, 천황을 그대로 두고 실질적인 국가권력을 행사했다는 데에서도 우리 고려 무인정권과 닮았다.

일본이라는 나라가 역사상 단 한 번도 나라 이름을 바꾸지 않고, 한 줄기의 천황제를 유지하고 있다는 점은 의아하다. 그것을 저들은 '만세일계(萬世一系)'라 자랑하기까지 하지만 말이다. 오이시 신자부로(大石愼三郎)의 설명을 들어 보자.

> 일본 사회는 '권위와 실권이 분리되어 있다'고 흔히 말한다. 사장보다는 담당 중역, 아니 더 아래 현장책임자가 실제로는 결정권을 쥐고 있다는 것은, 지금 우리 주변에서도 쉽게 관찰할 수 있다. 이런 '일본형 권력의 이중성'이 생긴 것이 언제인지 말한다면, 원정(院政)의 개시가 하나의 출발점이었다. 원정의 시작은 대륙으로부터 수입된 율령형 천황제의 붕괴라는 의미였고, 고대에서 중세로 옮아가는 대전환이기도 하였다.
>
> 이제까지 무사가 정권을 쥔 가마쿠라 시대 이후가 중세로 여겨졌다. 그러나 중세의 막을 연 것은 가마쿠라 막부 초대 쇼군 미나모토노 요리토모(源賴朝)가 아니라 그 앞인 원정기의 영향이 크다. 그만큼 원정은 중대한 변화였다.

인용문은 가마쿠라 막부 이전의 상황을 말하고 있다. 여기서 원정이라는 제도에 대해 약간의 보충설명이 필요하겠다.

원정은 시라카와(白河) 천황으로부터 처음 시작하였다. 1072년에 즉위한 시라카와 천황은 1086년에 호리카와(堀河) 천황에게 양위하고 천황의 부친으로서 원정을 시작하였다. 조선의 고종 때 대원군이 실질적인 권력을 행사한 것과 비슷하다. 시라카와는 자신이 천황으로 있던 때로부터 57년이나 정치적인 권력을 쥐고 행사했다. 그러면서 원정체제가 정착된 것이다. '치천(治天)의 군(君)'이라는 말이 생긴 것도 이때였다.

그렇다면 원정의 실시 이후 천황제는 어떻게 되었을까. 다시 앞의 인용으로 돌아간다.

> 원정은 천황의 힘을 방해하는 것이 아니라, 어쩌면 원정 덕분에 천황제도는 살아남았다고 말할 수 있다. 곧 원정에 의해 천황은 성속(聖俗)을 맡는 존재로부터 '성스러운' 제사만을 맡는 존재가 되었다. 그리고 천황을 물리친 원이 인사권과 '속된' 군사지휘권이나 정치권력을 쥔다는 것이다. 일본의 '권위와 실권의 이중성'은 여기서 비롯된다.

왜 이처럼 천황의 존재를 연명시킨 것일까. 곧 정치의 실권이 그때그때 실력자에게 옮겨 가면서도 천황은 그 위에 성스러운 권위로서 부동의 지위를 지키게 되었다.

그렇다면 본격적인 무인의 시대인 가마쿠라 막부는 천황으로부터 권력을 빼앗은 것이 아니고, '치천(治天)의 군(君)'이 되는 원으로부터 세속의 권력을 빼앗아서 힘을 키웠다고 할 수 있다. 가마쿠라 막부가 생길 때의 교섭상대도 천황이 아니라 고시라카와원(後白

河院)이었다.

결론은 이렇다. 성속 양쪽을 맡은 채로였다면, 아마도 천황제도는 현재까지 이어지지 못했으리라는 것이다. 천황은 속세를 떠났다.

가마쿠라 막부와 무로마치 막부

그러다가 1156년 호겐(保元)의 난이 터졌다. 무사인 다이라노 기요모리(平清盛), 미나모토노 요시모토(源義朝), 미나모토노 요시야스(源義康) 등이 시라카와 집안을 습격한 것이다. 이는 다이라씨(平氏)와 미나모토씨(源氏)의 연합이었다. 고려의 무신란을 정중부, 이의민, 이의방 등이 짜고 일으킨 것과 비슷하다. 일본의 역사에서는 이를 두고 '무사의 세상이 도래했다'고 말한다.

처음에 다이라씨 중심이었던 권력은 1180년 미나모토노 요리토모가 가마쿠라에 자리 잡으면서 미나모토씨 쪽으로 넘어갔다. 물론 5년여에 걸친 피비린내 나는 두 집안 간 싸움의 결과였다. 이로 인해 일본은 확실한 무(武)의 사회로 변하였다.

그러나 더욱 중요한 변화는, 권력의 중심이 관서 지방의 교토가 아닌 관동의 지방 도시로 한 번 이동했다는 점이었다. 관동 개척의 상징적인 사건이기도 했다.

드디어 가마쿠라 막부의 시작이다.

도쿄에서 남쪽으로 전철을 타고 1시간 남짓, 지금도 많은 사람이 즐겨 찾는 가마쿠라는 흔히 '관동의 나라(奈良)'라고 불린다. 거대한 신사 그리고 크고 작은 절이 수없이 널려 있다. 여기서 150여 년, 가마쿠라는 새로운 일본의 수도로 영화를 누렸다.

한 가지 주목해마지 않을 점은, 막부의 정치적 지위가 높아지자 상층 무사들은 정치인이자 지식인으로서 스스로 위치를 높여 나가야 할 필요성을 느끼고, 학문과 문화에 대한 관심도 키워 나갔다는 것이다. 저택에 문고를 설치하는 풍습이 이때부터 생겨났다. 뒷날, 역시 무사 출신인 도쿠가와 이에야스가 책을 사랑하고, 특히 조선에서 가져온 여러 서책을 심혈을 기울여 모은 저변에는 이런 역사적 흐름이 있었다.

또 한 가지는 불교 특히 선종의 발전이었다. 이 또한 고려 무인정권 시대와 닮은 점이다. 막부는 전통적인 교종에서 떠나 선종을 보호하는데, 이는 기존 세력을 타파하자는 정치적인 계산도 깔려 있었다. 고려의 최씨무인정권이 선종 승려 지눌(知訥, 1158~1210년)이 일으킨 수선사(修禪社)의 개혁노선을 지지하고 그 일파를 중용한 것과 마찬가지였다.

물론 가마쿠라 막부가 선을 보호한 데는 종교적인 동기만 작용하지 않았다. 그들을 통해 해외의 지식을 입수하고, 거기에 따라오는 각종 중국문화를 섭취하여, 무가(武家)의 문화를 고전적인 아취 속으로 끌어올리려 하기 위해서였다. 덕분에 이 시기 일본의 선종은 커다란 발전을 이루었다.

가마쿠라에 가면 고덕원(高德院)이라는 절이 있다. 지금은 개인

고덕원 불상 높이 11미터의 거대한 금동불상이다. 일본 역사상 처음으로 막부가 세워진 가마쿠라를 상징하는 불상이며, 일본의 세력 중심이 한때 관서에서 관동으로 옮겨 간 의미 또한 품고 있다.

절이고, 특히 5월에 열리는 헌다식(獻茶式)이 유명한데, 이 절에 있는 대불(大佛)이 더 널리 알려졌다. 1243년에 처음 만들어진 대불은 나무로 만든 아미타불이었다가 1262년 금동상으로 바뀌었다. 높이가 11미터, 무게만 121톤이 나간다.

무엇하러 이처럼 큰 불상을 만들었을까. 이는 나라(奈良)의 동대사(東大寺)와 그 대불을 의식했음에 틀림없다. 관서에 맞서 관동의 자존심을 한껏 높인 것이었다.

한편 1246년, 호조씨(北條氏) 집안으로 넘어간 가마쿠라 권력은 그들에 의해 90여 년간 이어진다. 마치 고려 무인정권이 최충헌의 최씨 집안으로 넘어가 60여 년간 이어진 것과 비슷하다.

그러다가 1335년, 아시카가 다카우지(足利尊氏)가 나약해진 호조 집안을 물리치고 새로운 막부를 열었다. 일본 역사상 두 번째인 무로마치(室町) 막부이다.

새로운 막부의 수도는 관동의 가마쿠라에서 다시 관서의 교토로 돌아왔다. 그러나 이때 막부를 연 것은 다카우지 혼자가 아닌 같은 집안의 다다요시와 함께였다. 권한도 둘이 나누어 가졌다. 다카우지가 대통령이라면 다다요시는 국무총리였다. 문제는 둘 사이가 그다지 원만하지 않았다는 점이었다. 싸움은 그칠 날 없이 무려 15년 이상을 갔는데, 결국 다카우지가 다다요시를 독살하고서야 일단락되었다.

그러나 싸움은 거기서 끝나지 않았다. 막부의 체제도 그다지 튼튼하지 못해서, 일본 전체가 남북으로 갈려 양쪽에서 서로 천황을 세우는가 하면, 이반된 민심이 반란을 일으키는 경우도 잦았다. 대표적인 싸움이 1467년의 내란이었다. 동군과 서군으로 나뉜 전쟁은 장기전으로 치달았고, 방화와 약탈로 헤이안(平安) 시대의 화려한 문명을 물려받았던 교토의 시가지는 거의 불타고 말았다. 이때를 기점으로 100여 년간, 끊임없는 전쟁의 시기를 일본 역사에서는 전국 시대(戰國時代)라고 일컫는다.

무로마치 막부는 단 한 번 막부의 권위를 세우기 위해 총력을 기울인 적이 있었다. 1487년, 당시 쇼군 요시히사(義尙)가 스스로 출전한 것이었다. 그러나 전쟁은 또다시 장기전, 요시히사는 진중에서 숨을 거두고 말았다.

물고 물리는 기나긴 싸움이 끝나기까지에는 세 명의 영웅을 기다려야 했다.

오다 노부나가와
도요토미 히데요시

전봉준 하면 녹두장군이 생각나고, 녹두장군 하면 '새야 새야 파랑새야'라는 노래가 생각나지만, 일본에서는 이런 노래가 불렸었다.

> 오다가 찧고,
> 도요토미가 반죽한 천하의 떡,
> 앉아서 먹는 것은 도쿠가와 이에야스.

세 사람이 누구이고, 어떤 관계이기에 이런 노래가 나왔을까. 오다는 오다 노부나가(織田信長)를 말한다. 전국 시대 나고야 번의 번주였다. 도요토미는 도요토미 히데요시(豊臣秀吉), 임진왜란을 일으킨 원흉으로, 우리에게도 낯익은 이름이다. 나고야의 가난한 집 아들로 태어난 그는 처음에 오다의 신발 챙기는 종이었다. 그의 눈에 들어 입신출세하더니, 오사카 번의 번주가 되었고, 급기야 오다가 죽은 다음 정권을 이어받았다.

마지막으로 도쿠가와 이에야스(德川家康). 역시 우리에게 낯익은 이름이다. 나고야 바로 옆의 미쓰가와(三河) 번의 번주였고, 도요토

도쿠가와 이에야스 오다 노부나가와 도요토미 히데요시를 이어 일본 전국의 권력을 움켜쥐고, 끝내 에도 막부를 열었던 도쿠가와 이에야스. 260년 에도 막부 시대를 일본 역사는 근세라 부른다.

미가 죽은 다음 천하의 권력을 손에 쥐었다. 그러면서 일본 역사상 세 번째 막부를 열었다. 바로 에도(江戶) 막부이다.

이들로 인해 100여 년 넘게 지속되던 전국 시대의 혼란이 막을 내리고, 일본 열도에는 평화가 찾아왔다. 물론 그 과정이 평탄했던 것은 결코 아니다. 결국 노래에서처럼, 떡을 먹은 사람은 도쿠가와였지만 말이다.

오다 노부나가가 천하의 평화를 꾀하겠노라는 명분 아래 교토에 진군한 것이 1568년, 그의 나이 불과 35세 때였다. 꼭 5년 뒤인 1573년에는 드디어 허약한 무로마치 막부를 쓰러뜨리고 권력을 움켜쥐었으나, 권불십년(權不十年)이라 했던가, 1582년 어이없이 제 부하의 습격을 받아 끝내 자살하고 말았다. 향년 49세.

천하인(天下人)이 되겠다고 나섰던, 그래서 세속세계와 종교세계 두 가지의 정점에 서려 했던 오다였으나, 역사의 평가는 준엄하기만 하다. 무사끼리만 아니라, 백성 집단과 싸워 수치심도 체면도 없이 대량살육을 자행했던 장본인으로 말이다. 진정한 평화를 바라는 일반 백성을 무참히 죽인 예는 일본 역사상 이때밖에 없었다고, 아사오 나오히로(朝尾直弘)는 말한다. 그야말로 전국 시대 혼란의 정점이었다.

주인 잃은 판국을 신속하게 제압한 것이 도요토미였다. 반란을 꾀했던 무리를 모조리 죽이고, 그가 관백(關白)이라는 이름의 최고 권력자의 자리에 오르는 데는 3년이라는 세월이 걸렸다. 1585년, 그때 그의 나이 49세, 우연히 제 주인이 죽은 나이와 같았다.

본디 성을 버리고, '천장지구(天長地久) 만민쾌락(萬民快樂)'이라는 뜻을 담은 '도요토미'라 부르기 시작한 것 또한 이때부터였다.

도요토미가 실시한 일련의 정책은 일본 사회에 상당한 변화를 가져왔다. 무엇보다도 유통에 바탕을 둔 새로운 경제체제가 단순 농업사회를 상업사회로 옮아가게 하였다. 도시의 변화가 눈에 띄게 나타난 것이다. 일본에서는 이때부터를 근세라고 부른다.

그런데 오랜 싸움 속에 단련된 무사들의 전투력 또한 만만찮았으므로, 여기서부터 도요토미 최대의 착각이 시작되었다. 그동안 싸움에 나가 적군을 복속시키고, 그런 다음에는 복속의례를 받았던 것처럼, 이제 일본 열도를 떠나 대륙까지 이것을 똑같이 적용시키고 싶었다.

그 결과가 곧 1592년의 조선출병 그러니까 임진왜란이었다.

임진왜란의 발발 원인에 대해서는 여러 학설이 있지만, 논공행상에 불만을 품은 번주들의 관심을 밖으로 돌리자는 것, 중국이 쥐고 있는 동아시아 상권에 일본이 끼어들지 않을 수 없었다는 것 등이 그 가운데서도 유력하다. 외교와 무역권을 장악하는 일이 곧 국내 정치를 안정시키는 일과 밀접하게 연관되는 시대였던 것이다.

그러나 대륙으로의 출병을 국내전의 연장선상에서 판단했다는 이케가미 히로코(池上裕子)의 설명이 눈에 띈다. 이케가미는 이야말로 도요토미의 무지라기보다는 오만의 소산이었다고 비판한다.

나는 그것을 최대의 착각이라는 말로 대신했다. 간단히 말하자면, 일본 내에서 저들끼리 벌이는 국내전과 대륙으로 건너가서 외

도요토미 히데요시 오다 노부나가의 신발 챙기는 종으로부터 시작하여 권력의 정점에까지 이르렀던 도요토미 히데요시

국군과 싸우는 국제전은 양상을 달리하는 것이었는데, 도요토미와 일본군에게는 그 같은 경험이 없었다. 착각은 제가 지닌 정권의 몰락까지 몰고 왔다.

한여름으로 접어드는 1598년 음력 5월, 도요토미는 병석에 누웠다. 13년을 누린 권력이었으니 제 주인이었던 오다에 비하면 그래도 길었다. 추석을 보낸 3일 뒤, 그러니까 음력 8월 18일 아침, 도요토미는 파란만장한 61년의 생애를 마감했다.

죽은 아버지가 남긴 재산 은전 한 냥을 쥐고 가출했던 소년, 안 해 본 일 없이 떠돌다가 오다 노부나가의 눈에 들어 그의 몸종으로 일하던 청년, 입신양명 끝에 나니와의 번주가 된 장년―. 나니와는 지금의 오사카이다.

도요토미의 죽음과 함께 조선에서의 철수령이 내려졌지만, 조선의 수군은 왜군이라면 한 명도 남김없이 수장시키겠다는 의지가 살벌했다. 마지막 한 명까지 쫓던 이순신 장군이 이 전장에서 산화한 것은 그해 11월의 일이었다.

도요토미는 죽으면서 이런 시를 남겼다.

이슬이 떨어지고
이슬이 사라지고
내 몸이려나
나니와의 일도
꿈속의 또 꿈.

나중에는 천하의 권력을 쥐었었음에도, 도요토미에게는 아마도 처음으로 번주가 되었던 나니와 곧 오사카 시절이 가장 행복했었던 모양이다.

기다림의 귀재 도쿠가와

같은 나고야 출신이었지만 도쿠가와 이에야스에게 오다 노부나가는 도요토미 히데요시의 경우와는 달랐다.

도쿠가와는 1542년 나고야 바로 옆의 미쓰가와에서 태어났다. 오다보다는 여덟 살, 도요토미보다는 다섯 살 아래였다. 그의 조상을 거슬러 올라가면 야마토 시대의 귀족으로까지 이어지지만, 이는 다분히 도쿠가와가 쇼군이 된 다음 조작되었을 가능성이 높다. 가장 믿을 만하기로는 도쿠가와의 9대조인 마쓰다이라 신시(松平親氏)부터이다. 신시는 미쓰가와국의 토호인 마쓰다이라 노부시게(松平信重)의 딸에게 장가들어 그 성을 받았다. 일본에서는 이를 양자라 하는데, 양자인 사위는 여자 집안의 성을 따르게 되어 있었다.

8대가 내려오는 동안 이 집안이 눈에 띄기로는 도쿠가와의 할아버지로부터였다. 할아버지 기요야스(淸康)는 미쓰가와의 거의 전부를 통일하여 전국 시대의 유력한 번주 곧 다이묘(大名)로 성장하였다.

기요야스는 재혼해서 아들 히로타다를 낳았다. 히로타다를 낳은 부인에게는 첫 결혼에서 낳은 딸이 있었는데, 히로타다는 이부동모(異父同母)인 이 누이와 결혼하여 아들 도쿠가와를 낳았다. 그러므로 히로타다로서는 어머니와 장모가 같고, 도쿠가와로서는 할머니와 외할머니가 같은 사람인 셈이다. 근친혼이 일반화되어 있었던 일본사회에서는 흔치 않지만 가능한 일이었다.

집안을 조금씩 일으켜 가던 기요야스는 전장에서 부하에게 죽음을 당하였다. 집안은 일시에 무너지고 말았다. 1535년의 일이었다.

졸지에 아버지를 잃고 떠돌이 신세가 된 아들 히로타다는 이마가와(今川) 집안의 도움으로 겨우 집안을 추스르는가 했으나, 그 또한 자기 부하에게 살해되고 말았다. 1549년, 도쿠가와의 나이 겨우 여덟 살 때의 비극이었다. 집안이 다스리던 영지는 이마가와 집안으로 넘어갔고, 도쿠가와는 이 집안의 인질이나 마찬가지인 신세로 지금의 시즈오카(靜岡)에서 소년시절를 보냈다. 도쿠가와가 말년에 은퇴하여 시즈오카로 돌아가는 것도 이 소년시절의 추억을 떠올렸기 때문이었다.

그에게 때가 온 것은 열여덟 살 때인 1560년이었다. 이마가와와의 싸움에서 이긴 오다 노부나가와 동맹을 맺으면서이다. 이로부터 도쿠가와와 오다의 질긴 인연이 시작되었다.

도쿠가와는 오다를 만난 3년 이내에 미쓰가와국의 이마가와 집안사람들을 몰아내고, 자기 할아버지 때에 한동안 점했던 영토를 모두 되찾았다. 스물한 살의 당당한 다이묘가 되었던 것이다. 그러면서 이름을 이에야스로 바꾸었다. 나아가 조정에 도쿠가와라는 성을 쓸 수 있도록 해 달라고 청원하였다. 도쿠가와 이에야스의 탄생이었다.

그러나 살벌한 전국 시대의 와중에 오다는 그에게 든든한 후원자만은 아니었다. 1582년 그의 나이 마흔에 미쓰가와국 동쪽을 두고 오다의 명령으로 벌인 다케다(武田) 집안과의 오랜 싸움이 막을 내렸다. 그런데 이 사이 도쿠가와의 부인과 큰아들이 다케다 집안과 내통했다는 의심을 받은 바 있었다. 오다는 즉각 두 사람에게 할복을 명령했다.

권력은 비정한 법이다. 누구보다 그 같은 사실을 도쿠가와는 잘 알고 있었다. 하릴없이 부인과 아들의 죽음을 지켜볼 수밖에 도리가 없었다.

궁지에 몰린 도쿠가와는 둘째 아들을 도요토미의 양자로 보냈다. 한 아들과는 죽음으로, 다른 한 아들과는 호적을 파면서 이별한 것이었다. 그렇게 해서라도 더 이상 오다와 도요토미의 눈 밖에 나지 않도록 하지 않으면 안 되는 것이었다.

인고(忍苦)의 세월 끝에 도쿠가와는 다섯 나라를 다스리는 번주 곧 대다이묘로 성장했다.

바로 그해 오다가 죽었다. 도요토미가 신속히 정세를 정리하는 동안 도쿠가와는 제 영역만 지키며 신중히 대처했다. 실제 도요토미 군대와 싸움이 벌어진 적도 있었다. 도쿠가와는 이겼지만 도요토미 아래 무릎을 꿇었다. 1598년 도요토미가 죽을 때까지 말이다.

기다림의 귀재 도쿠가와―.

이 말은 그래서 나왔다. 도요토미가 죽은 5년 뒤, 곧 1603년에 도쿠가와는 자신의 이름을 내건 새로운 막부를 출범시켰다. 그리고 이 무렵부터 우리가 지금 관심을 갖고 찾으려 하는 『삼국유사』의 일본에서의 역사 또한 시작되었다.

이 역사를 캐자면 앞서 소개한 일본의 전국 시대에 이어 좀 더 알아야 할 사실들이 있다.

참근제도로
도쿠가와는 일본을 쥐었다

도요토미가 죽었을 때 도쿠가와는 56세였다. 이제 그의 시대가 왔음을 그는 직관적으로 알았다.

도요토미는 살아 있을 때 그의 밑에 유력한 부하 다섯을 두었다. 이들을 오대로(五大老)라 부른다. 도쿠가와는 그 가운데서도 가장 유력한 존재였다. 그러므로 도요토미가 죽은 다음, 정권이 자연스레 그에게 올 수 있었다고 생각할지 모르지만, 사정은 그렇게 간단하지만 않았다. 아무리 유력해도 다섯 중의 하나일 뿐이었고, 특히 관서 지방에 웅거한 대로들은 도요토미의 아들에게 권력이 이양되어야 한다 생각하고 있었다. 도쿠가와로서는 이것을 깨는 일이 급선무였다.

협상은 오래 가지 않았다. 결국 전쟁이었다. 그래서 기나 긴 전국 시대의 종막을 고하는, 일본 역사상 가장 유명한 내전인 세키가하라(關ヶ原) 전투가 터졌다.

1600년 봄부터 도요토미의 후손을 세우자는 관서의 서군과, 도쿠가와를 새로운 지도자로 삼으려는 관동의 동군 사이에 전운이 감돌기 시작했다. 드디어 9월 15일, 세키가하라라는 들판에서 동서군이 마주했다. 세키가하라는 지금의 나고야에서 오사카 쪽으로 조금 더 간 기후(岐阜) 현에 속한다. 서군 8만, 동군 7만 5,000명의 대군이 맞섰다.

오전 8시경, 오랜 대치 끝에 전투가 시작되었다. 당초 여러 면에서 유리했던 서군은 일진일퇴 속에 정오 무렵 고비를 맞았다. 서군의 주력군이 싸우는 동안, 결정적인 순간에 원군이 되어 주기로 했던 몇몇 번의 번주가 도리어 동군 편을 들어 버렸다. 그들은 이미 하루 전날 동군과 내통이 되어 있었고, 날이 밝아서는 대세가 동군에 있다고 예상하면서 오전 중에는 싸움을 지켜보고만 있었던 것이었다. 전황은 급속히 동군 쪽으로 쏠리더니 급기야 오후 2시쯤 서군의 패배가 결정되고 말았다.

세키가하라의 승리는 곧 도쿠가와의 정권 쟁취와 직결되었다.

물론 이로부터 3년을 더 걸려 도요토미의 잔당을 완전히 정리하게 되지만, 이미 대세는 결판 나 있었다.

도쿠가와는 1603년, 에도 곧 지금의 도쿄에 막부를 설치하고, 정식으로 막부통치를 시작하였다. 일본 역사상 세 번째 막부가 등장한 것이었고, 가장 강력하며 가장 오래 간 막부의 시작이기도 했다.

천황을 위에 둔 채 쇼군이 실질적인 권력을 행사한다는 데 있어서는 도쿠가와 막부 또한 앞선 막부와 다를 바 없었지만, 제도적인 측면에서 몇 가지 다른 점이 있었다.

첫째, 도쿄를 중심에 놓고 일본 전국을 강력하게 통제하는 중앙집권형이었다. 도쿄가 수도가 된 점, 한 정권의 틀 안에 일본 전국이 실질적으로 복속된 점 모두 이때가 처음이었다. 둘째, 전국을 220여 개 번으로 나누고, 그 가운데 절반가량의 번에 자신의 아들들과 인척들 그리고 세키가하라 전투에서 공을 세운 동군의 무사들을 번주로 앉혔다. 통치영역이 늘면서 기존의 수효보다 번이 많이 늘어나 있었다. 한편 적대적인 세력을 정리하는 가운데 핵심적인 반대세력만 제거하였고, 충성을 맹세한 다른 번주들은 서군이었다 할지라도 그대로 두었다. 셋째, 그럼에도 불구하고 번주들의 반란을 막고 효율적으로 관리하기 위해 참근제도(參勤制度)를 실시하였다.

에도 시대 초기인 1664년의 기록에 따르면, 전국의 번 225개는 다음과 같이 크게 세 가지 종류로 나뉘었다.

첫째, 친번(親藩) 12군데이다. 도쿠가와 집안사람이 직접 번주로 임명된 경우이다. 특히 아들 셋이 각각 번주로 나간 미토(水戶), 기노(紀伊), 오와리(尾張) 번이 대표적이었다. 여기서 오와리 번이 우리 이야기의 무대가 되는 곳이다. 둘째, 후다이(譜代) 113군데이다. 도쿠가와의 편에 들어 동군의 주력군으로 싸운 부하들이 번주로 나간 곳이다. 그들 가운데는 처음부터 번주의 신분이었던 이도 있고, 새로이 번주가 된 이도 있었다. 셋째 도자마(外樣) 100군데이다. 서군에 속해 있었지만 세키가하라 전투 이후 도쿠가와에게 충성을 맹세한 번주들이다. 전체 번 가운데 수효로는 반이 조금 안 되나, 1년에 20만 석 이상의 세금을 거두는 대번 25군데 가운데서는 16개나 차지하였다.

도자마 다이묘, 막부는 바로 이들을 견제할 방책이 필요했다. 그래서 나온 것이 참근제도라고 할 수 있다.

참근제도는 참근교대제라고도 한다. 한마디로 번주가 제 영토와 에도를 1년씩 교대로 거주하는 것이다. 본인이 아니면 처자가 대신한다. 이는 정치적으로 쇼군과 번주 사이의 주종관계를 확실히 하기 위한 방법이었다. 그러나 목적은 거기서 그치지 않았다. 교대 근무를 위해서는 막대한 비용이 들었거니와, 이는 모두 번주가 지불하도록 했다. 가진 돈은 모두 써 버리고 자신의 영토에 부를 축적할 기회를 갖지 못하게 하는 것이었다. 이로써 막부는 번에 대한 경제적 통제가 가능했다. 절묘한 방법이었다.

여기에 한 가지 추가된다면 군사적인 성격이었다. 격년의 참근교대라고 한다면 에도에는 언제나 번주의 약 반수가 모여 있는 셈이다. 이들 번주는 일정한 군사를 데려오고, 제 영토에 돌아갔을 때에도 에도에 일정한 군사를 남겨 두었다. 그러므로 에도에는 상당한 숫자의 군사가 저절로 모여 있게 되는 것이다. 이는 막부가 군사력을 유지하는 데에 '손도 대지 않고 코 푸는 셈'이었다.

이런 참근제도는 막부가 노렸던 효과를 얼마나 거두었을까.

18세기경에 생겼을 것으로 보이는 교겐(狂言)에 「눈물 종지」라는 제목의 작품이 있다. 교겐은 간단한 코미디 비슷한 촌극이다.

시골에서 올라온 한 번주가 1년의 기한을 채우고 돌아갈 때가 되었다. 그는 자주 가던 술집의 게이샤에게 작별의 인사를 하러 갔다.

"그동안 나를 잘 돌봐주어 고맙네."

늙고 순진한 번주는 어여쁜 게이샤에게 늘 쩔쩔매는 모습이다. 사실 도도한 게이샤에게는 자기 말고도 다른 지역 출신의 젊은 번주가 애인으로 있는 줄을 까맣게 모른 채 말이다. 그래서 게이샤는 이 이별이 하나도 서글프지 않다. 그런데도,

"아, 어쩌나요. 이제 주인님이 가시면 저는 어찌 홀로 지내지요?"

하면서 눈물을 훌쩍거린다.

"허나 걱정 마라. 내년에 다시 오면 반드시 널 찾으마."

늙은 번주의 가련한 애원, 옛 전장을 누비던 무사의 기개는 어디에도 없다. 그런데 번주의 시종이 곁에서 가만 보니, 게이샤가 번주 몰래 슬쩍슬쩍 돌아서더니 뒤에 감춘 종지에 손을 갖다 대고 이

어 눈에 바르지 않는가. 종지에는 물이 들어 있었다. 그러니까 실은 정말로 눈물을 흘리는 것이 아니라, 물을 찍어 바르며 우는 흉내를 냈던 것이다.

이를 괘씸히 여긴 시종은 게이샤 몰래 종지에 먹물을 집어넣었다. 이번에는 게이샤가 당할 차례이다. 먹물이 든 줄 모르는 게이샤는 바쁘게 종지에 손을 넣었다 뺐다 하는데, 이윽고 그녀의 얼굴은 눈물 범벅이 아니라 먹물 범벅이 되었다.

"고얀지고……."

사태를 파악한 번주는 이 말 한마디 남기고 휑하니 술집을 나가버리며 막이 내린다.

한 편의 코미디이지만 이 극의 저변에는 서울에 와서 한낱 게이샤에게도 놀림을 당하는 시골 번주의 처량한 신세가 정치적인 알레고리로 깔려 있다. 에도 막부의 지방 번주 제압정책은 이렇듯 훌륭하게 성공하고 있었던 것이다.

참근제도가 법적으로 마련되기는 1615년에 〈무가제법도〉가 공포되면서였다. 그러나 그 이전에도 도쿠가와 이에야스에게 충성을 나타내려는 번주들이 스스로 처자를 에도에 살게 했던 것이 그 제도적 싹이었다. 그리고 1635년에 개정된 〈무가제법도〉에 따라 본격적인 참근교대가 시작되지만, 이때 실제 참근교대를 했던 번주는 도자마 다이묘들이었다.

쇄국이라는 개국

에도의 도쿠가와 막부를 말하면서 빼놓을 수 없는 한 가지가 쇄국 정책이다. 17세기에 들어 성립한 새로운 정권이 왜 쇄국을 정책의 근간으로 삼았을까. 그 쇄국의 의미는 무엇일까.

이를 설명하자면 먼저 13세기에 나온 마르코 폴로의 『동방견문록』으로 돌아갈 필요가 있다. '희대의 뻥쟁이' 마르코 폴로가 한 거짓말 가운데 압권은 일본에 대해서 쓴 대목이다.

이 나라에는 가는 곳마다 황금이 눈에 띄기 때문에 사람들은 누구라도 막대한 황금을 소유하고 있다. …… 이 나라 왕의 거대한 궁전은 그야말로 순금으로 칠해져 만들어져 있다. 우리 유럽인이 집이나 교회당의 지붕을 연판(鉛版)으로 이듯이 이 궁전의 지붕은 모두 순금으로 이어 있다. …… 궁정 안 수없는 방의 마루도 전부가 손가락 두 개 폭의 두께를 가진 순금으로 깔려 있다. 이 밖에 거실이든 창이든 일체가 모두 황금으로 만든 것이다.

몇 대목만 요약해 들어 보아도 이렇다. 이런 말을 듣고 진짜라고 믿었다면 일본에 대해 욕심 내지 않을 유럽 사람이 어디 있었을까. 지리상의 발견 이후 유럽의 배들은 일본을 향해 머리를 돌렸다. 콜럼버스마저 처음에는 일본으로 가는 항로를 개척하고자 떠났다는 사실은 누구나 다 안다. 15세기 이후 유럽인의 일본을 향한 집요한 도전은 끊이질 않았다.

16세기 들어서서 기독교를 앞세운 일본 공략은 더욱 거세졌다. 선교사들의 활발한 활동에 겁을 먹은 도요토미 히데요시는 1587년 금교령을 내릴 정도였다. 이듬해에는 포교의 근거지인 나가사키(長崎)의 제수이트교도들을 추방하였다. 첫 기독교 박해였다. 이는 도쿠가와 막부에 와서도 이어졌다. 1616년, 중국 선박 이외에 외국선의 내항지를 규슈의 히라도(平戶)와 나가사키의 두 항으로 한정시켰다. 이해에 도쿠가와 이에야스가 세상을 뜨지 않았던가. 그의 마지막 정책이 본격적인 쇄국이었음이 주목된다.

심지어 1635년에는 일본인의 해외 도항과 재외일본인의 귀국조차 전면 금지시켰다. 이 정도면 좀 지나친 쇄국임이 틀림없다.

실은 좀더 일찍부터 일본은 네덜란드 선교사나 그 정부를 통해 세계가 돌아가는 정보를 신속히 입수하고 있었다. 이는 꽤나 이율배반적인데, 서양을 막고자 하면서 서양 한 나라와는 적당한 관계를 유지하며 세계정세를 파악하였던 것이다. 이는 에도 막부 말기까지 이어졌다.

일본이 그때 들었던 정보가 멕시코와 페루에 관해서였다.

멕시코와 페루가 서구인에 의해 정복당한 초기에 얼마나 엄청난 폭력에 시달렸는지는 다시 말할 필요가 없다. 일본은 네덜란드의 정세보고를 통해 그 상황을 실시간으로 알고 있었다. 그러므로 쇄국에 대한 히데요시 이후 일련의 정책은, 서구인이 일본을 멕시코나 페루처럼 만들려는 의도를 깨부수는 역할을 했었다. 이런 주장은 앞서 소개한 오이시 신자부로(大石愼三郎)에게서 나왔다. 그의 말을 먼저 들어 보자.

　　전국 시대 말기, 포르투갈 배의 우리나라 내항(來航)에 의해 극동의 섬나라 일본은 처음으로 세계사(世界史)에 빨려 들어가게 되었다. 근세 초기는 세계사에 빨려 들어간 첫 체험의 바탕에 있는 '어떻게 살아남을까?' 하는 어려운 질문에, 일본이 필사의 노력을 기울여 대응했던 시대였다. 그리고 '쇄국'이라는 체제는 그 해답이었다.

흔히 일본 학계에서는 에도 막부 시대를 근세라고 부른다. 오이시가 말한 것처럼, 일본의 근세는 세계에 전면적으로 노출된 시대였다. 마르코 폴로의 가당찮은 거짓말이 없었더라도 이는 피하지 못할 운명이었는지 모른다. 그만큼 일본은 매력적인 공격 목표였다.
　이런 공격을 피해 가는 첫 번째 방법은 무엇일까? 당연히 쇄국이었다. 아직 대응할 만한 힘이 없는데, 개방이란 곧 안방을 내주는 것이나 마찬가지라 생각했다. 이는 우리 조선왕조 말기에 대원군이 한 생각과 너무 닮았다.
　그런데 에도 막부의 쇄국이 기계적이며 단순한 쇄국이 아니었다는 데 우리는 주목해야 한다. 이 점에 대해서 오이시는, "'쇄국'이라는 말의 어감 때문에, 우리는 우리나라가 이 행위에 의해 여러 외국에 대해서 나라를 닫고 무역·교통마저 하지 않았다고 오해하지만, 쇄국 뒤가 그 앞보다 우리나라의 대외무역액은 늘어나 있는 것이다"라고 말한다. 겉만 쇄국이었지 그 속에서 실속을 차리고 있었다. 사실 어떤 국가라도, 심지어 오늘날의 국가마저도 밀도의 차이는 있지만, 쇄국체제(대외관리체제)를 취하고 있다는 점을 상기할 필요가 있다.

'쇄국'이란, 한번 빨려든 세계사의 울타리로부터 일본이 이탈하는 것이 아니라, 압도적인 서구 여러 나라와의 군사력(문명력) 낙차의 바탕에서, 일본이 주체적으로 세계를 접촉하기 위한 수단이었다. 곧 '쇄국'이란 쇄국이라는 방법 수단에 의한 우리나라의 세계에의 '개국'이었을 뿐이랄 밖에.

절묘한 설명이다. 에도 막부는 쇄국이라는 정책으로 사실은 영리한 개국을 했다는 것이다. 이를 오이시는, "에도 초기의 '쇄국'이야말로 일본의 세계에의 제1차 개국"이었다고 본다. 그렇다면 흔히 '개항'이라는 말로 불리고 있는 '1854년의 개항'은, 일본인들이 에도 300여 년에 걸친 훈련을 바탕으로 마련한 제2차 개국이었다.

어쨌건 이런 에도 막부가 17세기 초에 도쿠가와 집안에 의해 시작되고 있었다.

신흥도시 나고야는
에도 막부의 수호신

이제 우리 이야기의 무대가 되는 나고야로 간다. 에도 시대에는 오와리 번(尾張藩)이라 불렸던 곳이다.

도쿄와 오사카의 중간에 위치하여, 관동도 아니고 관서도 아니며, 관동이고 관서인 나고야. 자칫하다간 양쪽에서 뺨을 맞을 수 있기에 눈치 빠르게 움직이지 않아서는 안 되는 곳이면서, 뺨 맞을 짓만 안 하면 양쪽의 맛있는 음식을 다 먹을 수 있는 곳. 그런 곳이 나고야이다.

나고야는 오다 노부나가·도요토미 히데요시·도쿠가와 이에야스를 배출한 지역이다. 오랜 전쟁의 풍파를 잠재우고 일본 역사의 근세를 열었던 풍운아 세 사람이 한 동네 출신이었다는 점이 이채롭다.

흔히 히데요시는 노부나가가 있었기에 가능했고, 이에야스는 히데요시가 있었기에 가능했다 말한다. 치열하게 대립했지만 세 사람은 결국 한 팀이었던 것이다. 알다시피 최종 승리자는 이에야스였는데, 에도에 막부를 연 다음 나고야에는 오와리 번을 만들어 그가 총애하던 아들 요시나오(義直)를 번주로 심었다.

도쿠가와 요시나오. 우리가 가장 주목해야 할 인물이다.

처음에 나고야는 자그마한 시골 마을이었다. 에도 시대부터 근세도시로 발전한, 이른바 신흥도시이다. 이 지역은 매우 풍부한 자연환경으로 둘러싸여 있었고, 수량도 넘쳐 식수나 농업용수에 모자람이 없었다. 대체로 농사 또한 풍년이었다.

게다가 이에야스는 번을 세우고 나고야에 두 가지 큰 선물을 내렸다.

하나는 나고야 성을 지으면서 가까운 기소강(木曾川)에 제방을 쌓아, 홍수를 막고 풍부한 물을 확보하도록 하였다. 다른 하나는, 번의 영역을 넓혀 주고 막대한 양의 금은을 보냈다. 번을 연 지 40년 만에 인구 6만 명의 도시로 발전한 데는 막부의 이 같은 적극적인 지원이 크게 뒷받침되었다.

1664년의 통계에 따르면, 이해 오와리 번이 거둬들인 62만 석은 전체 250여 개 번 가운데 가가 번

도쿠가와 요시나오 도쿠가와 이에야스의 막내아들로 태어나 총명하고 부지런하여 아버지의 사랑을 듬뿍 받았다. 이에야스는 그를 나고야 지방 곧 오와리 번의 번주로 삼았다.

(加賀藩)의 95만 석, 사쓰마 번(薩摩藩)의 73만 석에 이어 세 번째로 높다.

이에야스가 오와리 번을 특별히 여긴 것은 이 일대가 갖는 전략적 요충이 감안된 결과였다. 바로 관서 지방에 대한 견제 역할이다. 그때까지 일본의 중심이었던 관서를 버리고 관동으로 이주한 이에야스는 못내 불안했다. 관서에는 아직도 도요토미 히데요시를 생각하는 번주들이 많았다. 엄청난 규모의 나고야 성을 만든 것도 그런 까닭이었으리라.

그뿐만 아니었다. 오와리 번의 다른 특징으로서 놓쳐서는 안 될 것은 막부와의 특수 관계이다.

쇼군가(將軍家)에 대한 오와리가(尾張家)는 종가(宗家)와 분가(分家)의 관계였다. 이에야스의 세 아들이 각각 번주로 나간 이른바 '어삼가(御三家)'의 하나로 대접받았다. 곧 도쿄를 중심으로 한 수도권 방어의 요충지 세 곳인 오와리, 기노, 미토였다.

그런데 오와리에 대해서는 보다 특별한 대우가 따랐다. 요시나오의 아들 미쓰토모(光友, 2대 번주)에게 쇼군 이에미쓰(家光)의 딸 지요히메(千代姬)가 시집온 데서 양가의 관계가 한층 밀접하게 묶여졌기 때문이었다. 이에미쓰는 아버지 히데타다(秀忠)를 잇는 제3대 쇼군이고, 오와리 번의 1대주 요시나오의 조카였다. 조카의 딸이 숙부의 아들에게 시집을 갔으므로, 요시나오의 아들인 미쓰토모는 종질녀와 결혼한 셈이다.

막부가 오와리 번을 특별히 여기며 중연관계(重緣關係)까지 맺은 더 깊은 속사정은 어디에 있었을까. 그것은 앞서 말한 것처럼 나고야가 갖는 전략적 요충이 감안된 결과였다.

관서 지방에 대한 견제 역할—.

아무리 일본 사회에 근친혼이 흔하다지만, 쇼군이 그의 딸을 시집보낼 때는 일정한 정치적 의미가 따라붙었다. 오와리 번에 대한 기대와 희망이 짙게 깔린 결혼이었다. 그런 만큼 오와리 번은 중요한 도시로 성장하고 있었다.

나고야 성을 본 사람들은 넓디넓은 해자와 견고한 성벽을 보며 감탄한다. 실로 에도 막부 250년 동안 이 성의 침입자는 없었다. 규모나 견고함은 물론이려니와 누가 감히 막부의 상징적인 존재를

나고야 성의 해자 관동 지방으로 옮긴 에도 막부가 관서 지방의 옛 세력들을 견제할 목적으로 웅대한 성을 나고야에 쌓았다. 그 견고함은 이 해자를 봐서도 짐작할 수 있다.

건드릴 수 있었겠는가.

　뜻밖에 나고야 성을 무너뜨린 것은 '시대'라는 침입자였다. 근대가 혁명의 침입자처럼 밀려왔을 때, 나고야 성은 성은 그대로이되 주인은 바뀌고 말았다. 이 침입자는 배를 타고 해자를 건너지도, 사다리를 놓아 성벽을 넘지도 않았다. 그런데도 나고야 성을 제 수중에 넣었다.

　지금도 나고야 성은 건재하지만, 아무도 이 성을 권력의 상징이라 말하지 않는다.

6

황실에 바쳐진 책

극락사의 부처님
일연의 부처님

도쿄에서 남쪽으로 전철을 타고 한 시간 남짓 걸리는 가마쿠라(鎌倉)—. '북쪽의 나라(奈良)'라 불리는 이 도시는 12세기 말부터 일본 최초의 무신정권인 가마쿠라 막부의 수도로 150여 년간 영화를 누렸다.

크고 작은 수많은 절이 온 시내에 퍼져 있는데, 극락사(極樂寺)는 그 가운데 하나이다.

1274년 봄, 가마쿠라에는 불길한 소식이 전해졌다. 벌써 100여 년 가까이 막강한 권력을 바탕으로 호사를 누리던 막부였다. 그런데 이웃 나라 고려가 몽골에게 항복을 하더니, 끝내 몽골의 압력으로 일본 침공을 준비한다는 것이었다. 싸움에 능한 무사 출신이었지만 오랫동안 권력의 단맛에 빠져 있었던 그들이었다. 한마디로 싸움이 두려워진 무사였다.

그들은 한참 성세를 누리던 불교에 의지하기로 마음먹었다. 그래서 지은 절이 극락사였다. 부처님의 가피로 나라를, 아니 정권을 지키고자 했다.

그런데 그해 가을 곧 10월 19일, 규슈(九州)의 작은 섬에 상륙했던 고려와 몽골의 연합군은 때마침 불어 닥친 태풍으로 궤멸적인 타격을 입고 물러날 수밖에 없었다. 일본 사람들은 이 바람을 가미가제(神風)라 불렀다. 신이 도운 바람이라 믿었지만, 사실 급조한 배로 서둘러 침공을 감행한 연합군 측의 전술 전략상의 실수였다.

1281년 봄, 고려의 충렬왕은 경상도 청도의 운문사(雲門寺)에 있던 일연을 경주로 불렀다. 몽골은 7년 전에 이어 두 번째 일본 침공을 고려에 요구했다. 1,000여 척에 가까운 배를 만들어야 했고, 또 그 배에 실을 만한 병력을 동원해야 했다. 왕에게는 개성에 있지 말고 직접 현장에 내려가 지휘하라는 엄명이 몽골로부터 떨어졌다. 그래서 경주에 행재소를 차리고 내려왔지만, 외롭고 지친 왕은 그 무렵 두루 신망을 얻고 있던 일연을 가까이 부른 것이었다.

쳐들어가는 쪽이건 막는 쪽이건 부처님의 힘에 의지했다는 점에서는 같다. 부처님은 과연 누구 편을 들어주어야 한다는 말인가.

이번의 원정군은 동로군과 강남군으로 편성되었다. 동로군은 몽

극락사역 고려와 몽골군이 일본으로 쳐들어가자 가마쿠라 막부는 불력(佛力)에 의지하여 난국을 타개하고자 했다. 이때 세워진 극락사로 가는 가마쿠라의 극락사역 모습이다.

골과 고려의 연합군으로 4만 명, 강남군은 중국의 강남에서 조직한 군대로 6만 명, 이로써 1차 침공 때보다 병력만 무려 다섯 배였다. 6월 15일에 일본에 도착하는 것을 목표로 각각 출발하였는데, 고려군은 합포에서 왕의 사열까지 마친 후 일찌감치 하카다(博多)만에 도착하여 기습을 노리고 있었는데, 강남군은 총사령관이 중병을 앓는 바람에 출발이 늦어져 도착 또한 한 달가량 차이가 났다. 동로군과 강남군이 만난 것은 7월 하순이었다.

드디어 총공격을 개시하려던 윤7월 1일 밤, 1차 침공 때와 마찬가지로 태풍이 불어왔다. 연합군은 싸워 보지도 못한 채 꽁지를 빼고 앞을 다투어 합포로 돌아오고야 말았다. 이때 잃은 병력이 전군의 7~8할은 되었다고 한다.

역사상 한국과 일본 사이에 터진 본격적인 전쟁을 들라면, 아마 그 첫 자리에 고려와 몽골 연합군의 이 일본 침공이 들어설 것이다. 전쟁은 많은 변화를 가져온다. 이겨서 생긴 전리(戰利)가 있는가 하면, 져서 생긴 상처와 회오(悔悟)가 있다. 그에 따라 사회는 변화하는 것이다. 이는 부처님에 의지하건 말건 마찬가지이다.

두 번에 걸친 고려와 몽골 연합군의 일본 침공은 실패로 돌아갔다. 가마쿠라 극락사의 부처님이 경주 일연의 부처님보다 세서 그런 것이 아니었다. 때마침 불어닥친 바람 때문이었다. 그런데 대리전쟁을 수행한 고려나 그것을 막자던 가마쿠라 막부나, 두 번의 지나친 출혈을 한 다음 둘 다 쇠망의 길로 접어들었다.

어느 때든 강대국은 힘의 논리로 나온다. 작은 나라끼리 치사하게 싸움질도 시킨다. 그것이 숙명이려니 여기지만, 지혜롭게 자기 길을 찾아간 경우가 역사에는 없지 않음을 우리는 안다.

박제상 이야기에 보이는 일연의 일본관

원정을 앞둔 병영의 풍경은 어떠했을까. 『삼국유사』에 나오는 박제상의 이야기는 그 분위기를 짐작하는 데 시사하는 바가 크다.

박제상을 일연은 김제상(金堤上)이라고 하였다. 이렇듯 성까지 바꿔 가며 쓴 일연의 제상 이야기에서 우리는 분명한 그의 일본관

(日本觀)을 목격하게 된다. 나는 이에 대해 자세하게 쓴 바 있으므로(『우리가 정말 알아야 할 삼국유사』의 「신라는 왜 일본과 앙숙일까」 참조), 간단히 간추리건대, 신라와 일본의 갈등 관계 속에 제상의 이야기는 놓여 있다고 할 수 있다. 『삼국사기』에서는 박제상으로, 『삼국유사』에서는 김제상으로 나오지만, 둘은 물론 같은 인물이다. 그러나 그에 대한 기록은 두 책에서 이렇듯 성씨를 달리 쓰고 있는 이상의 차이를 보인다.

요컨대, 『삼국사기』에서는 실성왕이 정권을 얻고 지키기 위해 고구려·왜와 맺는 우호조약의 볼모로 사촌동생들을 보내는 데서 박제상의 비극은 시작되었다.

좀 더 자세히 말하자면 숙질(叔姪)간과 사촌간의 물고 물리는 감정싸움이었다. 17대 내물왕은 조카인 18대 실성왕을 아직 왕자 시절에 볼모로 보낸 바 있고, 실성왕은 즉위하여 내물왕의 아들들을 볼모로 보냈는가 하면, 내물왕의 아들인 19대 눌지왕은 실성왕을 거꾸러뜨리고 왕위에 올라 동생들을 찾아온다. 숙질간인 내물왕과 실성왕, 그리고 사촌간인 실성왕과 눌지왕이 벌인 눈 뜨고 보지 못할 복수극이다.

대충 그런 갈등 관계를 그려 볼 수 있다. 거기서 제상은 왕명을 완수하기 위해 목숨마저 내놓는 지극히 충성스런 신하로 그려져 있다.

그러나 『삼국유사』의 경우는 이와 다르다. 내물왕과 눌지왕 사이에 있는 실성왕은 여기서 전혀 등장하지 않는다. 일연은 제상의 이야기에 관한 별도의 자료를 가지고 있었던 듯한데, 그 죽음의 근본적인 책임이 일본 쪽에 있는 것으로 규정하였다. 이야기 속에 실성왕을 의도적으로 배제한 일연의 기록은, 문제의 핵심을 내부의 갈등보다 신라와 왜의 외교적 마찰 쪽에 두고 있는 것으로 보인다.

왜 그랬을까? 고려와 몽골군의 일본 원정시기, 울며 겨자 먹기였지만 총력전을 펴야 하는 전시 상황에서의 어떤 비감한 분위기를 반영한 것은 아니었을까? 왜나라 왕이 제상을 죽이는 끔찍한 광경을 일연은 『삼국유사』에서 세밀히 묘사한다. 『삼국사기』에는 없는 이 장면을 읽다 보면 저절로 분노가 치민다.

왜나라 왕이 화를 내며 말했다.
"이제 네가 나의 신하가 되었다고 했으면서 신라의 신하라고 말한다면, 반드시 오형(五刑)을 받아야 하리라. 만약 왜나라의 신하라고 말한다면, 높은 벼슬을 상으로 내리리라."
"차라리 신라 땅 개 돼지가 될지언정 왜나라의 신하가 되지는 않을 것이오. 차라리 신라 땅에서 갖은 매를 맞을지언정 왜나라의 벼슬은 받지 않겠노라."
왜나라 왕은 정말 화가 났다. 제상의 발바닥 거죽을 벗겨 낸 뒤, 갈대를 잘라 놓고 그 위로 걷게 했다. 그러면서 다시 물었다.
"너는 어느 나라의 신하이냐?"
"신라의 신하이다."
또 뜨거운 철판 위에 세워 놓고 물었다.

"어느 나라의 신하이냐?"

"신라의 신하이다."

왜나라 왕은 굴복시킬 수 없음을 알고, 목도(木島)에서 불태워 죽였다.

신라 땅 개 돼지가 될지언정 왜나라의 신하가 되지 않겠노라는 제상의 꿋꿋한 태도에 우리는 하염없는 박수를 보낸다. 그러나 그에 이어 따라오는 극형의 고통을 짐짓 놓치기 쉽다. 발바닥의 거죽을 벗기고 갈대 위로 걷게 했다……. 상상의 극을 달리는 형벌이요, 사실로 존재할까 의심마저 드는 극악의 극치이다. 이런 생생한 장면묘사가 『삼국사기』에서는 생략되어 있거니와, 이토록 처참한 형벌을 눈앞에서 보듯이 그려 낸 일연의 붓끝은 과연 무엇을 노리고 있었을까.

적에 대한 증오심을 고취시킬 목적으로 제상의 이야기를 변형시키거나 구체화시킨 것이라면, 일연의 일본관은 시대적 분위기의 흐름을 타고 만들어져 있었다고 말해도 좋을까.

시대적 분위기란 다름이 아니다. 일연은 『삼국유사』를 일본원정의 전후에 걸쳐 완성했다. 오랫동안 왜구의 침략에 시달려 온 한반도의 남동해안에서 대부분의 생애를 보낸 그로서는 본디부터 일본에 대해서는 좋지 않은 감정이 자리 잡아 있었을 것이며, 원정을 전후한 비감한 분위기가 그것을 더욱 키웠으리라 보인다. 다소 무리가 따르는 비약을 하자면, 출정하는 군사들에게 어떤 적개심을 불러일으켜 줄 임무가 그에게 떨어져 있었던 것은 아닐까? 현대전의 정훈장교처럼 말이다.

행재소의 충렬왕이 그를 곁에 불렀지만, 어떤 역할을 주었는지는 알려져 있지 않다. 전쟁이 끝난 다음, 개성으로 올라가는 왕과 동행한 일연은 다음 해 국사의 자리에 올랐다.

이기지 못한 군대의
이상한 전리품

우리가 쳐들어간 것이 고려 시대의 한일 간 전쟁이었다면, 저들이 쳐들어온 것이 조선 시대의 전쟁이었다. 바로 임진왜란이다.

도요토미 히데요시가 임진왜란을 일으켜야만 했던 속사정은 기실 저들의 경제상황과 깊이 관련된다고 앞서 말했다. 중국으로부터 해상권을 빼앗아야 했고, 그것이 동북아의 패권을 잡는 길이면서, 안정적인 물자 공급을 이룩하기 위해 필수적이었다. 그러므로 대륙침공의 최종목표가 중원에 있었으며, 그를 위해 조선더러 길을 비켜 달라고 요구한 것이 싸움의 명분만은 아니었다.

그런데 7년을 이어간 전쟁은 참으로 뜻밖의 양상을 보였다. 조선이 일본의 요구를 순순히 들어주지 않았던 것은 당연했지만, 내적으로는 조선의 중국에 대한 사대의식도 작용했는데, 일본은 그 같은 사실을 간과했을 뿐만 아니라, 일본을 '섬나라 왜인'으로밖에 보지 않았던 조선 사대부의 자존심을 꺾는 일이라는 점도 간파하지 못하였다. 조선의 사대부에게는 "건방진 녀석들……"이라는 생각밖에 들지 않았던 것이다.

그러나 자존심을 지킬 만큼, 왜적을 물리칠 철저한 방비가 없었던 것은 조선 정부의 방심이거나 자만이었다. 너무 얕보았던 것이다. 결과를 놓고 볼 때, 전쟁 발발 초기, 섶이 불타듯 조선의 전토가 초토화된 것은 이제 생각해도 부끄러운 일이다.

일본이 간과한 또 하나의 사실이 있었다. 일본과 조선은 서로 싸움의 방식이 달랐다는 점이다.

전통적으로 일본은 성 빼앗기 싸움을 해왔다. 성만 빼앗으면 성주건 거기 속한 백성이건 단번에 이긴 자 쪽으로 넘어온다. 그러나 중앙집권적인 통치구조에다 막비왕토(莫非王土) 곧 왕의 땅 아닌 곳이 없다는 생각이 강한 조선은 비록 성이 무너졌다고 해도 그것이 곧 패전으로 이어지지 않았다. 허허벌판에 진을 치고서라도 끝까지 저항하는 스타일이다.

파죽지세로 성을 공략하고 전진하는 일본군의 뒤쪽에 의병이 일어났다. 비록 정련된 군대는 아니었지만, 의로 뭉친 이들의 결사항전은 만만하지 않았다.

조선의 북쪽까지 깊숙이 진격한 일본군은 보급로를 차단당했고, 때마침 이순신 장군을 중심으로 하는 조선의 수군이 일어나 치명적인 배후공격이 시작되었다. 일본군은 진퇴양난이었다. 가도 오도 못할 즈음에 도요토미가 죽었고, 본국에서는 철군을 결정하였다. 어쩔 수 없는 선택이었다.

일본의 국립국회도서관 도쿄의 국회의사당 옆에 자리한 국립국회도서관의 입구. 이 도서관의 고전적실에는 임진왜란 때 가져간 우리 책 수천 권이 보관되어 있다.

꽤나 준비했다 해도 전쟁은 쳐들어간 쪽이 부담스러운 법이다.

이제 여기서 임진왜란의 과정과 결말을 자세히 살필 틈이 없다. 이런 상황에서 전쟁은 막이 내렸음을 말할 뿐이다.

그런데 철군하는 일본군이 가져간 수많은 물품에 관해서 한마디 빼놓을 수 없다. 이것은 이기지 못한 군대의 이상한 전리품이었다. 익히 아는 대로, 지금 우리나라에 있으면 국보급이 되었을 문화재가 저들의 배에 실려 일본으로 건너갔다. 금동제의 불상이나 그림 그리고 도자기는 그 가운데서 대표적인 품목이다. 여기에 한 가지 더 추가할 것이 책이다.

지금 일본의 국회도서관 고전적실에는, 임진왜란 때 실어왔을 것으로 보이는 수천 권의 조선의 책이 소장되어 있다. 자세한 목록이 만들어졌고, 열람과 복사도 그다지 까다롭지 않게 해 준다. 처음에는 개인 소장이었지만 국회도서관이 만들어지면서 이곳에 기증된 책들이 대부분이다. 그 개인은 다름 아닌 조선에 출병했던 무사의 후예들인데, 아직까지 기증하지 않고 꽤 큰 규모의 문고를 만들어 보관하는 개인도 적지 않다.

우리가 관심을 갖고 추적하는 『삼국유사』도 그렇게 바다를 건너갔다. 이제 그 과정과 상황을 본격적으로 따라가 보자.

조선의 책을 사랑한 도쿠가와 이에야스

앞서 밝힌 바, 세키가하라 전투에서 승리한 도쿠가와 이에야스가 도쿄에 웅거하고 에도 막부를 연 것은 1603년의 일이었다. 이때 그의 나이 61세. 이순(耳順)의 나이를 실감한 것일까, 2년 만에 아들 히데타다(秀忠)에게 정권을 물려주고 이에야스는 시즈오카(靜岡)로 옮겨 갔다.

시즈오카는 후지산을 품고 있는 바로 그 지역이다. 이에야스의 본거지 가운데 하나이기도 했다.

여기서 도쿠가와 이에야스의 관심은 상당히 변하였다. 물론 그가 현실 정치로부터 완전히 손을 뗀 것은 아니었다. 자신을 대어소(大御所)라 부르며, 아들을 쇼군(將軍) 자리에 앉힌 다음, 효과적으로 뒤에서 대리통치를 했다. 이른바 대어소 정치이다.

그러는 한편 학술과 문화의 진흥에 힘을 썼다. 도쿄에 두었던 자신의 장서를 시즈오카로 옮기고, '스루가(駿河)문고'라는 이름의 일본 최대의 개인 도서관을 만들었다. 자신의 권력을 적절히 이용해 모은 책들이었다.

그 가운데서 이에야스가 특히 관심을 가진 것은 조선으로부터 건너온 책이었다. 임진왜란과 정유재란의 7년간, 조선에 원정을 갔던 장수들은 돌아오는 길에 수천 종 이상 조선의 책들을 쓸어왔다. 이 책들 가운데 상당수가 이에야스에게 바쳐졌다.

이에야스가 조선의 책에 푹 빠진 것은 내용도 내용이려니와 금속활자로 인쇄된 그 미려함 때문이었다. 이에야스는 조선의 인쇄술이야말로 세계 최고의 수준이라 생각했다. 그의 이런 생각과 장서는 대부분 막내아들 요시나오(義直)에게 전해졌다. 어려서부터 책을 가까이한 총명한 아들이었다. 아들은 아버지에게 물려받은 책을 소중히 보관하고, 부하들을 시켜 그 인쇄술을 연구하게 했다. 오늘날 일본의 학자들은 에도 시대 일본 인쇄술의 발달이 조선의 책 덕분이었다고 말한다.

물경 5만 점을 넘어가는 도쿠가와 집안의 장서는 지금 일본 나고야 시가 운영하는 호사문고에 보관되어 있다. 도쿠가와 이에야스가 사랑한 조선의 책들도 거기서 함께 잠들고 함께 깨어난다.

나고야에
어문고가 세워지다

1616년 도쿠가와 이에야스가 죽자 그 유품 대부분, 특히 이에야스가 애써 모은 책이 오와리(尾張), 기노(紀伊), 미토(水戶)의 세 아들에게 나눠졌다. 각각 5:5:3이었다.

오와리와 기노 그리고 미토는 번의 이름이다. 이에야스의 아들들이 직접 번주를 맡았다 해서 친번이라고 불렀다. 이에야스는 에도를 수도로 삼되, 에도를 감싸는 세 곳에 각각 자신의 아들을 번주로 삼는 막강한 번을 건설했는데, 이는 물론 지방 호족들의 침공을 막자는 데 목적이 있었다. 미토는 에도의 동쪽, 기노는 북쪽, 오와리는 서쪽이었다.

이 가운데 오와리 번이 가장 컸다. 지방의 호족 가운데서도 관서 지방 곧 오사카와 교토의 옛 도요토미 직속 부하들이 염려되었기 때문이다.

유품을 나누기는 숫자상의 비율로 5:5:3이지만, 그 가운데 5를 물려받은 요시나오가 가중 중요한 책들을 물려받았다고 알려져 있다. 이는 요시나오가 비록 나이는 어려도 셋 중 책 읽기를 좋아하고 총명해서였다. 이에야스는 무슨 일에든 사리판단이 빠르고 신중했다. 권력을 누리는 동안, 심지어 얼마든지 여자를 가까이 할 수 있는 자리에 있으면서, 그는 결코 방종이나 무리를 하지 않았다고 한다. 그런 그의 눈에 요시나오는 가장 믿음직스러웠다.

그러나 제비뽑기를 해서 나누었다는 설도 있다. 여기에는 보충 설명이 필요할 듯하다.

이에야스의 유품이라고 한다면 다만 책에 한정한 것은 아니었다. 책을 포함한 숱한 보물이 거기에는 함께 있었다. 사실 값나가기로야 도자기, 불상 같은 물품이었겠고, 이에 대해서는 서로 눈독을 들였음에 틀림없다. 그에 비해 책은 좋아하는 이가 좋아한다. 알아보는 이가 알아본다. 요시나오는 번의 전문 관리들을 보내 책의 인수인계에 만전을 기하였다. 주는 대로 받아 간 다른 두 번에 비해 소중한 책들이 더 많이 갔을 것임은 두말할 나위 없겠다.

나중에 책을 관리하는 모습을 보아도 그렇다. 책의 수효가 날로 늘어나고 가지런히 정비되는 오와리 번에 비해 다른 두 번은 그렇지 못하였다.

어쨌건 이를 오와리 번에서는 '스루가 어양본(御讓本)'이라 불렀다. 스루가에 은거해 있던 이에야스가 물려준 책이라는 뜻이다. 이 책으로 오와리 번에서는 '어문고(御文庫)'를 만들었다. 이에야스에 대한 존칭이 문고 앞에 어(御) 자를 쓰게 한 것이다.

이에야스로부터 물려받아 어문고에 들어간 스루가 어양본은 약 400종 3,000책에 달했다. 여기에는 임진왜란 때 조선에서 뺏어 온 고활자판이 중심이었고, 가나자와(金澤) 문고의 희귀한 책들이 포함되어 있었다. 현재까지 남은 조선본은 142종 1,386책으로 조사되었다.

이 가운데 국보급이라 할 만한 몇 종을 소개해 보면 이렇다.

먼저 『치평요람(治平要覽)』이다. 활자판의 129책. 중국의 주나라부터 원나라까지, 우리나라의 기자부터 고려 말까지의 역대 사적(史迹)에서, 주로 정치에 귀감이 될 수 있는 사실을 가려 모아 본디 150책의 거질(巨帙)로 엮은 책이었다. 그러므로 어문고에는 21책이 빠져 있는 셈이다. 세종의 어명으로 수양대군이 감독하여 만들었다.

한편 같은 책이 일본의 내각문고(內閣文庫)에 3책이 빠진 채 남아 있다. 내각문고는 에도 시대의 성균관이라 할 수 있는 창평학교(昌平學校) 등에서 보관하던 책을 모은 문고이다.

다음으로 『진서(晉書)』·『북사(北史)』와 같은 중국의 역사책이다. 『진서』는 서진과 동진의 역사를 당나라 사람 방현령(房玄齡, 578~648년) 등이 황제의 명령으로 편찬한 정사이다. 그리고 『북사(北史)』는 북위(北魏), 북제(北齊), 주(周), 수(隋)의 역사를 이연수(李延壽)가 편찬한 정사이다. 물론 이는 모두 조선에서 조선의 활자로 간행한 것이었다.

다음으로 『동문선(東文選)』과 『속동문선』이 있다. 전자는 성종의 어명으로 서거정(徐居正) 등이 중국의 『문선』을 모방하여 편찬한 우리나라 역대 명문선이다. 후자는 중종 13년(1518년)에 전자를 이어 편찬하였다.

이 밖에도 고려 시대의 배중손, 안축, 이색, 정몽주 등의 책문을 뽑아서 편찬한 『책문(策文)』, 정주학자(程朱學者)인 명나라의 설선(薛瑄)이 독서하고 사색한 것을 모은 책인 『독서요어(讀書要語)』, 원나라의 양사홍(楊士弘)이 당나라 시를 성당·중당·만당으로 구분하여 시음(始音)·정음(正音)·유향(遺響)으로 나누어 편찬한 『당운(唐韻)』, 당나라 백거이(白居易)의 문집에서 안평대군이 선별하여 편찬한 『향산삼체(香山三体)』 같은 책이 있다. 특히 『겐지모노가타리(源氏物語)』이래 일본인이 가장 좋아하는 시인이 백거이였기에, 여기서도 다른 무엇보다 『향산삼체』의 인기가 높았다.

한편, 명나라의 진건(陳建)이 편찬한 『학부통변(學蔀通辨)』은 불교와 육상산(陸商山)의 학문을 학부(學蔀), 즉 정학(正學)을 뒤엎는 것으로 간주하고, 주자문집(朱子文集) 등 여러 책에서 관계되는 말을 인용하여 이를 통변(通辨)한 책인데, 선조 6년(1573년) 전주에서 발행되었을 것으로 보인다.

이렇듯 지금 우리나라에서 쉽게 구해 보지 못할 책이 다수 포함되어 있다.

처음부터 이에야스가 특별히 좋은 책을 많이 가졌던 데는 까닭이 있었다. 본디 그 스스로 책을 아끼고 널리 수집했다. 이는 일본 역사에서 막부정치가 시작된 이래 무사들이 가진 하나의 전통이었다. 전쟁을 치르는 동안은 칼이 앞서지만, 평화가 오고 권력을 쥐고 나면 칼집으로 돌아간 칼 대신 교양이 저들의 신분을 자랑한다. 일종의 전리품이라고나 할까.

게다가 세키가하라 전투에서 도요토미 히데요시의 관서군을 격파하고 승리하여 새로운 막부를 연 정이대장군(征夷大將軍) 이에야스에게 관서 지방의 번주들은 앞다투어 선물을 바쳤던 것인데, 이에야스가 서적에 관심이 많다는 사실을 알고 조선에서 가져온 책을 적극적으로 가져왔다. 그 가운데서도 가토 기요마사(加藤淸正)는 대표적인 인물이었다.

여기에 요시나오는 스스로 부지런히 책을 모아, 이미 자기 대에서만 1,700종 19,000책으로 늘려 놓았다.

어문고의 발전은 거기서 끝나지 않았다. 이어지는 번주에 의해 더욱 충실히 늘어났다.

역대 번주의 장서와 번사(藩士, 번의 사무라이)의 헌납본 등이 더해져, 에도 막부 말기에는 모두 5,000~6,000종 5~6만 책에 달했다. 이것은 물론 앞서 밝힌 바 오와리 번의 충분한 경제력과도 관련이 된다.

어문고의 장려(壯麗)는 양에만 있지 않았다.

1658년에는 쇼부쓰부교(書物奉行)라는 직책을 만들어 조직적이며 과학적으로 서적을 관리하였다. 이런 직책은 물론 다른 번에는 없었다. 쇼부쓰부교란 쉽게 말해 서적 관리 전담자라 할 수 있다.

오와리 번은 쇼부쓰부교를 통해 서적을 얼마나 치밀하게 관리하였는가. 이에 대해서는 뒤에 자세히 설명하기로 한다. 다만 한 가지, 쇼부쓰부교들은 부지런히 목록을 만들었는데, 그것은 총 32종 정도에 이르고, 유실본 10종을 제외하면 현재 22종이 전래된다.

뿐만 아니라 서적의 부패를 막기 위해 매년 정기적으로 풍입(風入)이나 폭서(曝書) 등을 했다. 책에 바람을 쐬거나 햇빛을 쪼이는 행사이다. 나아가 같은 종류의 책이 두 권 이상인 경우, 오와리 번의 학자 등에게 대출도 해 주었다. 일종의 도서관 역할을 한 것이다.

오늘날 '나고야학'이라는 불리는 일군의 학자와 학문적 성과가 여기서 탄생하였다.

'금중에 빌려 드린 서적의 메모'와 『삼국유사』

남아 있는 22종의 목록 가운데 우리의 눈을 휘둥그레 만드는 것이 있다. '금중(禁中)에 빌려 드린 서적의 메모'라는 목록이다.

'금중에 빌려 드린 서적의 메모'란 무엇을 말하는 것인가.

먼저 '금중'이란 천황이 사는 궁궐을 이름이다. 1624년, 오와리 번에서 궁중의 고미즈노오(後水尾, 1611~1629년) 천황에게 빌려 준 32종 한 세트가 '금중에 빌려 드린 서적'이다. 먼저 그 목록을 들어 보자.

1. 치평요람(治平要覽) 조선활자판 129책
2. 진서(晉書) 조선판 47책
3. 북사(北史) 조선판 51책
4. 군서치요(群書治要) 활자판 47책
5. 동문선(東文選) 조선활자판 64책
6. 겐지모노가타리 초(源氏物語抄) 사본 40책
7. 제민요술(齊民要術) 가나자와 사본 9권

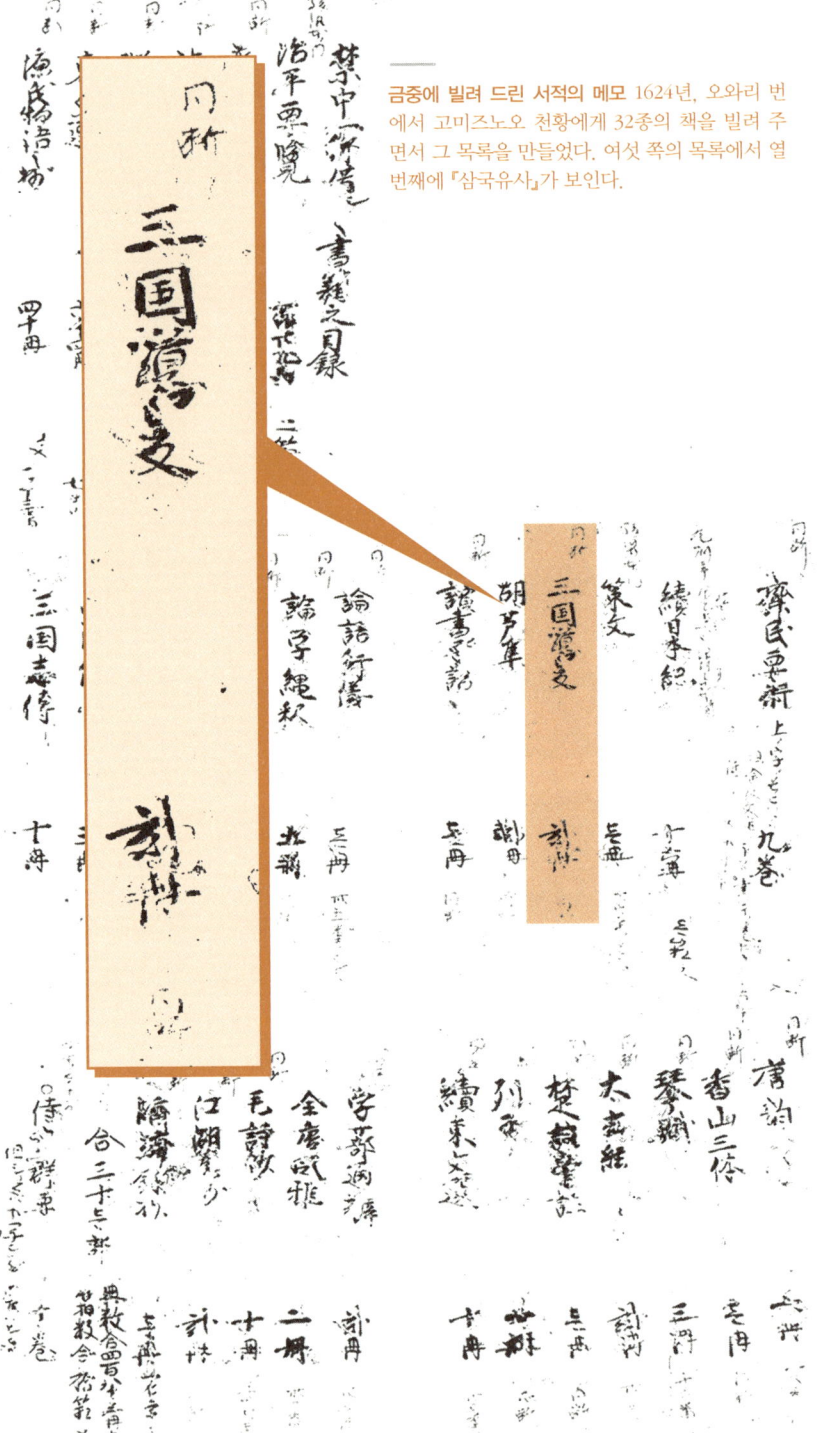

금중에 빌려 드린 서적의 메모 1624년, 오와리 번에서 고미즈노오 천황에게 32종의 책을 빌려 주면서 그 목록을 만들었다. 여섯 쪽의 목록에서 열 번째에 『삼국유사』가 보인다.

8. 속일본기(續日本紀) 사본 13책

9. 책문(策文) 사본 1책

10. 삼국유사(三國遺事) 조선판 2책

11. 호호집(胡芦集) 사본 2권

12. 독서요어(讀書要語) 조선판 1책

13. 논어연의(論語衍義) 사본 1책

14. 논학승척(論學繩尺) 당본 6책

15. 공양곡량(公羊穀梁) 당본 4책

16. 국어(國語) 당본 2책

17. 전한지전(全漢志傳) 당본 2책

18. 양한지전(兩漢傳志) 당본 3책

19. 삼국지전(三國志傳) 당본 10책

20. 당운(唐韻) 조선판 6책

21. 향산삼체(香山三体) 조선판 1책

22. 금보(琴譜) 당본 3책

23. 태현경(太玄經) 당본 2책

24. 초사방주(楚辭旁注) 당본 1책

25. 열자(列子) 조선활자판 1책

26. 속동문선(續東文選) 조선활자판 10책

27. 학부통변(學蔀通辨) 조선판 2책

28. 전당풍아(全唐風雅) 당본 2책

29. 모시초(毛詩抄) 사본 10책

황실에 바쳐진 책 **167**

30. 강호풍월집초(江湖風月集抄) 사본 2책

31. 임제록초(臨濟錄抄) 사본 1책

32. 시중군요(侍中群要) 가나자와 사본 10권

 이 32종 가운데는 임진왜란 때 일본군이 빼앗아 간 조선의 책이 3분의 1 이상을 차지하였다. 거기서 열 번째가 『삼국유사』이다.
 막부 시대에 금중 곧 궁궐은 천황이 있다고 하나 사실상 권력은 막부에 있었으니 그저 허수아비에 불과했다. 그럼에도 불구하고 막부는 황실로서의 권위를 보장해 주었다. 중요한 국사에 대해 천황의 재가를 기다렸으며, 형식적이나마 그 허락을 받았던 것이다. 천황의 신임을 등에 업은 권력이 더 안정적이라고 생각해서 유지하는 허울 좋은 대우였지만 말이다.
 그런 천황에게 평소 선물 공세로 입막음을 해왔던 막부였다. 다만 선물은 무척 값진 것들이었다. 입막음을 하자면 선물이나마 고급스러워야 했기 때문이었다.
 바로 이 선물 뭉치에 오와리 번은 책 32종을 넣었다. 그리고 여기에 『삼국유사』가 들어 있었다.

천황이여
이 책을 보고 공부하시라

 그렇다면 오와리 번에서는 왜 천황에게 32종의 책을 보냈던 것일까. 그 배경을 찾아가 보자.

 도쿠가와 막부는 도요토미 히데요시가 옹립한 고요제(後陽成) 천황을 퇴위시키고 1611년 고미즈노오 천황을 즉위시켰다. 사실 천황이란 그런 존재였다. 성속(聖俗)의 이분법에서 성의 영역을 차지하지만, 어디까지나 조종은 속이 했던 것이다. 다만 그림자에 불과한데도 천황에게 신경을 곤두세운 것은 관동의 도쿠가와가 아직도 관서의 도요토미 후손들을 경계한다는 증거였다.

고미즈노오 천황 1611년 도쿠가와 막부에 의해 천황에 즉위한 고미즈노오. 『삼국유사』를 열람했던 그 천황이다.

 그렇다면 고미즈노오 천황의 즉위는 바야흐로 도쿠가와 집안이 완전히 권력을 쥐었다고 선포하는 상징과도 같은 사건이었다. 도쿠가와 이에야스가 그 아들 히데타다에게 권력을 물려준 6년 뒤, 히데타다의 뒤에서 대어소(大御所) 정치를 하던 시기이다. 열다섯 살의 '철부지' 황족이었던 고미즈노오는 어느 날 황위에 올라, 때로는 딴청을 피우며 때로는 협력하는 듯하며 18년간 그 자리를 지켰다. 그런데 이 천황이 『삼국유사』와는 아주 특별한 인연을 맺었던 것이다.

 그렇다면 잠시 도쿠가와가 권력을 잡은 다음 어떤 방식으로 그 위치를 다져가는가 살펴보도록 한다.

　도쿠가와 이에야스는 1615년 무가제법도(武家諸法度), 금중(禁中) 및 공가제법도(公家諸法度), 제종제본산제법도(諸宗諸本山諸法度)를 연달아 제정, 반포했다. 무가제법도는 무사들을, 금중 및 공가제법도는 천황과 황족들을, 제종제본산제법도는 불교계를 각각 제어하는 법률이었다. 그들은 일본을 구성하는 3대 핵심 세력이었다.

　여기서 이에야스가 가진 정권 운용의 방향은 무(武)에서 문(文)으로 구체화되었다.

　먼저 무가제법도의 제1조는 '문무궁마(文武弓馬)의 도에 정진할 것'이라 하였다. 본디 무사는 궁마인(弓馬人) 곧 말을 타고 칼을 부리는 사람이지만, 이제 문을 내세워 무와 함께 중요한 덕목으로 규정하고 있다. 싸움 그만하고 열심히 글이나 읽으라는 주문이다.

　나아가 1683년 제5대 장군 쓰나요시(綱吉)는 이를 개정하여, "문무충효에 힘쓰고, 예의를 바르게 하라"고 하였다. 무단(武斷)에서 문치(文治)로의 전환을 극명히 보여 준다.

　이는 이에야스의 자손이나 번주와 같은 다이묘(大名)에게 요구하는 것이었지만, 나아가 천황에게도 같은 것을 요구하고 있다. 모두 17조로 이루어진 금중 및 공가제법도의 제1조에서, "천자의 여러 예능의 일 가운데 첫째는 학문이다"라고 못 박았다. 일본 역사상 천황의 행동을 규제하는 사상 최초의 일이었다.

　이에야스가 이 법도를 만들면서 얼마나 신중을 기하였는가는 후지이 조지(藤井讓治)의 다음과 같은 설명으로 대신할 수 있다.

이 법도는 대어소(大御所) 이에야스와 장군 히데타다 그리고 관백(關白)에 복귀한 니조 아키자네(二條昭實)와의 연명으로 냈으며, 무가제법도와 같이 실질적으로는 대어소 이에야스의 손으로 정해진 것이다. 그러나 이 법도가 대어소 이에야스의 이름만으로 나오지 않았다는 점, 또 무가제법도가 장군 히데타다의 이름으로 나온 데 비해 이 법도는 그렇지 않았다는 점, 나아가 발포 직전까지 당초 이 법도에 히데타다가 서명할 예정이 없었다는 점 등이 무가제법도와의 차이로 들 수 있다. 천황의 행동을 규제하는 조항을 집어넣은 이 법도를 냄에 있어서, 그 정당성을 획득하기 위해 이에야스가 얼마나 부심하였는지 엿볼 수 있는 대목이다.

이에야스의 부심―. 그것은 제아무리 허수아비 같은 존재라 할지라도 천황은 천황이고, 이에야스가 천황에 대한 명분과 실리에서 완전한 주도권을 잡는 일이야말로 막부 초기의 입지를 굳히는 관건이었기 때문이겠다.

더욱이 고요제 천황의 양위를 받아낼 때에도 상당한 신경전이 계속되었다. 새로 들어선 천황을 확실한 자기 사람으로 만들어야 하기도 했다. 자칫 천황에 대한 느슨한 견제는 아직 관서 지방을 중심으로 남아 있는 정적의 반격을 불러올 가능성도 배제할 수 없었다. 실로 간단치 않은 상황이었다.

그런 이에야스의 심중은 다음과 같은 발언에서 잘 나타난다.

전적으로 마상(馬上)에 앉아 천하를 얻었다고 해도, 본디부터 생지신성(生知神聖)의 성질(性質)이라면, 마상에서 다스릴 수밖에 없는 도리를 갖기보다, 늘 성현의 도를 존신(尊信)하며 널리 천하국가를 다스리고, 사람의 사람다운 길을 가게 한다면 이 밖의 도는 없으리라.

지금까지 무력으로 권력을 틀어 쥐었다면, 이제부터 수성(守成)의 도리를 어디서 찾아야 할 것인가, 그 방향을 명확히 보여 준 언급이다.
무치(武治)에서 문치(文治)로—.
그렇게 천하국가를 다스리는 방향의 전환이 있어야 함을 후손들에게 직접 언급하는 대목이다. 이에야스의 말에는 그가 천황에 대해 어떤 역할을 바라고 있는지, 은근하고 간접적인 요구사항이 담겨 있다고도 할 수 있었다.
오와리 번의 요시나오는 아버지의 뜻을 적확히 이해하였다.
먼저 자신이 문무의 겸비에 힘을 썼다. 1621년에는 교토로부터 유학자 스미노쿠라 소안(角倉素庵, 1671~1732년)을 불러, 『사기(史記)』·『통감(通鑑)』 강의나, 일본의 옛 기록을 베끼게 하는 등 아버지로부터 물려받은 어문고(御文庫)의 충실에 힘을 쏟았다. 책의 내용을 자세히 살피고 문고의 목록을 만들었다.
그러는 데에 3년이 걸렸다.
드디어 1624년. 요시나오는 자신이 보관하고 있는 책 가운데 32종을 골라 '학문의 목적'으로 천황에게 보내고 있는 것이다. 아버지가 천명한 바를 구체적으로 실천에 옮긴 셈이었다. 공부하라는 말만 하지 않고 공부할 책을 챙겨서 보낸 것이었다.

그러면서 일종의 도서대출장부로서 『삼국유사』가 포함된 '금중에 빌려 드린 서적의 메모'를 만들었던 것이다.

천황에게 보내는
선물의 하나

그런데 여기에는 또 다른 사건이 하나 끼어들어 있다.

제2대 쇼군(將軍) 히데타다의 다섯째 딸 가즈코(和子)가 고미즈노오 천황의 황비가 되었다. 1620년 6월 18일의 일이었다. 스물네 살의 천황은 열네 살의 어린 신부를 맞아들였는데, 그 과정이 무척 복잡하였다.

비록 도쿠가와 막부에 의해 왕의 자리에 올랐지만, 고미즈노오는 아직까지 그 힘을 잃지 않고 있었던 관서의 여러 다이묘를 이용해 관동의 막부와 교묘히 균형을 이루려 했다. 철부지만은 아니었다. 막부로서는 그런 천황을 확실히 붙들어 둘 필요가 있었다. 가즈코를 황비에 앉히려는 막부의 계획은 1614년부터 시작되었다.

그러나 고미즈노오 천황이 쉽게 말을 들으려 하지 않았다. 그는 자꾸 딴청을 부렸다. 이미 결혼한 몸이었고 황비 자리는 하나밖에 없다는 이유를 대기도 하였다. 게다가 1616년에는 도쿠가와 이에야스가 사망하는 돌발변수가 일어났다. 이에야스의 사후 처리 문제가 더 급해지자 결혼문제는 뒤로 미뤄졌다.

끝내 천황과 가즈코의 결혼이 이루어지기까지 6년이나 시간이 걸린 데에는 이런 사정이 있었다.

그러나 일단 결혼식을 올린 다음에는 조정과 막부 사이에 순탄한 기류가 만들어졌다. 결혼한 지 3년 만에 딸을 낳았고, 다음 해에 가즈코는 정실(正室)이 되었다.

바로 오와리 번의 책 32종이 천황에게 전해지는 1624년의 일이었다.

막부로서는 10년간 공들인 일의 열매를 본 셈이었다. 무엇보다 기뻤다. 그래서 자신의 일족이 번주로 있는 번을 비롯해 여러 다이묘들에게 선물을 들고 조정에 자주 들락거리게 하였다. 오와리 번의 요시나오는 말할 나위 없었다. 이때 요시나오가 조정에 들고 간 선물 가운데 32종의 희귀한 책이 포함되었음 또한 두말할 필요 없겠다.

이런 두 가지 배경을 놓고 볼 때, 요시나오가 선정한 32종에는 책의 내용을 넘어선 모종의 정치적 의도가 숨어 있다고 보아야 할 것이다. 무엇보다도 학문의 일에 전념할 천황에게 그 구체적 자료를 제시하여 막부의 의지를 확실히 보여 준다는 점이었다. 목록을 일별해 보면 알 수 있지만, 나라를 다스리는 유가적 이데올로기가 다분한 역사서가 대부분을 차지하고 있다.

사실 그래서 우리에게 남는 의문이 있다.

요시나오가 이미 확보한 1,700종의 도서 가운데 겨우 32종을 선정하여 만든 이 까다로운 목록 가운데 『삼국유사』가 한자리를 차지하고 있지만, 과연 이 책이 모종의 정치적 의도에 어떻게 부합하는가이다. 유가적 이데올로기와는 다소 이질적인 책이다. 그럼에도 포함시켰다면, 『삼국유사』에서 어떤 특별한 점을 발견하지 않고는 불가능한 일 아니었겠는가. 특별한 점을 발견하였다면, 이것이 『삼국유사』에 대한 일본의 첫 인식이요 반응이라는 점에서 분명히 짚고 넘어가지 않으면 안 될 일이다.

고미즈노오 천황이 이 책들을 읽고 어떤 반응을 보였는지, 후일담은 전혀 알려져 있지 않다.

천황은 1626년까지 막부와 돈독한 관계를 유지하는데, 다소 신경질적인 그는 돌연 태도를 바꾸어 사사건건 충돌하게 되고, 1629년, 막부와의 사이에 쌓인 문제로 양위(讓位)를 택하고 말았다. 거기에 천황과 가즈코 사이에 낳은 딸이 불과 여섯 살의 나이로 황위에 올라 메이쇼(明正) 천황이라는 이름을 받았다.

그런 와중에 오와리 번에서 천황에게 다시 책을 보냈다는 기록은 남아 있지 않다. 처음에 갔던 32종만이 고스란히 돌아와 오와리 번의 서고 속으로 들어갔다.

궁중에 다녀온 책들은
존재감이 높아졌다

이미 앞서 메모 32종의 목록을 보인 바 있다. 여기서 어떤 책인지 좀 더 자세히 밝힐 필요가 있겠다.

　전체 32종을 국가별로 따지면 조선에서 건너간 책이 12종, 중국이 10종, 일본이 10종이다. 이 가운데 중국 서적 10종도 중국으로부터 조선에 수입되어 있었던 상태였는지 모른다. 그리고 조선판이라 할지라도 그 내용까지 전부 조선의 책인 것은 5종이다. 나머지는 중국의 책을 다시 펴낸 것이다.

　먼저 12종의 조선(활자)판만을 소개하면 다음과 같다.

『치평요람』 조선활자판 129책

　중국의 주나라부터 원대까지, 우리나라의 기자부터 고려 말까지의 역대 사적(史迹)에서 주로 정치에 귀감이 될 수 있는 사실을 가려 모아 150책으로 엮은 관잠서(官箴書)이다. 세종의 어명이었고, 수양대군이 감독하였다. 갑진자(甲辰字)로 인쇄되었고, 김전(金銓, 1458~1523년)에게 하사된 책이었다.

『진서』 조선판 47책

　서진(西晉)과 동진(東晉)의 사실을 당나라 방현령(房玄齡, 578~648년) 등이 어명을 받아 편찬한 정사의 하나이다. 갑인자(甲寅字)로 찍었다. 내각문고에는 54책의 같은 책이 있다.

『북사』 조선판 51책

　북위(北魏), 북제(北齊), 주(周), 수(隋)의 역사를 이연수(李延壽)가

찬술한 정사의 하나이다. 갑인자로 찍었다. 내각문고에는 50책의 같은 책이 있다.

『동문선』 조선활자판 64책

성종의 어명으로 서거정(徐居正) 등이 편찬한 역대 명문선이다. 을해자(乙亥字)로 찍었다. 다만 어문고본은 초인(初印)이 아닌 중인(重印)으로 보인다.

『책문』 사본 1책

고려 시대의 배중손, 안축, 이색, 정몽주 등의 책문을 뽑아서 편찬한 것이다. 책문이란 어떤 사안에 대해 신하가 임금에게 그 대책을 건의하는 글이다. 어문고의 모든 목록에는 사본(寫本)이라고만 표시했으나, 내용으로 보아 조선의 책임이 분명하다.

이 책이 국내에서 화제가 된 것은 지난 2009년 3월이었다.

고려 말의 학자이자 충신인 정몽주(1337~1392년)가 과거시험 때 제출한 답안이 발견되었기 때문이었다.

공민왕 9년(1360년)에 치러진 과거에 응시한 23세의 정몽주는 당시 빈번하게 국경을 넘어오던 홍건적에 대처하는 방안을 6쪽 분량의 글로 제시, 장원을 차지했다. 정몽주는 이 대책문에서, "강태공이나 제갈량처럼 문무 겸용한 인재를 등용해야 한다"고 주장했다.

호사문고의 이 『책문』에는 고려 말부터 조선 중종 때까지의 과거시험 답안을 수록하고 있는데, 정몽주 외에 이색(1328~1396년), 이손

(1439~1520년) 등 고려 말 유학자와 조선 사림파 계열 문인 10여 명의 글이 실려 있다. 조선 시대에는 서울을 중심으로 과거시험 기출문제집을 만드는 사람들이 있었다.

『삼국유사』 조선판 2책

경주부사 이계복(李繼福)이 중간한 임신본(壬申本)이 틀림없으나, 중간에 백지가 여러 군데 나타난다.

『독서요어』 조선판 1책

정주학자인(程朱學者)인 명나라 설훤(薛暄, 1389~1464년)이 독서하고 사색한 것을 모은 책이다. 어문고본은 을해자에 마멸이 생겼고 조이의 질 등을 고려한다면, 명나라 정덕본이 들어와서 중종 후기에서 명종 연간에까지 사이에 인쇄된 것으로 추정된다.

『당운(唐韻)』 조선판 6책

원나라 양사홍(楊士弘)이 당시(唐詩)를 성당, 중당, 만당으로 구분하여 시음(始音), 정음(正音), 유향(遺響)으로 편찬한 것이다. 명나라 홍무(洪武) 23년(1390년) 박문당이 간행한 책을 입수하여 조선에서 번각(飜刻)한 것이다. 경주부가 중종 37년(1542년) 무렵 다시 펴낸 것으로 보인다.

『향산삼체』 조선판 1책

당나라 백거이(白居易, 772~847년)의 문집에서 안평대군이 골라 편찬한 시집이다. 세종 27년(1445년) 갑인자로 처음 인쇄되었고, 명종 20년(1565년) 평안도 병마절도사 김덕룡(金德龍)이 번각하였다. 이 판본이 어문고에 들어갔다. 『겐지모노가타리(源氏物語)』 이래 일본인이 선호한 시인이 백거이였던 점이 감안되어 선정된 것 같다.

『열자(列子)』 조선활자판 1책

어문고의 여러 목록에 조선활자판임이 명기되어 있다.

『속동문선』 조선활자판 10책

중종 13년(1518년)에 인쇄된 것으로 보이는 을해자 판본이다.

『학부통변』 조선판 2책

명나라 진건(陳建)이 불교와 육상산(陸商山)의 학문을 학부(學蔀) 즉 정학(正學)에서 벗어난 것으로 간주, 주자문집(朱子文集) 등 여러 책에서 관계되는 말을 인용하여 이를 통변(通辨)한 것이다. 조선에서는 선조 6년(1573년) 전주에서 다시 펴낸 것으로 보인다. 같은 판본이 내각문고에도 있다.

이상 12종이거니와, 이 가운데 『치평요람』·『책문』·『삼국유사』·『동문선』·『속동문선』의 5종이 순수한 조선의 책이었다.

치세(治世)의 교훈을 주는 2종의 책(『치평요람』·『책문』)과, 조선의 문화수준을 가늠할 2종의 책(『동문선』·『속동문선』)이 적당히 인배된 가운데 특별한 기준을 밝힐 수 없는 성격의 1종, 곧 『삼국유사』가 선정된 모습을 보여 준다. 바로 이것이 우리의 의문점이다.

뒤에서 다시 말하겠지만, 『삼국유사』는 어문고의 목록에서 처음에는 사부(史部)에 들어 있지도 않았었다. 그러므로 역사서로 골랐다기보다는 어떤 다른 이유가 여기에 개재되어 있었으리라 보인다.

참고로 중국의 10종과 일본의 10종은 그 이름만 밝혀 둔다.

중국 책은 『논학승척』 당본 6책, 『공양곡량(公羊穀梁)』 당본 4책, 『국어』 당본 2책, 『전한지전(全漢志傳)』 당본 2책, 『양한지전(兩漢傳志)』 당본 3책, 『통속연의 삼국지전』 당본 10책, 『금보(琴譜)』 당본 3책, 『태현경(太玄經)』 당본 2책, 『초사방주(楚辭旁注)』 당본 1책, 『전당풍아(全唐風雅)』 당본 10책이다.

한편 일본 책은 『군서치요(群書治要)』 활자판 47책, 『겐지모노가타리 초(源氏物語抄)』 사본 40책, 『제민요술(齊民要術)』 가나자와(金澤) 사본 9권, 『속일본기(續日本紀)』 사본 13책, 『호호집(胡芦集)』 사본 2권, 『독회암논어집해연의(讀晦庵論語集解衍義)』 사본 1책, 『모시초(毛詩抄)』 사본 10책, 『강호풍월집초(江湖風月集抄)』 사본 2책, 『임제록초(臨濟錄抄)』 사본 1책, 『시중군요(侍中群要)』 가나자와 사본 10권이다.

이 가운데 『군서치요』는 일본 책으로는 유일한 활자본이다. 도쿠가와 이에야스가 스루가(駿河)에서 1616년에 조선활자를 가지고 인쇄했다. 그가 죽던 해였다.

이렇듯 쟁쟁한 도서 목록 속에 『삼국유사』가 당당히 한자리를 차지하였다. 이에야스가 소중히 모아 넘겨준 1,700여 종의 책 가운데서, 오직 자신들만이 가지고 있었으므로, 그동안 누구도 보지 못했던 책이었으므로 선별했을 32종 가운데 말이다.

이 일은 두고두고 『삼국유사』가 오와리 번에서 특별대우를 받는 계기가 되었다. 그리고 이로 인해 1904년, 사학과 학생들의 교재를 편찬하던 도쿄제국대학 사학과 교수들의 눈에 띄는 계기가 되기도 하였다.

7
나고야 어느 사무라이의 일기

일본 개의 호사와 비참한 최후

일본에서 애완견 붐이 일면서 개들이 호사를 누리고 있다는 소식은 이미 오래전에 알려졌다. 그런데 요즈음은 더 한 것 같다. 개 카페에 마사지 숍 그리고 부티크와 스파까지.

한 30대 독신여성은 애완견에게 한 달에 4만~5만 엔씩 지출한다고 한다. 이 액수라면 아마도 자신이 쓰는 한 달 용돈의 절반은 될 것이다. 유기농 채소 개밥을 먹일 뿐만 아니라, 유명 디자이너의 개 옷을 입히고, 매주 개 미용실에서 털을 다듬는 데 들어가는 비용이다. 자신이 출장 갈 때는 개 호텔 숙박비도 들어간다.

애완견 붐의 뒤편에는 어떤 심리가 숨어 있을까. 아마도 화려하게 치장하여 자신의 경제력과 감각을 뽐내려는 심산이라고, 평론가의 입방아는 바쁘다.

그런데 이런 심리의 극단적인 저편에는 다른 사람이 있다. 바로 도쿠가와 막부의 5대 쇼군 도쿠가와 쓰나요시(德川綱吉, 1680~1709년)이다. 그의 때에 '이누사마 소동'이 벌어졌다. 이누사마를 굳이 번역하자면 '개님'.

쓰나요시가 개를 끔찍이 아낀 데는 별다른 이유가 보이지 않는다. 있다면 그 자신이 개띠였다는 점뿐이다. 어느 정도였던가. 쓰나요시는 개 호적을 만들었고, 병든 개를 돌보기 위한 개 의사며 개 침구사를 두게 했음은 물론이요, 죽으면 사람처럼 사망신고서를 내게 했다. 개를 학대하는 자에게는 가차 없는 처벌이 내렸다.

심지어 자기 조카들이 다스리고 있는 오와리 번, 미토 번이라고 예외가 아니었다. 오와리 번에서는 문전에서 개가 싸운 것을 방치했다 해서, 미토 번에서는 화재 현장에서 죽은 개를 분실했다 해서 반성문을 받아낸 일이 있다. 그러니 다른 번은 말할 나위 없다.

에도에는 오쿠보에 25만 평, 나카노에 16만 평의 막부 직영 '개님 집'이 세워졌다. 오쿠보와 나카노는 지금도 도쿄의 지명으로 쓰인다. 에도 시대에는 외곽이었지만 이제 시내라고 할 만한 위치에 있다. 여기서 기르는 8만 마리의 개에게 먹이는 하루 쌀이 330석. 이 정도면 이상심리라 할 만하지 않은가.

그런데 요즘 일본에서 더 문제가 되기로는 애완이 아니라 버림

받는 애완견이다. 버려지는 개가 매년 20만 마리를 넘긴다는 통계이다. 쓰나요시가 다시 살아난다면 물곤장감이겠지만, 동물을 노리개로밖에 여기지 않는 이기주의의 소산인 것 같아 씁쓸하다.

극단적인 이상심리의 쓰나요시나, 달면 삼키고 쓰면 뱉는 이즈음의 애완가나 다를 바 하나 없다.

엽기의 극치
본수원의 이야기

쓰나요시가 다스리던 18세기 초에 또 다른 엽기적인 사건 하나가 터졌다. 사건의 주인공은 오와리 번의 본수원(本壽院)이라는 여자.

이 여자는 오와리 번의 3대 번주 쓰나나리(綱成)의 측실로 들어갔다가, 아들 요시토리(吉通)를 낳았다. 이 덕분에 본수원이라는 이름을 얻었는데, 쓰나나리가 죽고 요시토리가 4대 번주 원각공(圓覺公)이 되면서 본수원은 막강한 실력자로 군림하였다. 이때 본수원의 나이는 35세였다.

이 시절 오와리 번에 아사히 시게아키(朝日重章)라는 말단 사무라이가 있었다. 그는 18세부터 44세까지 26년간 하루도 빠지지 않고 일기를 써서 남겼다. 무려 8,863일치의 일기였다.

일기 가운데 본수원에 대해 "본수원님(本壽院樣) 탐음절륜(貪淫絕倫)"이라는 짤막한 평가가 적혀 있다.

음탕함을 탐하는 것이 아주 두드러지게 뛰어났다―. 그녀가 얼마나 색을 밝혔기에 이런 평가를 내렸던 것일까.

본수원은 밤낮으로 인형극, 교겐(狂言) 등을 보았는데, 배우 가운데 마음에 드는 자가 있으면 누구라도 불러서 음란한 희롱을 하였다. 심지어 절에 가서 잘 때조차 그랬다. 시게아키 일기의 1702년 10월 2일자 기록이다. 게다가 아랫사람들의 음경을 재보고 큰 놈과 교접(交接)했다는 기록이 그 뒤를 잇는다.

시게아키는 오와리 번의 다다미를 관리하는 사무라이였다. 그는 번 안에서 일어나는 시시콜콜한 사정을 잘 알고 있었으며, 일기에는 그런 내용을 즐겨 적어 넣었다. 그래서 이 일기는 당시 오와리 번의 풍속을 아는 데 무척 귀중한 자료로 쓰인다.

본수원의 음란은 야쿠샤(役者), 조닌(町人), 사승(寺僧) 가릴 것 없이 범위를 넓혀 나갔다. 심지어 도덴(道傳)이라는, 번의 의사에게 추파를 보냈다가 거절당했다. 사실 도덴은 몇 차례 본수원의 임신 중절 수술을 해 주었다. 그런 사정을 훤히 아는 도덴으로서는 이런 여자와 관계를 맺는 데 부담을 느꼈던 것이다. 그러자 본수원은 도덴이 자신을 폭행하려 했다고 모함하여 의사 자리에서 쫓아 버렸다.

꼬리가 길면 잡히는 법, 본수원의 추행은 에도의 막부에도 전해졌다. 그러나 그때 오와리 번의 위력은 대단했다. 중앙의 막부도 감히 함부로 못할 만큼이었다. 게다가 본수원은 현역 오와리 번주의 생모이지 않은가.

이런 논란 속에서도 추행이 거듭되자 결국 막부에서는 1705년 6월에 칩거를 명하였다. 본수원의 41세 때였다. 칩거지는 에도의 요쓰야였는데, 본수원은 방에 갇혀 외부와의 연락이 차단되었다. 요쓰야는 에도 성 바로 밖이었고, 지금은 도쿄의 한 복판이다. 에도 막부로서는 큰맘 먹고 결행한 일이었다.

일정 기간의 칩거로 징계를 마친 본수원은 오와리 번의 나고야로 이송되었다. 그리고 나고야 성 아래 마을에 유폐되었는데, 거기서 1739년 2월 14일에 사망할 때까지 살았다. 향년 75세였다.

절륜, 그것은 굳이 음란함에서만 두드러지게 뛰어나서 붙인 말이 아니었다. 신분을 이용하기도 하고, 신분을 망각하기도 하며 온갖 엽기적인 행각을 벌였기 때문이었다. 칩거와 유폐 기간 무려 34년, 그 와중에도 본수원의 힘은 넘쳐나 보인다. 50세 무렵에는 봉두난발을 하고 집 앞 정원의 큰 나무에 올라간 일도 있었다.

사무라이는 잘 훈련된 샐러리맨이었다

쓰나요시와 본수원의 이야기를 듣다 보면, 엽기적인 그들의 행각보다 18세기 초의 일본이라는 사회에 대해 더 관심이 간다. 어떻게 그런 사람이 나올 수 있었을까.

18세기의 에도는 도쿠가와가 에도 막부를 설립한 지 100년을 넘기는 시점이었다. 막부를 세우면서부터 도쿠가와가 추구한 것은 전쟁의 종식 곧 평화의 시대였다. 에도 막부가 세워지기 전, 200년이 넘는 전쟁의 기간은 피비린내의 연속이었다. 물론 이 전쟁은 내전이었다. 그러나 내전은 차라리 국가 간의 전쟁보다 더 혹독한 법이다. 도쿠가와 자신도 전쟁을 치르는 동안 두 아들을 잃었다.

일본인의 습관을 말하는 가운데 긴 전쟁 동안에 형성된 예들이 더러 있다. 전쟁이 얼마나 혹독했기에 사람이 살아가는 삶의 방식과 습관마저 바꿔 놓았을까. 그 가운데 두세 가지 들어 보면 이렇다.

일본인은 사람과 한번 헤어질 때는 몇 번이고 절을 하다못해, 돌아서서 가다가도 다시 뒤돌아보며 절을 한다. 정말 상대에 대한 예의의 극치이다. 그러나 이 습관은 사실 전쟁이 가져다준 것이었다. 헤어졌다고 끝이 아니라 등 뒤에서 칼이 날아오는 일이 비일비재했다. 돌아보며 다시 인사하는 것은 그에 대한 예의가 아니라 경계였던 것이다. 손님이 갈 때는 반드시 대문 밖까지 나가 전송한다. 이 또한 예의에서 출발하지 않았다. 정말 갔는지, 혹 돌아서서 다시 집안으로 쳐들어올 염려는 없는지 확실히 해 두려던 것이었다.

마루에 올라설 때 신발은 반드시 바깥 방향으로 향하게 정돈한다. 지금도 생활화되어 있는 일본인의 생활습관이다. 그런데 이도 전쟁 통에 목숨을 보전하기 위한 데서 나왔다. 언제 적이 쳐들어올지 모르는데, 유사시에 순간적으로 내빼기 위해서는 신발조차 빨리 신기 좋게 챙겨 놓아야 했다.

습관이 될 만큼 처절했던 전쟁의 일상. 지금은 하나의 문화가 되어 전쟁은 그 속에 희미한 그림자로 감춰져 있지만, 그런 일상을 끝내고자 했던 도쿠가와의 노력은 어쩌면 눈물겨운 것이었다. 앞서 소개한 참근제(參勤制)는 지방 호족의 힘을 빼놓으려는 대표적인 제도였다. 이는 중앙 정부 차원에서 한 일이었다면, 이보다 더 근본적으로 전쟁의 씨알이 되는 무사 곧 사무라이의 힘을 빼놓아야 했다. 칼을 차고 전쟁에 나서는 군인이 아니라, 영주의 명령을 받들어 번 안의 이러저러한 행정업무를 매우 치밀하고 조직적으로 수행하는 일꾼으로 만들었다. 사무라이는 사실 에도 시대에서는 오늘날의 샐러리맨이었다.

사무라이가 샐러리맨이라니, 조금 의아한 생각이 들 터이다. 일본의 역사에서 13세기에 막부 정치라는 것이 시작된 이래 사무라이는 체제를 선도하고 수호하는 전사였다. 일본의 전국 시대 200여 년 동안, 영주는 사무라이에서 나왔으며, 영토를 지키는 힘은 오로지 사무라이의 칼끝에 달려 있었다. 사무라이가 차고 다니는 두 자루의 칼이 곧 법이었고 힘의 상징이었다.

에도 시대에도 사무라이는 여전히 두 자루의 칼을 차고 다녔다. 영주를 지키고 영토를 보전하는 임무가 그들에게 부여되어 있었다. 그러나 결정적으로 한 가지가 달랐다.

도쿠가와 이에야스가 사무라이의 행동을 규제하는 법을 만들었음은 이미 앞서 말했다. 그 제1조가 '문무궁마(文武弓馬)의 도에 정진할 것'이었다. 네 글자 가운데 무(武)·궁(弓)·마(馬) 세 글자가 무(武)와 관계되었다. 이로써 본다면 무사로서 사무라이가 닦아야 할 것은 역시 무력에 비중이 컸다. 정진해야 할 일 넷 중에 셋, 무려 4분의 3을 차지하지 않는가. 그러나 여기서 눈여겨보아야 할 점이 있다. 문(文)을 가장 먼저 두었다는 것이다.

문은 글자 수의 비중으로 따진다면 4분의 1에 불과하나, 질적으로 친다면 이 하나가 나머지 셋을 압도하였다. 적어도 에도 시대의 무사에게는 그런 요구가 처음부터 따랐다.

사무라이에게는 정해진 근무 시간과 임무와 월급이 있었다. 일과표에 따라 제가 맡은 일을 시곗바늘처럼 정확히 해내야 했다. 그들은 월급으로 살 뿐, 따로 개인재산을 벌 기회가 없었다. 비록 번에 따라 경제 규모가 감안된 월급이 나갔지만, 대체적으로 풍족했고 일과 시간은 그다지 많지 않았다. 그도 그럴 것이 오랜 전쟁 기간을 거치면서 번의 영주들은 많은 군사를 길러 놓았었고, 그들에게 골고루 일거리를 만들어 주자니 임무는 적었다.

전쟁이 없는 세월 100여 년이 흘러 18세기에 이르자, 사무라이는 매우 유순한 기능인이 되어 있었다.

오늘날 일본의 샐러리맨 문화는 세계가 다 안다. 정확성과 책임감에서 그만한 샐러리맨을 가진 나라는 없다. 이런 문화는 이미 에도 시대에 저들의 선배인 사무라이가 만들어 준 것이라는 평가가 나오고 있다.

칼을 찼으나 쓰지 않는 사무라이, 이것이 에도 시대였고, 18세기 이후 현격히 달라지는 일본 문화의 현상이었다. 여기에 문화적인 혁명이 자연스럽게 겹쳐졌다. 사무라이는 군인이 아니라 장사의 대상이 되었다. 사실 일본인이 하루 세끼 밥을 먹는 습관은 18세기에 들어서서야 만들어졌다. 이전까지 여행하는 나그네는 밥을 싸가지고 다니거나 직접 해 먹었어야 했다. 하기야 전쟁의 와중에 무슨 한

사무라이 나고야의 버스 정류장에 붙은 코카콜라 광고 사진에 현대판 사무라이가 등장했다. "일본의 사나이여, 망설이지 마라." 이런 질책은 이미 18세기의 사무라이에게도 해야 했다.

가한 여행을 했겠는가. 그러나 이제 식당이 생겼다. 무사는 출장을 다니고 여행을 다녔다. 그들은 전사가 아니라 고객이 되었다.

그런가 하면 가족과 함께 외식을 하는 문화까지 나타났다. 가부키를 공연하는 극장이 대도시에 설치되고, 유랑극단은 시골을 돌며 공연을 했다. 서민의 집에까지 다다미가 보급된 것도 이때였다. 피난을 다니지 않아도 되었기에 돈이 모이고 정착을 하게 된 것이었다. 적어도 13세기 이후 한 번도 누려 보지 못한 문화적 향유를 이제 사무라이는 다시 찾게 되었다.

나고야의 한가한 사무라이 시게아키라는 사람

이쯤에서 다시 아사히 시게아키라는 사람의 일기로 돌아가자. 시게아키는 18세기가 만들어 낸 18세기의 전형적인 사무라이였다.

오와리 번의 사무라이의 아들로 태어난 시게아키는 평범한 청년이었다. 아버지의 뒤를 이어 사무라이가 되었으나, 무사로서 준수하다거나 재주가 뛰어나다거나 그런 면은 없는, 그저 흔한 사무라이 가운데 하나였다. 도리어 그에게 관심은 술과 여자와 도박이었다. '18세기의 전형적인' 이란 표현은 그래서 붙인 것이다.

스물이 넘도록 시게아키는 하는 일 없이 빈둥거리고 있었다. 결혼도 했고 딸까지 얻었지만, 아버지는 아직 정정했다. 사무라이 직책을 아들에게 물려주어야 하는데, 힘이 넘치는 아버지는 그럴 생각이 전혀 없었다. 아버지의 임무는 오와리 번의 수도인 나고야 성의 망대에서 파수를 보는 것이었다. 전쟁이 끝난 다음 파수의 일은 한가하기 그지없었다. 다만 한 가지, 성내에서 언제 발생할지 모르는 화재를 감시하는 일이 힘들다면 힘들었다. 특히 지진에 이어 발생하는 화재는 심대한 타격을 주는 것이기에, 유사시 망대의 파수꾼이 제대로 대처하지 못하면 경을 칠 일이었다.

시게아키는 속으로만 끙끙거리다가 친구들에게 속내를 털어 놓았다.

"나는 언제나 진짜 사무라이가 되겠나?"
"아버지는 전혀 꿈쩍도 안 하시는가?"
한 친구는 속사정을 뻔히 알면서도 위로나 되는 양 이렇게 답했다.
"나에게 방법은 있네."
다른 친구가 말했다. 시게아키의 귀가 번쩍 틔었다.
"무슨 방법인가?"
"잔말 말고 내일 아침 나와 함께 자네 아버지를 만나세."
다음 날이었다.

시게아키를 앞세운 친구들이 그의 집으로 찾아가 아버지를 만났다. 방법이 있다던 친구가 입을 열었다.

"생각해 보세요, 아버님."

친구는 잔뜩 떫은 표정을 지으며 입을 열었다.

"아버님도 이제 꽤 연세가 드셨습니다. 파수를 잘 본다 하시지만, 언제 지진이 닥치고 화재가 일어날지 모릅니다. 갑자기 이런 일이 터졌는데, 노안이 오신 아버님이 허둥대다 임무를 완수하지 못하면 이 집안은 어떻게 되겠습니까."

노안이란 말에 아버지는 갑자기 얼굴빛이 어두워졌다. 그것은 사실이었다. 노안이란 사람에게 가장 먼저 오는 늙는 증상 아닌가. 친구는 아버지의 임무와 관련하여 그런 약점을 잘도 파고들었던 것이었다. 아버지는 울며 겨자 먹기로 은퇴를 결심했다.

그렇게 쫓아내다시피 아버지의 자리를 물려받은 시게아키였다.

기록에 따르면 파수의 임무를 물려받은 시게아키의 근무는 고작 한 달에 3일이었다. 9일을 쉬고 만 하루 그러니까 밤을 낀 1박 2일로 일한다. 순번이 돌아온 날이면 높은 망대에 근무지가 있으므로 도시락을 만들어 가는데, 반찬이 열두 가지, 거기에 술까지 곁들였다. 근무가 아니라 소풍이었다.

달이라도 떠오르는 밤이면 동료 사무라이와 함께 술을 마시며 망대에서 관월연(觀月宴)을 베풀었다.

사실 에도 시대 모든 사무라이가 그랬겠는가만, 운 좋은 시게아키는 이렇듯 한가한 샐러리맨 생활을 누렸다. 특히 오와리 번은 일본 전국에서 세 번째로 큰 번이었기에, 사무라이도 많았지만 재정 또한 튼튼해서, 사무라이끼리 일자리 나눠 갖기 차원에서 느슨한 근무 일정이 필요했었다.

이즈음 월요병이라는 말이 있거니와, 그것은 일요일 하루 쉬고 일주일 내내 일해야 하는 이들에게 월요일이 주는 스트레스이건만, 오와리 번의 사무라이들에게 그것은 정반대였다. 근무가 끝나고 돌아가면서 그들은 어떻게 또 8일을 노나, 그것이 걱정이었다.

물론 비번(非番)인 날에 사무라이는 '무예와 학문의 자택연수(自宅研修)'를 하게 되어 있었다. 그러나 이를 지키는 사무라이는 거의 없었다. 상사나 동료와의 교제가 대부분이었고, 교제란 술과 여자와 노름으로 채워졌다. 시게아키의 일기를 검토해 본 결과, 당시 사무라이의 사인(死因) 가운데 가장 많은 것은 주독(酒毒)과 신허(腎虛)였다. 술과 섹스의 과다 — 한 연구자는 이것이 지루함을 물리치기 위한 사무라이 세계의 생활습관에서 온 결과였다고 말한다.

그런 가운데서도 시게아키에게는 특별한 점이 하나 있었다. 열여덟 살이던 여름밤, 그러니까 1691년 6월 13일부터 세상을 마칠 때까지 26년 8개월 동안 하루도 빠짐없이 일기를 썼던 일이다. 스스로 붙인 일기의 이름이 『앵무롱중기(鸚鵡籠中記)』 곧 '앵무새장의 기록'이다.

비록 긴 기간이지만 일기쓰기 자체가 특별했다는 말이 아니다. 그가 일기 속에 적은 내용이 특별했다.

시게아키는 품위 있는 사무라이의 생활을 쓰지 않았다. 그가 살

앉던 시정(市井)의 삶을 있는 대로 적어 넣었다. 술과 도박과 여자를 좋아했기에 기록의 대부분은 거기에 연관되었다. 가부키를 좋아했던 그는 어느 날 밤의 공연에서 들은 대사까지 옮겨 적었다. 항간에 떠도는 스캔들은 말할 나위 없었다. 앞서 소개한 본수원의 엽색 행각이 그의 일기에 적힌 것은 이 같은 까닭에서이다.

사실은 그래서 당대를 살다 간 평범한 사람들의 모습이 걸러지지 않은 채 오늘날 우리에게 생생하게 전해진다.

시게아키의 일기가 전하는 18세기의 나고야

우리가 여기서 시게아키의 일기를 유심히 읽어 보는 까닭이 있다. 그것은 곧 이 시기 그가 살았던 나고야의 풍경을 하나하나 살펴볼 수 있기 때문이다.

지루한 평화가 계속되는 18세기의 사무라이 사이에서 무슨 일이 일어났던가.

깜박 잊고 칼을 잃어버리는 사무라이의 이야기는 그 가운데 하나이다. 잃어버렸다 하기보다는 잊었다고 해야 옳겠다.

가부키를 좋아하는 사무라이가 한 사람 있었다. 시게아키의 동료이다. 사무라이는 원칙적으로 가부키를 보러 가서는 안 되었다. 그런 극장에 드나드는 것은 사무라이의 품위에 어긋난다 해서 금지되어 있었다. 그래도 참을 수 없었던 이 사무라이는 변복을 하고 극장에 갔다. 칼을 옆에 풀어 놓고 가부키의 재미에 푹 빠졌는데, 아뿔싸, 극이 끝나 나오면서 그만 칼을 자리에 둔 채 일어나고 말았다. 잊어버린 것이었다.

이 얼빠진 사무라이는 집에 와서야 칼 생각이 났다. 다음 날 그는 다른 칼을 하나 몰래 구해 사무실로 나갔다. 그러나 사무실에는 이미 극장 측으로부터 분실물 신고가 들어와 있었다.

사실 사무라이가 칼을 잊어버린대서야, 아무리 평화로운 세상이지만 있을 수 없는 일이었고, 해고에 유배까지 처하는 엄벌이 정해져 있었다.

그럼에도 벌어지는 또 다른 분실 이야기.

역시 오와리 번의 사무라이 한 사람이 에도로 출장을 가게 되었다. 시즈오카의 하마나 호수에 이른 그는 찻집에서 차도 마시고 점심도 먹으면서 배를 기다리기로 했다. 식사가 끝나자 몰려오는 잠. 꾸벅꾸벅 졸고 있는데 선장이 급히 소리쳤다.

"배가 떠납니다."

사무라이는 허둥대며 배에 올라탔다. 그것이 잘못이었다. 쉬느라 허리에서 풀어 놓았던 큰 칼을 찻집에 둔 채 잊어버리고 왔던 것이었다. 그나마 이를 알아챈 것도 호수를 건넌 배에서 내려 꽤나 걸어간 다음이었다. 사무라이의 얼굴이 흙빛으로 변했다. 칼은 그때 벌써 분실물로 처리되어 오와리 번의 담당자에게 넘어가 있었다.

'이젠 끝장이군……'

오도 가도 못하게 된 사무라이는 그 길로 자취를 감추고 말았다.

이렇게 황당한 이야기는 조금 극단적인 예이기는 하다. 그러나 시게아키의 일기에 나오는 엄연한 실화인 것만은 사실이다. 도리어 시게아키 같은 좀 덜떨어진 사무라이가 이런 실수를 하지 않은 것이 다행이었다.

그런데 우리의 주인공 시게아키는 실수는커녕 말단에서 부교(奉行)라는 책임자급 자리로 당당히 승진하였다.

그가 맡은 직책은 다다미부교(御疊奉行)였다. 오와리 번 내에서 쓰이는 다다미를 총 관리하는 자리였다. 이 무렵 다다미가 일반인에게까지 보급되자 그 수요가 기하급수적으로 늘어서, 직책 이름으로 보면 하잘것없지만 임무는 무척 막중하였다.

망루에 올라가 하염없이 사주경계나 서는 따분한 임무에서 벗어나 승진까지 한 시게아키였거니와, 그를 기다리는 또 다른 재미난 일이 있었다. 그것은 바로 1년에 한 번씩 늦봄에 출발하는 오사카와 교토로의 출장이었다. 목적은 다다미 구입, 기간은 2개월 정도였다. 물론 매년 시게아키에게만 임무가 돌아오는 것은 아니어서, 그의 일기에 자신은 생애 통산 네 번을 갔다고 쓰고 있다.

두 달간의 출장은 한가롭고 즐거웠다. 신경쇠약에 걸린 부인의 잔소리를 벗어날 수 있었고, 좋아하는 가부키를 맘껏 볼 수 있었고, 술과 여자로 접대하는 업자들이 널려 돈 걱정도 없었다. 번으로부터 출장비를 두둑이 받아가지만, 일단 오사카에 도착하기만 하면 그로서는 돈 쓸 일이 없었다. 전국에서 가장 큰 고객 가운데 하나로 오와리 번의 다다미 구입 책임자인 그를 접대하기 위해 업자들은 숙소에 문지방이 닳도록 드나들었다.

접대는 하룻밤에 세 차례나 이어지기도 했다. 술과 음식으로 포식한 다음 그 집의 곁방에서 여자와 따로 시간을 갖는 것이 순서였다.

"아, 노는 것도 피곤하구나."

출장 한 달을 넘길 때쯤이면 시게아키의 입에서는 그런 비명 아닌 비명이 절로 터져 나왔다.

에도 막부 100년을 넘긴 시점, 사무라이들의 이런 이야기를 모아 놓으니 마치 '당나라 군대' 같아 보인다. 전설적인 사무라이 미야모토 무사시는 소설이나 영화에 불과하단 말인가. 주인의 원수를 갚기 위해 일어나 초개와 같이 제 목숨을 바친 『주신구라(忠臣藏)』의 저 사무라이들은 또 어떤가. 그리고 할리우드에서 만든 영화이긴 했으나, 『마지막 사무라이』에서 보여 준 강하고 굳셌던 그들의 표정은 그저 꾸민 데 불과한 것인가.

우리의 『삼국유사』를 보관하고 있었던 오와리 번은, 시게아키의 일기대로라면, 18세기 에도 막부의 실정을 단적으로 보여 주는 곳이었다.

샐러리맨 사무라이
그 철저한 업무 근성

사실 사무라이의 전통은 유구하다. 8세기 이전까지 고대 일본은 군단제(軍團制)를 실시하고 있었다. 군단제는 일종의 군사·경찰 기구였다. 지역별로 설치하고 중앙의 병부성(兵部省)이 관할하였는데, 일반 농민 남자의 3분의 1 또는 4분의 1을 지정하여, 농한기에 훈련을 받고 평상시에는 경찰의 임무를, 전시에는 출정을 맡겼다.

군단이 해체된 다음 공가(公家) 곧 지방 호족 세력이 자위를 위하여 고용했던 것이 무사(武士)였다.

이 무사들은 통령(統領)으로 하급의 공가나 황족 출신의 공가 등을 모시고 자신들의 권위를 부여받아, 변방의 수비나 공가 사이의 권력투쟁에 참가하여 그 세력을 넓혀 나갔다. 그러니까 무사는 10세기경부터 생긴 계급이었던 것이다.

그러나 무력을 필요로 하는 불안정한 세상이 출현하면서, 드디어는 정치를 지배하기까지 이르게 된 것이었지만, 그 무가적인 사회구조가 일반 민중사회로도 침투해 들어갔다.

무가사회는 철저한 주종관계를 바탕으로 하였다. 그리고 무사답다는 것은 끊임없이 무술을 연마하여, 비상시를 대비하지 않으면 안 되었다. 밤에도 사방의 벽을 흙으로 두껍게 바른 방에서 자면서 적으로부터 불의의 침입을 막고, 먼 곳에 초소를 만들어 숙직을 서게 하였다. 싸움이 벌어졌을 때, 상대의 목을 베는 행위도 무가사회 가운데 정착하였다.

그렇게 무시무시한 무가사회의 구성원이 사무라이였다.

사무라이를 표기할 때는 무사(武士)라고 하지만, '모시다'는 뜻의 시(侍)를 쓰기도 한다. 주인을 섬기고 모시는 사람이다. 그런 그들에게는 무력(武力)이 먼저였다. 오랜 전쟁의 세월 속에서 자연스럽게 정착된 일본만의 사회 현상이었다.

그리고 또 하나의 불문율이 있었다. 그것은 주인을 향한 철저한 충성과 의리이다. 충성과 의리로 주어진 임무를 철저하게 수행하였다.

18세기 일본 사회의 사무라이에게는, 전쟁이 사라진 상황에 무력보다는 충성, 의리, 임무수행

도쿄역 앞의 샐러리맨 세계에서 가장 성실한 샐러리맨을 들라면 역시 일본인이다. 이미 에도 시대의 사무라이로부터 만들어진 규칙과 정확성은 샐러리맨의 바탕이 되었다.

같은 덕목만이 남았다. 이는 막부가 조장한 것이기도 했고, 사회의 변화에 따른 자연스러운 현상이기도 하였다. 그러기에 그들은 마치 오늘날의 샐러리맨 같은 직장인이 되었던 것이다.

앞서 얼빠진 사무라이를 몇 가지 사례를 들어 이야기하였지만, 평균으로 치자면 맡은 바 소임을 충실히 수행해 내는 성실한 이미지를 지닌 사무라이가 더 많았다고 해야 옳을 것이다. 그리고 사무라이는 세분된 직책의 구체적인 임무를 부여받고 있었는데, 다다미만 맡는 다다미부교 시게아키는 그 대표적인 경우였다. 임무가 세밀하고 구체적이므로 일에 대한 전문성과 책임성이 발달하였다. 이것이 사무라이의 새로운 근성으로 자리 잡는 것이다.

오와리 번에서 『삼국유사』는 잘 관리되었다. 이렇게 된 데는 전문성과 책임성을 갖춘 사무라이의 공이 컸다.

8

호사에 핀 꽃

쇼부쓰부교, 전문사서와 그의 임무

우리는 먼저 부교(奉行)라는 직책에 대해 다시 살펴볼 필요가 있겠다. 말 그대로 봉행(奉行)은 윗사람의 명령을 받들어 공무를 집행하는 것이다. 이 말의 일본식 발음이 부교인데, 막부 시대에 와서는 하나의 직책 이름으로 쓰였다. 정무(政務)를 분장해서 그 가운데 일부를 관장하는 것이었다. 가마쿠라와 무로마치 막부 시대에는 평정중(評定衆)·인부중(引付衆) 같은 이름으로 쓰이다가, 에도 시대에 와서 부교라는 이름이 정착된 듯하다.

특히 에도 시대에는 간죠부교(勘定奉行), 지샤부교(寺社奉行), 마치부교(町奉行)를 3대 부교라 불렀다. 간죠부교는 재정을 운영하고 소송을 관장하는 핵심적인 자리였으며, 마치부교는 에도의 도시행정을 맡는 부서였고, 지샤부교는 전국의 신사와 절을 통제하는 가운데, 역술가, 예술인 심지어 바둑기사까지 지배하는 기관이었다. 이처럼 막부 통치의 핵심적인 업무를 관장했기에 3대 부교가 된 것이었다.

이외에도 부교는 업무에 따라 다양했다. 국제항으로서 교류가 빈번했던 나가사키를 관할하는 나가사키부교(長崎奉行), 외국인의 출입이나 일본인의 외국으로의 출입을 관리하는 외국부교(外國奉行) 등 부교가 붙는 직책이 10여 개가 넘었다.

이런 부교 가운데 하나가 쇼부쓰부교(書物奉行)였다.

에도 막부의 3대 장군 이에미쓰(家光)에 의해 막부의 여러 제도의 정비가 진행되는 가운데, 1633년 12월 20일에 쇼부쓰부교라는 자리가 설치되었다. 정원은 통상 4명으로, 오메미(御目見) 이상인 자가 임명되었다. 상당한 계급이었다. 이들의 봉급은 200표(俵)였는데, 실제로는 40표부터 1,000석까지 사람에 따라 꽤 차이가 있었다. 1693년에 동심(同心) 4명이, 또 동심 아래에 서물사(書物師)가 부속되었다.

쇼부쓰부교는 1866년에 메이지 유신이 나서 그 직책이 없어질 때까지 연 90명이 그 자리에 취임하였다. 그러나 부교 그 자신은 대부분 서적에 관한 지식이 모자랐다. 또 승진이 보장된 자리가 아니라, 뒷자리로 이어지지 않고 늙어서 면(免)하는 비율이 높았다.

그만큼 중요한 자리로 인식되지는 않았던 것 같다. 이른바 한직(閒職)이었다.

다만 요시무네(吉宗) 정권기(1716~1745년)와 홍화(弘化, 1844~1847년) 연간 이후의 취임자에게는 특징이 있었다. 요시무네 정권기에는 일본학에 뛰어난 시모다 모로히사(下田師古)를 임용하였다. 또 유학자 히토미 요시다카(人見宜卿)의 셋째 아들인 미하라 야스우지(水原保氏), 본초가(本草家)의 가와구치 노부토모(川口信友), 평정(評定) 소속자였던 가스라야마 요시타네(桂山義樹)나 유학자였던 후쿠미 아리치카(深見有隣) 등을 발탁하였다. 이 시기에는 유교의 학식이 있는 자가 임명되었던 것이다. 그들에 의해 서적의 교정 작업이 진행되어, 여러 서적이 질적으로 향상되었다.

쇼부쓰부교의 직무는 도쿠가와 이에야스 이래의 쇼군의 장서나 막부의 여러 기록을 모은 '문고'의 관리였다. 곧 문고본의 출납, 폭서(曝書, 여름에 그늘에서 책을 빛에 쬐는 일), 부족본의 보사(補寫)사업의 감독, 문고본의 목록 작성·개정, 중복본 등의 처분 등의 일이었다. 또 문고 건물의 유지(방화·수리) 업무도 맡았다. '문고'에는 역대 쇼군의 수택본(手澤本)이나 일본과 중국의 희귀서만이 아니라, 이른바 막부의 기록류(외교문서 등)가 보관되어 있기 때문에, 쇼부쓰부교는 일상적인 보호에 전념했었다.

이로 본다면 쇼부쓰부교는 오늘날로 쳤을 때 전문사서의 역할을 했다 할 것이다.

오와리 번은 막부의 이런 제도를 본받았다. 그래서 1658년에 처음으로 쇼부쓰부교를 두었다. 막부보다 25년 뒤에 서적 관리의 전임 직원을 둔 것이다. 그나마 다른 번에서는 없었던 일이다.

오와리 번이 그런대로 재빨리 서적 관리에 손을 쓴 까닭은 앞서도 말한 바 있다. 도쿠가와 이에야스로부터 받은 귀중한 책이 있었고, 초대 번주 요시나오(義直)가 특별히 책을 사랑했기 때문이다. 물론 쇼부쓰부교를 두었을 때 요시나오는 이미 이 세상 사람이 아니었다. 그러나 요시나오를 잇는 다음 번주들도 할아버지가 만든 '책 사랑'에 적극 동조하는 쪽이었다.

오와리 번의 쇼부쓰부교가 한 일은 막부의 그것과 거의 같았다. 다만 막부 전체에 해당하는 일과 다른, 오와리 번만의 특별한 업무에 힘을 기울였는데, 이에야스로부터 받은 책과 거기에 덧보탠 후임 번주들의 수집도서를 관리하는 일이었다.

정녕 오와리 번에 쇼부쓰부교가 설치되었기 때문에야말로 『삼국유사』 또한 260여 년간 잘 보관될 수 있었다. 그들이 남긴 몇 가지 메모가 결정적인 단서가 되어, 『삼국유사』는 나중 메이지 유신기 학자들의 눈에 띨 수 있었다. 그런 점에서 오와리 쇼부쓰부교의 역할은 대단히 소중했다.

그리고 이들은 자꾸만 느슨해지는 사무라이와도 다른 길을 갔다. 그들은 전형적인, 철저한 샐러리맨의 전범을 보여 주었다.

요시나오가 책을
소중히 여긴 까닭

오와리 번은 에도 막부 초창기 250여 개 번 가운데서도 세 번째로 큰 곳이어서 사람과 물자가 넘쳐났다. 게다가 도쿠가와 집안이라는 막강한 배경까지 업고, 중앙정부 곧 막부에 대한 영향력도 막대했다.

시절은 태평성대를 구가하고 있었다. 사실 일본의 역사에서 이만큼 태평스러운 때가 없었을 것이다. 특히 13세기 이후, 무인이 정권을 잡고 지방의 호족이 그런 무력을 바탕으로 세력을 경쟁하는 동안 일본 곳곳은 사실상의 전쟁 상태나 마찬가지였었다. 이런 지긋지긋한 전쟁을 끝내자는 것이 에도 막부의 도쿠가와가 희망하는 것이었음은 앞서 누차 말하였다. 그래서 '기합이 풀린' 사무라이까지 나왔지만 말이다.

강력한 오와리 번이 만들어졌기에 그들은 다른 번이 하지 못하는 일을 할 수 있었다. 그 가운데 하나가 바로 서적의 수집 및 정리와 보관이었다.

사실 오와리 번이 문화적으로 뛰어난 수준을 자랑하는 곳은 되지 못하였다. 그도 그럴 것이 오와리 번은 신흥도시였다. 특별한 전통이라고 있을 처지가 아니었다. 지금 오와리 번의 후손인 나고야에서 찾을 수 있는 문화행사란 결국 에도 시대에 만들어진 것 이상을 올라가지 못한다. 기껏해야 이 지역에서 배출한 오다 노부나

가, 토요토미 히데요시 그리고 도쿠가와 이에야스를 기리는 행사
들이다.

그렇기 때문에라도 오와리 번은 새로운 문화를 창출해야 했다.
힘과 돈만이 아니라 문화적인 우수성을 자랑해야 했다. 그것이 시
대의 새로운 대세였다. 오와리 번을 아버지로부터 받은 요시나오
는 누구보다 그 사실을 잘 알았다. 전통적인 문화야 세월이 없는
한 쌓을 수 없지만, 다만 한 가지, 책은 모으면 되었다. 에도 막부
에서 하듯이 전문사서를 두어 관리하고, 거기서 학자를 양성하면
되었다. 요시나오는 그런 사실도 잘 알았다.

더욱이 아버지는 당신이 평생 모은 귀중한 책을 자신에게 물려
주지 않았는가. 아버지의 책은 곧 싸움의 역사요 전리(戰利)의 상징
이었다. 그러니 더욱 소중히 보관하지 않으면 안 되었다.

요시나오가 재빨리 설치한 것이 어문고(御文庫)였음을 앞서 말했
다. 책마다 '어본(御本)'이라는 도장을 찍고, 그 가운데 30여 종을
천황에게 자랑하듯 빌려 주기도 했다.

이런 덕을 톡톡히 본 책이 바로 『삼국유사』였다. 적어도 『삼국유
사』가 오와리 번에 들어가면서 특별한 대우를 받았음은 앞의 '금
중(禁中)에 빌려 드린 책의 메모'에서 확인할 수 있었다. 비록 전쟁
통에 포로처럼 끌려갔지만, 이렇게라도 보관된 것은 행운이 아닐
수 없었다.

요시나오의 시대로부터 서적의 관리가 치밀했음을 보여 주는 것
이 서적의 목록집이다. 번 안에 도서관을 짓고 정기적으로 햇빛을

쬐어 주는 일 못지않게, 목록을 만드는 일은 서적의 보관 상태를 확인하고, 그 현황을 파악하는 데에 무엇보다 과학적인 일 가운데 하나였다.

그런데 이 목록을 하나하나 확인해 가다 보면 『삼국유사』 또한 어떻게 보관 관리되었는지 그 흔적을 찾을 수 있다.

17세기 목록 속의 『삼국유사』

이제 오와리 도쿠가와 집안의 전체 도서 목록으로 눈을 돌려 『삼국유사』의 종적을 찾아가 보자.

앞서 밝힌 대로 22종 정도의 목록이 지금까지 남아 있다. 이 목록들로 인하여 오와리 번의 도쿠가와 집안이 도서의 수집과 보관 그리고 활용에 얼마나 적극적이며 과학적으로 임했는지 확인 가능하지만, 더불어 『삼국유사』의 종적을 찾아가는 데에도 대단히 귀중한 역할을 하고 있다. 22종 가운데 특히 중요한 의미를 갖는 목록을 요시나오의 시대로부터 설명해 나가기로 한다.

요시나오는 물려받은 도서를 정리 관리하고, 그 문고를 확충하는 일에 몰두했다. 그래서 목록을 작성하는 일을 무엇보다 중요시했다.

그 결과로 나온 첫 번째 목록이 '어서적지 목록(御書籍之目錄)' 2책이다. 이 목록은 관영(寬永) 연간(1624~1644년)에 만들어져서 '관

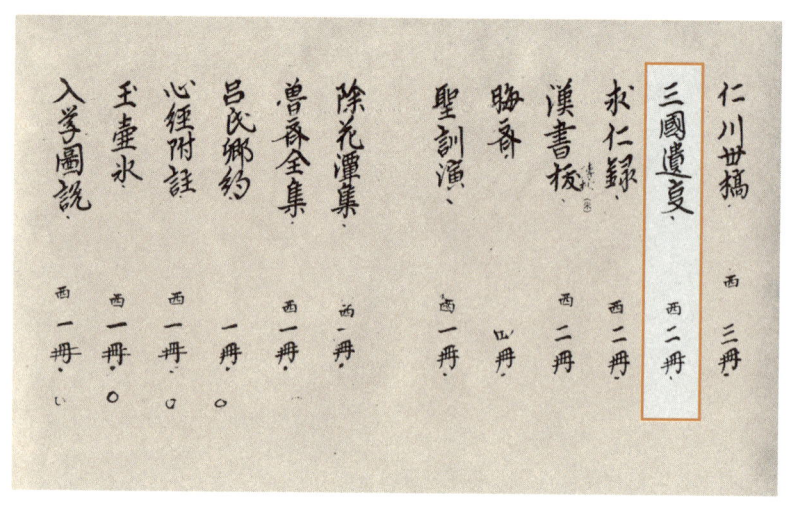

관영 목록 속의 『삼국유사』 오와리 번에서 가장 먼저 만들어진 목록이다. 서가의 순번과 책 수 등을 적은 아직 단순한 형태이다.

영 목록'이라 부른다. 관영은 이 시대의 연호이다. 첫 번째 목록이라는 점에서 무엇보다 주의를 기울여 볼 필요가 있지만, 첫 번째이기에 다소 엉성한 면도 없지 않다. 그리고 아직 쇼부쓰부교 곧 전문사서가 없던 시절의 목록이어서 더욱 그렇다. 서지정보는 서가의 순번과 책 제목 그리고 위치와 책 수를 적는 데 그쳤다.

이 목록의 제1책 '십사(十四)' 서가에 '삼국유사(三國遺事) 서(西) 이책(二冊)'이라는 기록이 나온다. 이는 『삼국유사』가 열네 번째 서가에 들어갔으며, 동서로 나눈 보관소의 서쪽에 있다는 설명이다. 이렇게 목록만 보면 책을 찾아갈 수 있게 해 놓았다.

어쨌건 '관영 목록'은 지금까지 전하는 가장 오래된 목록이다.

조선의 책은 대부분 임진왜란 중에 쓸어 간 것이었을 터이고, 오와리 번이 자리를 확고히 잡은 것이 1610~1620년경이므로, 번을 세운 때와 시기를 거의 같이 하여 나왔다고 할 수 있다. 다만 이보다 앞서 만든 목록이 있을 가능성은 배제하지 못한다.

특히 앞서 살펴본 '금중(禁中)에 빌려 드린 책의 메모' 1책이 1624년 2월 25일에 만들어졌다는 사실에 주목해 보자. 1624년이라면 관영 1년이다. 새로 들어선 천황이 도쿠가와 이에야스의 손녀를 부인으로 맞아 딸을 낳은 해였다. 그에 맞추어 천황에게 책을 빌려 주었다고 했거니와, 차제에 도서를 전반적으로 검토하는 과정에서 아예 전체 목록까지 만들어야겠다고 생각한 듯하다. 이 둘 사이에는 분명 모종의 관련성이 엿보인다.

그로부터 25년쯤 뒤 '어서적 목록(御書籍目錄)' 1책이 나왔다. 이 목록은 만든 날짜가 분명히 남아 있다. 바로 1651년 3월 26일이었다. 1651년은 경안(慶安) 4년, 그래서 이를 '경안 4년 오와리 목록'이라 따로 부른다.

이 목록이 만들어진 까닭을 설명할 필요가 있겠다.

목록이 만들어진 바로 1년 전, 요시나오는 50세를 일기로 세상을 떴다. 아버지가 에도 막부를 세울 때 일곱 살이었으니, 요시나오는 아들 아홉 가운데 그래도 가장 순탄한 삶을 살았다고 할 수 있다. 칼보다 책을 가까이 할 시간이 많았고, 그러기에 어린 나이임에도 불구하고 책을 좋아하는 아이로 아버지의 눈에 띄어 책으로 유산을 물려받았다.

물론 요시나오의 그런 측면만이 고려된 것 같지는 않다. 나고야는 도쿠가와의 고향이고, 비록 숨기고는 있지만 시퍼런 칼날을 벼리고 있는 관서의 무장들을 감시하는 전위부대 역할을 해야 하는 곳이었다. 그곳에 일곱 살짜리를 번주로 세웠을 때는 '책 잘 읽는 아이' 한 가지가 이유의 전부만은 아니었으리라는 것이다. 과연 요시나오가 43년을 다스리는 동안 오와리 번이 거둔 성과는 도쿠가와 이에야스다운 안목의 결과가 아닌가 싶은 생각을 갖게 한다.

요시나오는 죽음을 앞두고 아들인 미쓰토모(光友)를 불렀다.

"미쓰토모."

"예, 아버님."

"오와리 번은 이제 전국에서도 손꼽히는 큰 번이 되었다. 네 할아버지가 도와주신 덕분이나, 모두가 합심하여 일궈낸 결과이기도 하다."

"잘 알고 있습니다."

"이제 네가 이 번을 책임지고 다스려야 할 때가 왔구나."

미쓰토모는 그 말에 흠칫 놀랐다.

"무슨 그런 말씀을 하십니까? 아버님은 아직 왕성하신 연세이십니다."

이제 막 쉰을 바라보는 나이이기에 그렇게 생각할 만도 했다. 그러나 요시나오는 스스로 운명을 알기나 하는 듯 조용히 미소 지으며,

"미쓰토모. 이제 네게 모든 것을 이양할 준비가 되었으나, 마지

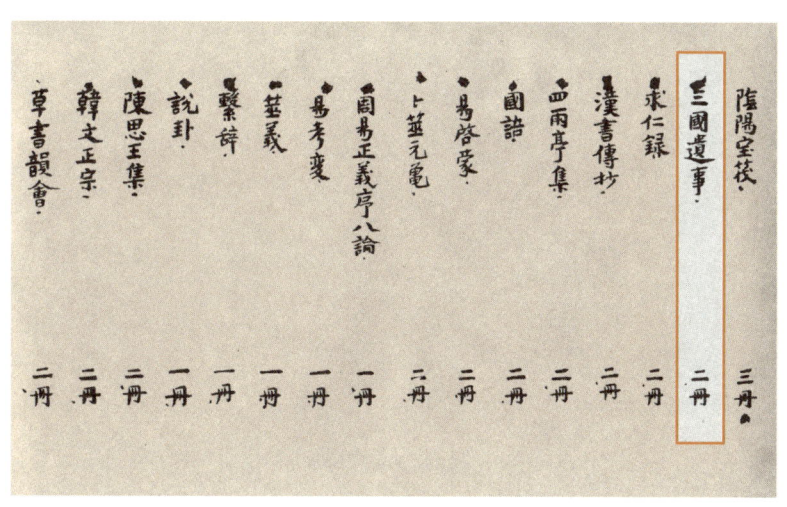

경안 4년 오와리 목록 속의 『삼국유사』 오와리 번의 초대 번주 요시나오가 죽으면서 어문고의 도서를 후대에 인계하는 성격을 지닌 목록이다. 얼마나 문고 관리에 철저했는지 알려 준다.

막 한 가지 남은 것이 있다."
라고 하면서, 서랍에서 종이 뭉치를 꺼냈다.

"어문고에 간직한 도서의 목록을 한 번 만든 적이 있지. 이제 시간이 많이 흘렀거니와, 덧붙여 수집한 책도 많으니, 새로 목록을 만드는 것이 좋겠다."

"바로 지시하겠습니다."

"그래. 네 할아버지로부터 받은 유산 가운데 나는 이 책을 가장 소중히 생각한다."

미쓰토모가 대답할 겨를도 없이 요시나오는 덧붙였다.

"막부에서는 벌써 오래전에 쇼부쓰부교라는 직책을 만들어 서적을 관리한다고 들었다. 우리에게도 필요하리라 본다."

냉철하지만 간절한 아버지의 마지막 부탁이었다.

미쓰토모는 아버지의 명을 받아 그로부터 8년 뒤인 1658년 오와리 번에 쇼부쓰부교를 두었다.

그러나 요시나오가 주문한 목록이 그의 생전에 나오지 못한 것은 애석했다. 완성 직전에 숨을 거둔 것이었다. 측근을 포함한 중신으로부터 유학자 등에게 책을 맡긴다는 말의 끝에 요시나오는 미리 서명을 하고 도장을 찍어 두었다. 이는 요시나오가 후계자에게 서적을 인계하는 연판 목록(連判目錄)이었다. 자기 생애를 마감하는 순간까지 요시나오는 이렇게 문고의 관리에 철저를 기했다.

이 목록의 중간쯤에 '삼국유사(三國遺事) 이책(二冊)'이라는 기록이 보인다.

18세기 전반기 목록 속의 『삼국유사』

요시나오의 후계자 미쓰토모는 여러모로 오와리 번을 반석 위에 올려놓은 번주였다. 그는 1625년에 나고야에서 출생했으며, 1650년 스물다섯 살의 나이에 아버지가 죽자 번주를 이어 받았다.

본디 이름은 미쓰요시(光義)였으나, 미쓰토모로 바꾼 것이 1672년 마흔일곱 살 때였는데, 그 까닭은 자세히 전해지지 않는다.

그는 번 안의 여러 행정제도를 손보는 데서부터 일을 시작하였다. 막부의 운영 모델을 참고하여 지샤부교(寺社奉行)와 평정소(評定所)를 새로 만들었으며, 방화제도나 군비증강 그리고 임업제도의 확립도 꾀했다. 앞서 말한 것처럼, 쇼부쓰부교가 만들어진 것 또한 미쓰토모 시대의 일이었다.

난세를 경험하지 않은 그의 생애는 평안한 것이었다. 76세로 세상을 떠난 해가 1700년, 공교롭게 18세기가 시작하는 해였는데, 이는 무인 기질을 잃은 사무라이의 시대가 열리는 시점이기도 하였다.

오와리 번에 쇼부쓰부교 자리를 만든 해가 1658년이었고, 이어 1712년에 임명된 스가(須賀)는 18세기 들어 처음으로 '바바 어문고 어서물 목록(馬場御御文庫御書物目錄)'이라는 긴 이름의 책을 1716~1736년 사이에 만들었다. 이는 쇼부쓰부교의 손에 의해 만들어진 첫 목록이라는 점에서 의의가 있다. 그러나 이 목록은 현재 3책 가운데 1책만 전승되어, 아쉽게도 이 안에서는 『삼국유사』를 기록한 대목을 볼 수 없다.

스가를 이어 쇼부쓰부교에 임명된 아카바야시(赤林)는 '바바 어문고 어장서 목록(馬場御文庫御藏書目錄)' 3책을 만들었다. 1743년 9월이었다.

오늘날 이 목록을 중요시 여기는 까닭은 다음 두 가지이다.

첫째, 쇼부쓰부교가 본격적인 서적 조사를 한 다음 작성한 수집자별 목록이라는 점이다. 이때까지는 서고에 진열된 순서대로만 기록을 했었다. 그러나 서적의 종 수와 수집한 이들이 늘어나자, 수집한

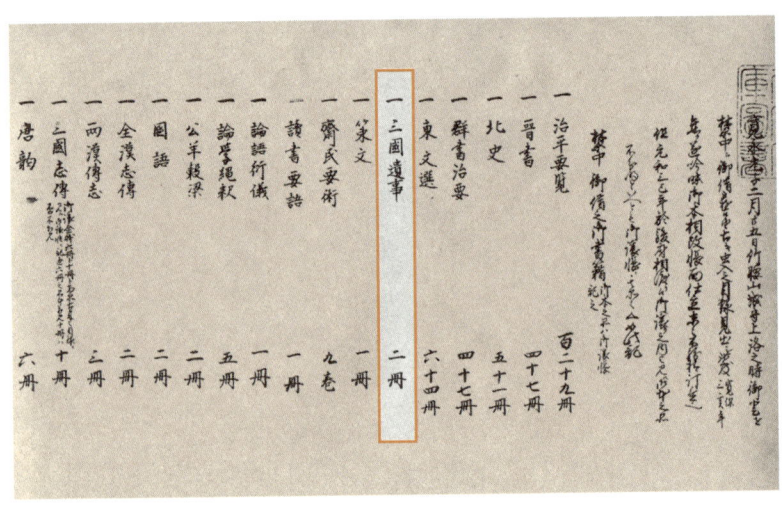

바바 어문고 어장서 목록 속의 『삼국유사』 18세기 중반에 나온 이 목록에는 1624년의 '금중에 빌려 드린 서적의 메모'를 다시 싣고 있다. 본디 메모와 그 수록 순서가 달라진 점이 특이하다.

사람에 따라 책을 정리하는 것도 필요하다고 생각했었던 것 같다.

둘째, '금중(禁中)에 빌려 드린 서적의 메모'를 다시 실은 점이다. 처음 금중 대출 메모가 만들어진 1624년으로부터 120여 년 만이었다. 아마도 첫 번째 메모가 낡아 전승의 위험이 다가오자 내린 결정이었던 것 같다. 이번 메모에서는 32권 가운데 여섯 번째로 '일(一) 삼국유사(三國遺事) 이책(二冊)'이 적혀 있다. 1624년의 메모에서 열 번째였던 것이 앞으로 자리를 이동하였다. 이 까닭과 그 의미에 대해서는 뒤에 자세히 설명하기로 한다.

이 두 가지 점으로 우리는 오와리 번이 성립되고 100여 년쯤 지난 시점의 도서관리가 좀 더 체계화되었음을 확인하게 된다. 서적

바바 어문고 어서적 목록 속의 『삼국유사』 18세기 말에 만들어진 이 목록에는 처음으로 『삼국유사』가 조선으로부터 왔다는 사실을 명기했다.

의 수효 또한 상당히 늘어났고, 이런 서적을 보다 효과적으로 관리하기 위한 방법을 끊임없이 고안하였으며, 천황이 보았던 32종의 서적에 대해서는 특별한 관리가 필요하다는 인식 또한 제고되었다.

다시 40여 년쯤 뒤에 마쓰다이라(松平)가 기록한 '바바 어문고 어장서 목록(馬場御文庫御藏書目錄)' 4책이 나왔다. 1780년 2월이었다.

이 목록의 제1책에 '일(一) 삼국유사(三國遺事) 동(同) 이책(二冊)'이라 적혀 있다. 여기서 '동(同)'이라 함은 서적의 출신이 조선임을 나타내는 것이다.

마쓰다이라는 오와리 번을 대표하는 유학자였다. 1743년에 쇼부쓰부교가 되어 38년간이나 근무하였다. 다른 쇼부쓰부교가 잠시 거쳐 가는 한직으로 여긴 데 비해, 그는 이 자리를 천직으로 알고 정성을 쏟았다. 목록을 만들 때도 앞선 목록을 토대로 더욱 철저히 서적을 조사하였는데, 특히 서적마다 어디에서 가져온 것인지를 밝힌 것은 이 목록이 가진 매우 커다란 특장이었다. 곧 서적의 출자(出自)까지 확실히 한 첫 목록으로, 『삼국유사』 또한 조선판(朝鮮板)임을 알게 만든 최초의 기록이었다.

한편 마쓰다이라는 이 목록의 마지막에 재미있는 기록을 하나 추가하고 있다. 도쿠가와 이에야스의 유물을 오와리(尾張)·기노(紀伊)·미토(水戶)의 세 번에서 나눠가질 때 제비뽑기를 했다는 것이다. 책을 소중히 여기는 요시나오가 좋은 책을 물려받았다는 통설과 다르다.

두 기록 사이의 어느 쪽이 사실일까?

당초 5·5·3으로 나누어진 이에야스의 유물은 서적만이 아니었다. 아버지는 골동과 서화로도 많은 유물을 남겼는데, 사실 재산의 가치로 보면 이쪽이 더 큰 것이고, 자칫 분쟁의 소지도 더 높았다고 한다면, 상대적으로 가치가 적게 여겨지는 서적만 요시나오가 좋은 책을 차지하는 쪽으로 결론이 났을 것 같다. 특히 그는 어려서부터 서적을 아꼈고, 물려받은 이후 치밀하게 보존 관리한 것을 보아도 그렇다.

가치를 아는 이에게 물건이 갔을 때 그 가치는 더욱 높아지는 법이다.

정말 제비뽑기를 했고, 어쩌다 『삼국유사』가 오와리 번이 아닌 다른 두 번으로 가게 되었더라면 어땠을까. 서적에 대한 관심이 그다지 높지 않았던 그들의 성향을 놓고 볼 때, 『삼국유사』 또한 어느 순간 종적 없이 사라졌거나, 있어도 있는 줄 모른 채 마냥 세월이 흘렀을 수 있다. 진땀 나는 상상이다.

진화하는 오와리 번의 서적 목록

한편 마쓰다이라를 이어 쇼부쓰부교가 된 가와무라(河村)의 노력으로 만들어진 '어문고 어장서 목록(御文庫御藏書目錄)' 5책은 목록 자체로 한결 진보한 모습을 보여 준다.

목록은 그때까지 수집자별로 나열하는 데 그쳤었다. 그러나 가와무라는 동양의 전통적인 분류법인 경사자집(經史子集)과 일본책인 화서(和書)로 5대 분류하고, 다시 수집자별로 나누어 배치하였다. 서적의 분류를 좀 더 치밀하게 한 것이었다.

이는 1782년에 만들어졌다. 여기서 제2책 '사류(史類)'의 '잡사(雜史)'에 '지(地) 삼국유사(三國遺事) 조선판(朝鮮板) 이책(二冊)'이라는 기록이 나온다. 여기서 '지(地)'는 도쿠가와 이에야스가 물려준 책 가운데서 역사류를 가리키는 글자이다. 이렇게 글자 하나로 기호화하여 책의 성격을 함축했다.

이 목록은 내용분류로 처음이어서 더욱 눈에 띈다. 이에 따라 『삼국유사』를 사류(史類)로 규정한 첫 목록이 되었다는 점이 중요

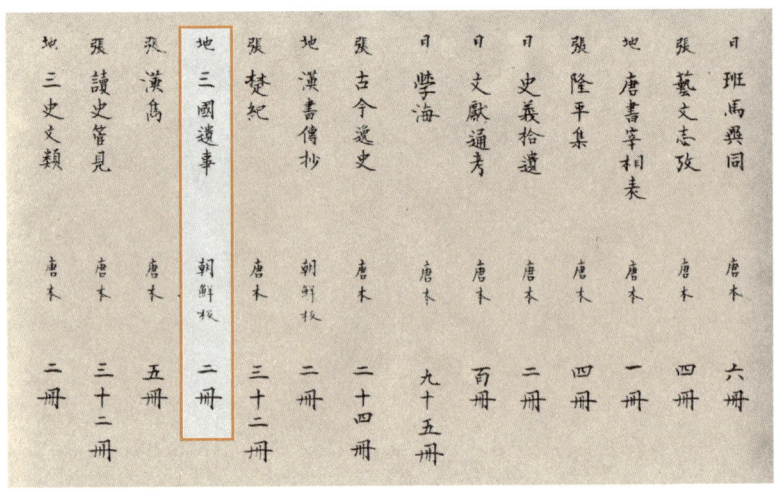

어문고 어장서 목록 속의 『삼국유사』 전통적인 도서분류법을 적용한 매우 세밀한 목록이다. 『삼국유사』가 역사서류임을 밝힌 최초의 목록이기도 하다. 이렇듯 『삼국유사』에 관한 문헌정보가 갈수록 풍부해졌다.

하다. 이때로부터 『삼국유사』는 비록 잡사(雜史)라는 하위항목에 들어가지만, 어엿이 역사서로 분류되는 것이었다. 그만큼 책의 내용 파악이 되었다는 뜻도 담겨 있다.

18세기 오와리 번의 도서 목록 가운데 마지막은 '어문고 어서적목록(御文庫御書籍目錄)' 6책이었다. 정확한 출간연도는 알 수 없고 관정(寬政) 연간(1789~1801년)에 나왔다는 사실만 알 뿐이다. 1784년부터 8년간 쇼부쓰부교를 맡았던 후쿠다(深田)와, 그를 이어 1793년에 취임하는 이하라(庵原)가 합작하여 만들었을 것으로 보고 있다. 이 또한 수집자별 목록과 내용분류 목록을 융합하여 작성하였다.

이 목록에서 다시금 우리의 눈을 크게 뜨게 하는 기록이 나온다. 제1책의 '사(史)'에 '일(一) 삼국유사(三國遺事) 삼십팔(三十八) 금중차려지내(禁中借戾之內) 조선판(朝鮮板) 이책(二冊)'이 바로 그것이다.

여기서 '금중차려지내(禁中借戾之內)'는 붉은색의 작은 글씨로 쓰여 있다. 이 붉은 글씨가 중요하다.

금중(禁中)은 앞서 나온 것처럼 천황이 사는 궁궐이다. 차(借)는 빌려 준다는 것이고, 여(戾)는 돌려받았다는 것이며, 내(內)는 그 가운데라는 것이다. 이를 일본어 식으로 해석하면, '궁궐에 빌려 주었다가 돌려받은 것 안에'라는 말이 된다. 곧 1624년에 빌려 주었던 32종의 책을 가리킨다. 『삼국유사』는 그 안의 하나라는 것이다.

실은 이 목록에는 다른 책에도 붉은 글씨로 서지(書誌)나 전래 사정을 해설한 부분이 매우 많다. 그런 가운데 『삼국유사』를 비롯한, 궁궐에 빌려 주었던 책들에는 '금중차려지내(禁中借戾之內)'라 일일이 기록하고 있다. 그 사실을 다시 한 번 강조한 처음 기록이다. 왜 이런 기록을 남긴 것이었을까?

이를 해명하기 위해, 시기를 조금 앞서 나가 다른 기록을 한 가지 참고해 보자.

이 '어문고 어서적 목록'에는 목록이 만들어진 지 40여 년이 지난 1836년 6월 데라야마(寺山)가 교정을 보았다는 기록이 보인다. 이는 메이지 유신(1868년)이 나기 불과 32년 전의 일이다. 본디 목록에다 덧붙여 써넣은 많은 양의 붉은 글씨―. 이를 쓰는 이는 데라야마로 보인다.

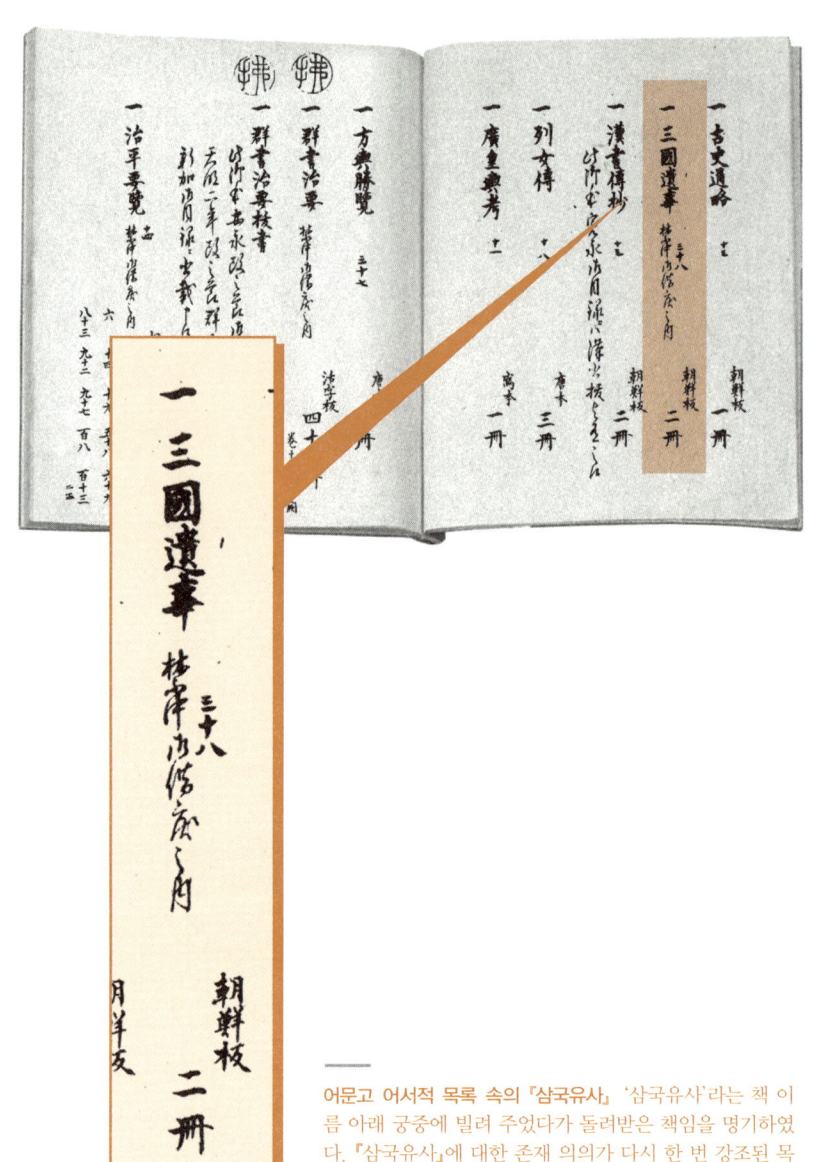

어문고 어서적 목록 속의 『삼국유사』 '삼국유사'라는 책 이름 아래 궁중에 빌려 주었다가 돌려받은 책임을 명기하였다. 『삼국유사』에 대한 존재 의의가 다시 한 번 강조된 목록이다.

데라야마가 교정을 보던 때는 막부의 운명이 경각에 달린 시기였다. 미국의 페리 제독이 막강한 함대를 끌고 와 일본의 문을 열었던 때가 1853년이었다. 데라야마가 교정을 보던 때로부터 불과 17년 뒤의 일이다. 막부의 운명은 곧 오와리 번의 운명이었다. 결국 유신이 나고 번 체제가 무너진 다음인 1872년부터 오와리 번의 서적 가운데 일부는 4차에 걸쳐 판매하게 된다. 막부가 무너지고 번이 사라진 이상 더는 서적의 관리가 쉽지 않았던 것이다. 이 목록은 이때도 쓰였다. 팔린 책들은 바로 이 목록을 가지고 제목 위에 '불(拂)'이라는 도장을 찍어 표시했다. 대체로 같은 책이 두 권 이상 있는 경우를 위주로 판매하였다고는 하나, 불안한 시국이 어떻게 전개되든 어떤 경우에도 팔아서는 안 되는 책의 기준을 미리 정해 놓을 필요가 있지 않았을까 싶다. '금중차려지내(禁中借戾之內)'는 그런 기준의 하나였다.

그러나 '금중차려지내(禁中借戾之內)'가 적힌 책 32종 가운데서도 5종은 시대의 운명을 피해 가지 못하고 팔려 나갔다. 그 책은 『군서치요』·『겐지모노가타리 초』·『독서요어』·『초사방주』·『열자』였다. 이들은 복본을 가지고 있었거나 중요도에서 다소 떨어졌기 때문이었다.

물론 이때도 『삼국유사』는 팔리는 대상에서 제외되었다.

어쨌건 판매를 한 책의 표시를 이 목록을 가지고 했고, 가필된 듯한 붉은 글씨가 보이는 것으로 보아, 이 목록은 근대에 들어 오와리 번 서적의 열람이나 조사에서 두고두고 긴요하게 쓰였음을 알 수 있다.

우리는 여기서 한 걸음 더 나아가 이런 추측도 해 볼 수 있다.

'금중차려지내(禁中借戾之內)'라는 붉은 글씨가 『삼국유사』의 제목 아래 쓰인 것은 이후 메이지 후기의 도쿄제국대학 사지총서 편집자에게 모종의 암시를 건네주는 역할을 했으리라는 점이다. 이 무렵 일본의 역사학자들은 일본 역사의 정리를 위해 사방으로 그 사료를 모으러 다니고 있었다. 가장 많은 책을 가진 도쿠가와 집안은 그 가운데서도 제일 표적이었다. 그러나 너무 많아 탈이었다. 어떤 책이 더 중요한가를 다 읽어 보지 않고 어찌 알 수 있겠는가. 그런 그들에게 목록에 적힌 여러 기록은 정작 내용을 읽지 않고도 서적의 중요도를 파악하는 데 첨병 노릇을 해 주었을 것이다.

이에 대해서는 11장에서 자세히 설명하기로 하겠다.

두 종류의 메모와 그 변화

18세기에 나온 오와리 번의 도서 목록 가운데 중요한 것을 살펴보았다. 쇼부쓰부교를 두고 책을 전담 관리시킨 효과가 분명히 나타나고 있었다.

여기서 우리가 다시 한 번 주목해 보아야 할 점이 있다. 바로 '금중(禁中)에 빌려 드린 서적의 메모'에 대해서이다.

이는 현재 두 종류가 남아 있다고 하였거니와, 최초로 메모가 만들어진 것이 1624년 2월 25일로, 요시나오가 초대 오와리 번주로 취임한 지 10년째, 곧 그의 나이 24세 때였다. 이 메모의 표지에 보이는 담당자 이름 가운데 요코다 사부로(橫田三郎)는 1617년에 처음 도쿠가와 이에야스의 책을 받아들일 때 실무자로 일한 3명 가운데 한 사람이었다. 그러므로 그는 책의 전반적인 성격을 가장 잘 알고 있었다. 1617년이라면 막부로부터 금중 곧 조정에 대한 선물 공세가 시작되는 시점이었다.

이 메모 가운데 열 번째 책으로 '삼국유사(三國遺事) 이책(貳冊)'이 보인다는 사실을 다시 한 번 기억하자. 그리고 다섯 번째에 '동문선(東文選) 육십사책(六十四冊)'이, 스물여섯 번째에 '속동문선(續東文選) 십책(十冊)'이 나온다.

한편 두 번째 메모는 첫 메모보다 약 120년 뒤인 1743년 9월에 만들어졌다. 목록을 만든 해의 연호를 따서 '관보삼년 목록(寬保三年目錄)'이라 불리는 총목록집의 일부로 실려 있다.

이 목록에 대해 간단히 요약해 보면 이렇다.

1712년 쇼부쓰부교에 임명된 스가(須賀)는 '바바 어문고 어서물 목록(馬場御文庫御書物目錄)'(1716~1736년 사이)을 작성하였는데, 이는 3책 중 1책만 전승되고 있다. 따라서 그 전모를 알 수 없다. 그로부터 10여 년 뒤 쇼부쓰부교에 취임한 아카바야시(赤林)가 스가의 목록보다 더 정치한 목록을 만들어 낸 것이 이 '관보삼년 목록'이었다. 목록의 제3책 권6에 '금중에 빌려 드린 서적의 메모'를 다시 싣고 있다.

아카바야시가 왜 이 메모를 다시 실었는지 정확한 이유를 알 수 없다. 쇼부쓰부교가 만드는 완벽한 목록을 목표하면서, 천황에게 빌려 주었다는 것 그리고 그것을 기록해 두었다는 두 가지 중대한 의미를 지니는 이 메모를 빠뜨릴 수 없었던 것 같다. 목록 자체만으로도 의미가 크다고 평가했으리라. 그 밖에 책 이름을 보다 정확히 적기 위한 것, 첫 번째 메모가 너무 낡아 있었다는 것 등을 또 다른 이유로 추정할 수 있다. 문제는 첫 번째 메모와 기재순서가 달라졌다는 점이다. 이는 『삼국유사』를 소장하면서 저들이 이 책에 대한 어떤 생각을 가지고 있었는지 밝히는 데 매우 중요한 단서가 된다.

먼저 두 번째 메모를 순서대로 보이면 다음과 같다. 책 제목은 첫 번째 메모를 기준으로 그대로 두었다.

1. 치평요람(治平要覽) 조선활자판 129책
2. 진서(晉書) 조선판 47책
3. 북사(北史) 조선판 51책
4. 군서치요(群書治要) 활자판 47책
5. 동문선(東文選) 조선활자판 64책
6. 삼국유사(三國遺事) 조선판 2책
7. 책문(策文) 사본 1책
8. 제민요술(齊民要術) 가나자와 사본 9권
9. 독서요어(讀書要語) 조선판 1책
10. 논어연의(論語衍義) 사본 1책

11. 논학승척(論學繩尺) 당본 6책

12. 공양곡량(公羊穀梁) 당본 4책

13. 국어(國語) 당본 2책

14. 전한지전(全漢志傳) 당본 2책

15. 양한전지(兩漢傳志) 당본 3책

16. 삼국지전(三國志傳) 당본 10책

17. 당운(唐韻) 조선판 6책

18. 향산삼체(香山三体) 조선판 1책

19. 금보(琴譜) 당본 3책

20. 태현경(太玄經) 당본 2책

21. 초사방주(楚辭旁注) 당본 1책

22. 열자(列子) 조선활자판 1책

23. 속동문선(續東文選) 조선활자판 10책

24. 학부통변(學蔀通辨) 조선판 2책

25. 전당풍아(全唐風雅) 당본 10[2]책

26. 모시초(毛詩抄) 사본 10책

27. 속일본기(續日本紀) 사본 13책

28. 호호집(胡芦集) 사본 2권

29. 강호풍월집초(江湖風月集抄) 사본 2책

30. 임제록초(臨濟錄抄) 사본 1책

31. 겐지모노가타리 초(源氏物語抄) 사본 40책

32. 시중군요(侍中群要) 가나자와 사본 10권

첫 번째 메모와 두 번째 메모의 비교

첫 번째 메모	두 번째 메모
1. 치평요람(治平要覽) 조선활자판 129책	1. 치평요람(治平要覽) 조선활자판 129책
2. 진서(晉書) 조선판 47책	2. 진서(晉書) 조선판 47책
3. 북사(北史) 조선판 51책	3. 북사(北史) 조선판 51책
4. 군서치요(群書治要) 활자판 47책	4. 군서치요(群書治要) 활자판 47책
5. 동문선(東文選) 조선활자판 64책	5. 동문선(東文選) 조선활자판 64책
6. 겐지모노가타리 초(源氏物語抄) 사본 40책	6. 삼국유사(三國遺事) 조선판 2책
7. 제민요술(齊民要術) 가나자와 사본 9권	7. 책문(策文) 사본 1책
8. 속일본기(續日本紀) 사본 13책	8. 제민요술(齊民要術) 가나자와 사본 9권
9. 책문(策文) 사본 1책	9. 독서요어(讀書要語) 조선판 1책
10. 삼국유사(三國遺事) 조선판 2책	10. 논어연의(論語衍義) 사본 1책
11. 호호집(胡芦集) 사본 2권	11. 논학승척(論學繩尺) 당본 6책
12. 독서요어(讀書要語) 조선판 1책	12. 공양곡량(公羊穀梁) 당본 4책
13. 논어연의(論語衍義) 사본 1책	13. 국어(國語) 당본 2책
14. 논학승척(論學繩尺) 당본 6책	14. 전한지전(全漢志傳) 당본 2책
15. 공양곡량(公羊穀梁) 당본 4책	15. 양한전지(兩漢傳志) 당본 3책
16. 국어(國語) 당본 2책	16. 삼국지전(三國志傳) 당본 10책
17. 전한지전(全漢志傳) 당본 2책	17. 당운(唐韻) 조선판 6책
18. 양한지전(兩漢傳志) 당본 3책	18. 향산삼체(香山三体) 조선판 1책
19. 삼국지전(三國志傳) 당본 10책	19. 금보(琴譜) 당본 3책
20. 당운(唐韻) 조선판 6책	20. 태현경(太玄經) 당본 2책
21. 향산삼체(香山三体) 조선판 1책	21. 초사방주(楚辭旁注) 당본 1책
22. 금보(琴譜) 당본 3책	22. 열자(列子) 조선활자판 1책
23. 태현경(太玄經) 당본 2책	23. 속동문선(續東文選) 조선활자판 10책
24. 초사방주(楚辭旁注) 당본 1책	24. 학부통변(學蔀通辨) 조선판 2책
25. 열자(列子) 조선활자판 1책	25. 전당풍아(全唐風雅) 당본 10[2]책
26. 속동문선(續東文選) 조선활자판 10책	26. 모시초(毛詩抄) 사본 10책
27. 학부통변(學蔀通辨) 조선판 2책	27. 속일본기(續日本紀) 사본 13책
28. 전당풍아(全唐風雅) 당본 2책	28. 호호집(胡芦集) 사본 2권
29. 모시초(毛詩抄) 사본 10책	29. 강호풍월집초(江湖風月集抄) 사본 2책
30. 강호풍월집초(江湖風月集抄) 사본 2책	30. 임제록초(臨齊錄抄) 사본 1책
31. 임제록초(臨齊錄抄) 사본 1책	31. 겐지모노가타리 초(源氏物語抄) 사본 40책
32. 시중군요(侍中群要) 가나자와 사본 10권	32. 시중군요(侍中群要) 가나자와 사본 10권

이 두 번째 메모는 어떻게 달라졌는지 정리해 보자.

1~5는 첫 번째 메모와 순서가 같다. 10~26은 첫 번째 13~29와 같다. 순서에서 세 자리 앞으로 나와 있을 뿐이다.

6~9가 큰 변화를 보인다. '6. 삼국유사 조선판 2책'은 10번에서, '7. 책문 사본 1책'은 9번에서, '8. 제민요술 가나자와 사본 9권'은 7번에서, '9. 독서요어 조선판 1책'은 12번에서 각각 자리를 옮겨 오고 있다. 여기에 재배열의 어떤 원칙은 분명히 보이지 않는다.

다만 첫 번째 메모의 '6. 겐지모노가타리 초 사본 40책'이 두 번째의 31로, '8. 속일본기 사본 13책'이 27로, '11. 호호집 사본 2권'이 28로 각각 옮겨 감으로 인해, 두 번째 메모의 27~32가 일본 서적으로 배열되었다는 점은 확실히 눈에 띈다. 그러나 이를 위해서만 굳이 재배열한 것 같지 않다. 그랬다면 4와 8 같은 책도 뒤로 갔어야 했다. 10과 26도 내용은 중국의 철학이나 문학을 담고 있지만, 다 같이 일본에서 만들어진 책이었다.

조선에서 가져온 책을 앞으로 몰기 위해 재배열한 것 같지도 않다. 『동문선』과 『속동문선』은 떼려야 뗄 수 없는 연작물인데, 첫 번째 목록에서 5와 26으로 갈라서 있더니, 두 번째 목록에서도 5와 23으로 여전하다. 다만 5종의 순수한 조선의 책을 내용까지 더 엄밀히 따졌을 때, 『동문선』·『삼국유사』·『책문』 3종이 남게 되는데, 이 3종을 한데 모으느라 순서를 달리 했다고 볼 수 있다. 비록 『속동문선』을 놓쳤지만 말이다. 이는 순수한 일본의 책을 뒤로 몰아 놓은 점과 비견해 보면 일편 수긍이 간다. 오와리 번의 쇼부쓰부교들이 즐겨 쓴 목록의 배열방법이 경(經)—사(史)—자(子)—집(集)—화서(和書)였기 때문이다. 여기서 화서란 일본의 책을 말한다.

그런 가운데 우리의 주목을 요해 마지않는 점은 『삼국유사』가 첫 번째 메모 10번에서 두 번째 메모 6번으로 자리를 옮긴 사실이다. 6~9 사이에 있던 일본의 책을 뒤로 몬 점은 그렇다 치더라도, '7. 책문 사본 1책'과 '8. 제민요술 가나자와 사본 9권'을 뒤로 돌리면서까지 『삼국유사』는 6번으로 올라와 있다. 특히 『책문』은 같은 조선의 책이어서 순서를 바꿀 어떤 까닭도 발견되지 않는다. 굳이 대자면 '서적의 중요도'가 아니었을까. 이 시기쯤에 와서 쇼부쓰부교들에게 『삼국유사』의 내용파악이 이루어졌다면 말이다. 과거시험의 답안지에 불과한 『책문』에 비해, 『삼국유사』는 매우 독특하게 조선의 사정과 역사 그리고 정서를 이해하게 해 주는 책으로 중요하게 받아들여진 것은 아니었을까.

그렇게 『삼국유사』는 호사(蓬左)에 호젓이 피어 있는 꽃이었다.

호사는 나고야의 다른 이름, 날로 커져가는 이 도시의 한 모퉁이에서나마, 돌보는 이의 손길에 힘입어 시들지 않았음을, 나는 이 글을 쓰는 동안 내내 가슴 조이며 지켜보았다.

9

조선 후기 실학자와 『삼국유사』

망해 가는 나라에 가는 사신

임진왜란이 끝나고 조선은 다시 기로에 섰다. 실로 한·중·일 세 나라의 군대가 한반도 땅에서 만나 크게 한판 싸움을 벌인 것이 임진왜란이었지만, 만나서는 안 될 만남 이후 한번 맺어진 악연은 묘한 방향으로 꼬리를 물었다.

그것은 중국에서 일어난 변화 때문이었다.

전쟁 중에 파병까지 하며 조선을 도운 명(明)나라는 그것만으로도 은인의 나라였지만, 조선은 그 이상의 감정으로 중국을 대하고 있지 않았던가. 사실 고려 이후 우리에게 뿌리박힌 사대의식은 때로 외교상 생존의 현명한 선택처럼 보이기도 하였으나, 이 무렵에 들어서서는 납득할 수 없는 교조적 태도로 변해 갔다. 어쩌면 상대의 의사와는 상관없이, 조선 자신이 절체절명의 대상으로 중국을 몰아간 것이었는지 모른다.

여기서 중국이란 중국 땅에 한족(漢族)이 세운 나라를 말한다. 고려 때는 송(宋)나라요, 조선에 들어서는 명나라이다. 한족 자신을 제외한 변방은 오랑캐일 뿐, 오랑캐는 언제나 중국을 섬겨야 한다고, 중국도 오랑캐도 그렇게 생각했다.

그나마 한족의 중국이 힘을 발휘할 때는 문제가 없었다. 하지만 변방의 오랑캐 가운데 하나가 강성해지면 누구를 섬겨야 하는가. 명분으로는 중국이요, 현실로는 오랑캐를 무시할 수 없는 경우가 더러 생긴다. 17세기에 들어 조선은 이런 상황을 맞이하고야 말았다. 명나라는 점점 망해 가고, 북쪽에서는 변방 오랑캐 후금(後金)이 들어서 세력을 뻗쳐 가고 있었다. 후금은 나중에 청(淸)이 된 바로 그 나라이다.

이런 시기에 조선은 대의명분을 내세워 망해 가는 나라를 끝까지 섬겼다.

1622년, 명나라에 사신을 가는 오윤겸(吳允謙, 1559~1636년)은 이번이 처음 외국행이 아니었다. 1617년 회답 겸 쇄환사의 정사로서 일행 400여 명을 이끌고 일본에 간 적이 있었다. 그는 임진왜란 때 잡혀갔던 포로 150여 명을 데리고 돌아왔는데, 이때부터 일본과의 외교가 정상화되기도 하였다. 이어 이번에는 명나라 희종의 즉위를

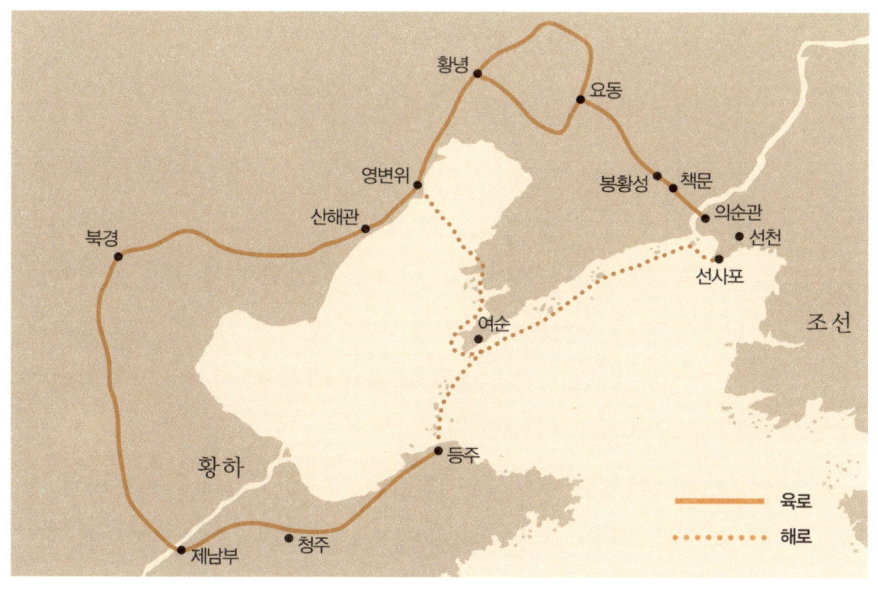

연행사의 노정 명나라의 수도 북경까지 다녀오는 길은 흔히 육로를 택했지만, 후금이 요동을 차지하고 있던 1616년부터 20여 년간은 바닷길로 갈 수밖에 없었다.

축하하기 위한 하극사(賀極使)로 선발되어 다시 배를 탔던 것이다.

바닷길로 가는 사신의 길은 목숨을 거는 일이었다. "사람들은 모두 교묘히 피하여 갖은 방법을 다 동원해 청탁을 하여 반드시 사양하고야 말았는데, 윤겸은 가장 늦게 명을 받고도 조금도 두려워하는 기색이 없었다"라고 『광해군일기』는 쓰고 있다.

두 나라를 모두, 그것도 바닷길로만 다녀온 사신은 조선왕조 500년에 오윤겸이 유일할 것이다.

그런데 일본은 그렇다 치고 왜 명나라를 육로가 아닌 해로로 다녀왔을까.

누르하치가 후금을 세운 것은 1616년이었다. 우연히 도쿠가와 이에야스가 죽던 해와 일치하고, 오윤겸의 중국행으로부터 불과 6년 전의 일이다. 후금이 국호를 청으로 바꾼 것은 그로부터 20년 후인 1636년이었지만, 이 기간이 명나라로 사신을 가야 하는 조선의 사절단에게 가장 괴로운 시기였다. 이미 후금이 차지한 요동(遼東)지역을 경유할 수 없어서 해로를 택해야 했기 때문이었다. 중앙의 혼란을 틈탄 변방의 혼란상은 누구의 안전도 보장하지 못하는 지경이었다. 여기저기서 반란군을 처형하는 끔찍한 장면을 목도하고, 등주(登州)에 도착한 다음에도 후금군(後金軍)과의 교전으로 출발이 지연되며, 청주(淸州)지역에서는 요동에서 피난 나온 유민들을 만나기도 하였다.

이런 상황 속에서 오윤겸은 무슨 생각을 하고 돌아왔을까? 세계의 정세는 어떻게 돌아가고 있었는가? 그리고 그것은 정확하게 인식되고 보고되었던가? 아쉽게도 우리 사신들에게 그런 문제의식은 그다지 크지 않았던 것 같다. 오로지 명나라에 대한 변함없고 순정한 사대의식이 중요할 따름이었다.

4월에 떠난 사신 길을 오윤겸은 10월 중순경 평안도 선사포에 발을 내리며 마무리 지었다. 숙소에 들어 비로소 옷을 벗고 눕는데, 몸을 만져 보니 뼈만 남고 살 한 점 없었다. 더욱 가긍할 것은 그의 일기에 나오는 다음과 같은 장면이다.

굶주린 이가 옷에 가득하다. 옷을 모두 벗어 내고 다른 옷으로 갈아

입었다. 그날 밤, 관아의 종들이 모두, "털어낸 이가 수를 셀 수 없습니다요" 말한다. 서로 탄식하며 눈물을 흘리는 자도 있었다. 북경의 옥하관에서 병들어 누운 이래 옷을 벗고 잠자리에 들지 못했기 때문이다.

옥하관은 북경에서 조선의 사신이 묵는 숙소였다. 그때부터였다면 3개월 동안 옷을 갈아입지 못한 것이다. 비록 병 때문이라고는 하나 정사(正使)로 다녀온 사람이 이 정도였다. 그 아래 사람들이야 말할 필요가 없다. 이런 고생을 하며 명나라에 사신을 다녀와야만 했던 저들의 이데올로기는 과연 무엇이었을까.

사실 후금의 존재를 냉정한 외교적 판단기준으로 인정해야 했었다. 그런데 새로 일어나는 나라에는 적대하고, 망해 가는 나라에 보내는 사신은 20년을 더 지속했다.

1636년, 병자호란이 발발하기 직전, 마지막 명나라 사신이 된 김육(金堉)이 보는 중국은 이미 중국이 아니었다. 살육과 약탈의 현장은 이제 얼마 있지 않아 그 자신과 조선인이 경험할 일이었다. 그곳은 곧 박제된 유교적 이상국가의 실현으로 똘똘 뭉친 한 지식인에게, 남이 아닌 자신의 안타까운 정치적 왜곡의 현장으로 다가오고 있었다.

도중에 짐을 지고 아이를 이끄는 사람이 있어 물어보았더니, 노적들이 사로잡아 간 아이를 찾아 가지고 돌아오는 것이었다. 동행하는 사람이 매우 많은데 혹은 찾고 혹은 찾지 못하여 눈물을 머금고 돌아오는 자가 서로 만났다. 또 길 곁 성문과 점포의 벽에는, 곳곳마다 방문을 걸고 잃어버린 아이들의 성명을 죽 써서 붙였으며, 돈을 걸어 찾겠다는 사람이 이루 헤아릴 수 없었다.

길가에 있는 사람들이 모두 말하되, 관군이 거의 20만으로 도적의 뒤에 백 리쯤 떨어져 오면서도 끝내 싸워 보지 않고, 촌가의 재물을 노략질하고 부녀자를 욕보임이 달적(㺚賊)보다도 심하니, 또 분함을 이기지 못하겠다고 하였다.

아이들이 도적 떼들에게 잡혀가는 판에, 관군은 양민에게 노략질과 겁탈질이다. 이 정도면 명나라가 왜 망하는지 알 법도 한데, 이 땅의 유자(儒者)들이 명나라를 섬겨 대의명분에서 한 치도 빗겨나지 않겠다고 종주먹을 쥐기는 이후로도 계속되었다.

일본 통신사로 가서 단군을 들먹이다

이 시기에 우리 지식인이 동아시아를 경험하는 또 다른 예가 일본 통신사였다. 중국으로 가는 사신을 통상 조천사·연행사라 부른 것과 달리 일본은 통신사라 불렀다. 격이 달랐고, 횟수도 달랐다. 중국에는 매년 서너 차례 사신이 파견되는 대신 일본은 30~40년 만에 한 번 정도 갔다. 중국에는 조선 정부가 알아서 갔지만, 일본은 저들의 요청이 있을 때를 기다려 갔다. 중국에서는 조선에 사신을 파견했고, 조선은 그 사신을 기다렸지만, 일본에서 오는 사신을 조선은 받아들이지 않았다. 일방적인 방문이었던 것이다.

통신사는 임진왜란 이후에 본격화되었다. 처음에는 전쟁을 마무리하는 결산과도 같은 것이었다. 그러다가 점차 통상적인 외교 사절이 되었다. 중국을 대하는 것과 달리 조선은 일본에 베푼다는 인식이 강했다. 사실 사신을 접대하는 일본인 관리나 유학자들이 필담(筆談)을 통해 한마디라도 더 들으려 애쓰는 모습은 지금 남아 있는 자료를 통해 여실히 확인된다. 사신의 글씨를 얻어 가려 숙소마다 장사진을 치는 일본인의 모습은 우리에게 익히 알려져 있다.

그러나 그들의 대화 속에서 우리는 당대 우리 지식인이 가지고 있던 속내를 들추어 보게 된다. 이는 특히 일본인이 기록한 문건을 통해 알 수 있다.

성균관의 진사인 성완(成琬)은 1682년의 통신사행에서 제술관의 임무를 띠고 바다를 건넜다. 에도에 도착한 성완이 어느 날 밤 사카이 다다쿠니(酒井忠國, 1651~1683년)와 나눈 다음과 같은 대화는 무척 흥미롭다.

다다쿠니가 성완에게 물었다.
"경들의 의관은 중국의 제도와 비슷한데, 무릇 귀국의 예의관복(禮儀官服)은 어느 대로부터 이와 같았습니까?"
성완이 말했다.

조선통신사의 행렬 부정기적으로 파견되었던 통신사는 에도 막부의 일본 사회에 큰 영향을 주었다. 조선의 문인에게서 시 한 줄, 글씨 한 폭을 얻기 위해 장사진을 치며 기다렸다.

"예의관복은 단군 이래로 이미 정해져 우리나라는 이에 이르러 번성해졌지요."

다다쿠니가 말했다.

"단군은 요임금의 때에 해당된다 들었습니다. 중국 또한 삼대(三代) 이전에 예의관복이 갖추어지지 않았고, 하물며 예악(禮樂)이라면 대대로 변해 가는 것인데, 귀국만이 유독 단군 이래 이렇다는 것인가요?"

이에 성완이 나눌 말을 찾지 못해 대답하지 못하였다.

통신사행에서 제술관은 필담창화(筆談唱和)와 같은 문화교류의 전담자 역할을 맡았다. 바로 이 1682년 사행에서부터 생겨난 직책인데, 성완은 그 첫 번째 제술관이었다. 그러므로 특별히 재주 있는 문인으로 임명되었을 것이다.

그와 대화를 나눈 사카이 다다쿠니는 그때 나이 31세였다. 아와 가쓰야마(安房勝山) 번의 초대 번주로 관반(館伴)의 임무를 띠고 나와 있었다. 관반이란 사신을 접대하는 책임자를 이른다. 불과 열네 살에 숙부인 와카사노오바마(若狹小浜) 번주 사카이 다다나오(酒井忠直)로부터 1만 석을 나누어 받아 가쓰야마 번주가 되었고, 호를 정수재(靜修齋)라 부르며 문장과 유학(儒學)에 심취한 이였다.

다다쿠니는 먼저 조선의 사신이 입고 온 관복에 흥미를 느꼈다. 그래서 그 유래를 물었던 것이다. 그런데 뜻밖에도 성완의 입에서는 단군이 튀어나오고 있다. 다다쿠니가 단군의 존재를 알고 있었던 것도 적이 놀랍지만, 전형적인 유학자였을 성완에게서 '단군 이래로 정해졌다'는 대답이 나온 것은 더욱 놀라운 일 아닌가.

다다쿠니가 꽤 논리적으로 이에 대해 공박을 하자 성완이 다음 대답을 이어가지 못했다. 이로 보건대 성완이 전거 없는 발언을 즉흥적으로 했다고밖에 볼 수 없지만, 그가 단군을 들먹였다는 사실 하나로 이 시기 우리 지식인 사이에서 단군이 살아 있었음을 보게 된다. 다다쿠니 자신 이에 대해 공박은 했으나, 주자학 일변도인 줄 알았던 조선 지식인이 지닌 색다른 역사관을 보고 의아했을 것이다.

그러나 같은 사행원이었던 붕명(鵬溟) 이담령(李聃齡)은 달랐다. 그 또한 성균관 진사였다.

내가 한주거사(漢州居士) 이붕명(李鵬溟)에게 물었다.

"그대의 이름과 호는 모두 노장(老莊)을 따르는군요. 그 책을 읽기 좋아하십니까?"

붕명의 얼굴빛이 좋지 않았다. 그는 말했다.

"노장을 좋아할 일이 있겠습니까?"

창랑(滄浪)이 옆에서 글로 써서 답했다.

"축수(祝壽)하느라 그런 것입니다."

내가 말했다.

"그대의 부조(父祖)가 축수를 꾀하여 이름을 지은 것이군요."

붕명이 흔연히 말했다.

"그렇고말고요."

여기서 '나'는 현장을 기록한 히토미 도모모토(人見友元, 1629~1696년)라는 유학자이다. 히토미는 학산(鶴山) 또는 죽동(竹洞)이라는 호를 가졌고, 『본조통감(本朝通鑑)』을 편집할 만큼 역사에도 관심과 조예가 깊은 이였다. 그런 그가 이담령의 이름과 자와 호를 보며 노장(老莊)을 좋아하는가 물었던 것이다. 담령의 담(聃)은 노자(老子)의 이름인 데다, 호인 붕명에서 붕(鵬)은 장자(莊子)의 「소요유(逍遙遊)」를 연상시키지 않았겠는가. 나름대로 히토미의 유머였다.

그런데 이담령은 히토미의 노장 운운에 화들짝 놀라고 있다. 노장을 좋아한다는 것은 공개적인 자리에서 금기시되던 조선 사회의 분위기 때문이었으리라. 당혹해하는 이담령의 모습이 그대로 전해지는 한 장면이다.

사실 그의 자가 이로(耳老)였는데, 거기 노(老)가 들어가 있다는 점까지 들었다면, 이담령은 아마 그 자리에서 기절했을지도 모를 일이었다.

함께 자리했던 창랑 홍세태(洪世泰)가 급히 끼어들어 사태를 수습하였다. 영(齡)이며 노(老)며 오래 살라는 뜻에서 붙여진 글자들이라고 말이다. 눈치 빠른 히토미가 얼른 손발을 맞추자, 그제야 안심했다는 듯이 기뻐하는 이담령의 얼굴이 눈앞에 그려진다.

황탄하다
『삼국유사』를 평한 이 한마디

17세기 이후 조선의 전체 모습을, 그리고 당대 지식인의 모든 동향을 살펴보자면, 이 책의 범위를 넘어설 뿐만 아니라 내게는 그만한 능력도 없다. 중국과 일본으로 간 사신이 겪은 한두 가지 삽화를 통해 그 단면을 엿볼 따름이었다. 이 삽화가 주는 어떤 인상을 담은 채 다시 우리의 주제로 눈을 돌려 보자.

여기서 한번 짚고 넘어갈 문제의 잣대는 당대 지식인의 『삼국유사』 독서 경험이다.

앞서 조선 초기의 『삼국유사』 인용 상황을 살펴보며 정리했는데, 이제 17세기 이후를 들여다보기로 한다. 이는 일본으로 건너간

『삼국유사』가 도쿠가와의 서고에서 보관되고 있는 점과 비교해 볼 자료가 된다.

먼저 『삼국유사』가 인용된 책을 나열해 보면 다음과 같다. 단순한 인용이라기보다 뭔가 생각해 볼 문제점을 던져 주는 것만을 대상으로 하였다. 순서는 저자의 출생 연도를 기준으로 하였으므로, 책의 간행 순서나, 그 안에 『삼국유사』가 등장하는 글이 쓰인 시기와 일치하지 않을 수 있다.

남구만(南九萬, 1629~1711년), 『약천집(藥泉集)』
이이명(李頤命, 1658~1722년), 『소재집(疎齋集)』
이의현(李宜顯, 1669~1745년), 『도곡집(陶谷集)』
강재항(姜再恒, 1689~1756년), 『입재선생유고(立齋先生遺稿)』
안정복(安鼎福, 1712~1791년), 『순암선생문집(順菴先生文集)』, 『동사강목(東史綱目)』
이긍익(李肯翊, 1736~1806년), 『연려실기술(燃藜室記述)』
이덕무(李德懋, 1741~1793년), 『청장관전서(靑莊館全書)』
윤　기(尹　愭, 1741~1826년), 『무명자집(無名子集)』
정약용(丁若鏞, 1762~1836년), 『여유당전서(與猶堂全書)』

이상 9종이다. 이들의 저자가 활동한 연대는 남구만과 이이명을 제외하면 모두 18세기에서 시작한다고 해 무방하고, 두 사람을 합쳐도 대체로 17세기 말부터이니, 위 목록은 『삼국유사』 인용에 관한 한 조선조 후반기 200여 년을 망라했다고 보아도 좋겠다. 이런 정도 기간에 9종이라면 무척 적은 숫자이다.

이제 이 자료가 나온 기간을 좀 더 좁혀 보기로 하자. 이의현의 『도곡집(陶谷集)』에 나오는 글은 1712년에, 윤기의 『무명자집(無名子集)』에 나오는 글은 1808~1810년에 지어진 것이다. 가장 앞선 남구만이 18세기 초반을 올라가지 않고, 가장 뒤의 정약용이 해당 글을 썼을 때는 19세기 초반을 내려가지 않을 듯하다. 곧 위의 9종에 나오는 『삼국유사』 인용대목의 글들은 18세기 초반에서 19세기 초반의 100년 사이 안에 묶인다.

그렇다면 이 기간에 왜 집중적으로 『삼국유사』가 읽히고 인용되었을까.

먼저 조선왕조의 이 시기가 실학의 시대와 일치하는 점을 들 수 있다. 글을 쓴 이들은 실학자의 계열에 넣을 수 있는 사람이 중심이다. 실학자들의 우리 것에 대한 관심의 제고와 길을 같이 하여 『삼국유사』가 읽혔다고 보인다. 조선 초기와 마찬가지로 역사와 지리에 관련되어 『삼국유사』가 인용되었다.

이제 다시 하나하나 살펴보겠지만, 단연 단군신화가 압도한다. 이는 조선 초기의 역사서 편찬이 활발하였을 때 단군신화가 자주 거론되었던 것과 맥락이 일치한다. 조선 초기의 역사서 붐이 200여 년이 지난 시점에 다시 한 번 일고 있는 것이다. 민족의 출발을 단군에서 잡아 그 역사적 사실성을 따져 보았다. 그러자니 여기서 『삼국유사』가 인용되었다.

그러나 결론부터 말하자면, 『삼국유사』에 대한 이들의 인식은 꽤나 부정적이었고, 마지못해 인용하면서도 반드시 황탄(荒誕)하다는 토를 달아 놓았다. 그 대목만 들어 본다.

남구만 : 말이 요망하고 거짓되고 비루하고 과장되어 애당초 길거리의 아이들도 속일 수가 없는데…….
강재항 : 황탄하여 가소롭고 변증할 수 없다.
이의현 : 설명이 심히 황탄하다.
안정복 : 더러 채택할 만한 것이 있지만 역시 허황된 말이 많다.
이긍익 : 말이 요망하고 거짓되고 비루하고 과장되어 애당초 길거리의 아이들도 속일 수가 없는데…….
이덕무 : 설명이 황탄하다.

단군신화를 인용한 다음에 붙인 평가의 말이다. 하나같이 황탄하며 불경(不經)하여 믿지 못하겠다는 것이다. 이는 조선 초기의 지식인이 가졌던 생각과 크게 다르지 않지만, 변증할 수 없다거나 경전에 맞지 않다는 이유를 들어서, 후기로 올수록 유교적 명분주의가 더욱 강화되는 모습을 보여 준다. 안정복이나 정약용 같은 대표적인 실학자들도 여기서 예외가 아니었다.

물론 이것이 '달아날 구멍'일 수도 있다. 기왕 인용은 다 해 놓고, 그러니까 단군 조선을 알리자는 소기의 목적은 달성해 놓고, 왠지 꺼림칙한 뒤를 생각해 안전장치를 해 두자는 것이다. 그만큼

딱딱해진 조선 후기의 사회분위기를 짐작하게 한다.

그렇다면 굳이 『삼국유사』일까.

단군신화를 인용하자면 『삼국유사』 말고도 많다. 실록에다 유학자들이 쓴 단군 이야기가 있다. 그들을 인용하고 마음 놓고 폄하하지는 못하겠어서 승려 출신의 저자가 쓴 책을 택했다고 하기에는 너무 치사하다. 현상을 그대로 꼬인 마음 없이 받아들여 해석하자면, 『삼국유사』에 정리된 단군 이야기가 가장 그럴듯했다고 본 결과가 아닐까. 이는 조선 전기의 유학자가 지닌 태도와 비슷하면서, 『삼국유사』를 가장 먼저 근대적 학문의 방법 아래 연구한 일본의 역사학자가 지닐 태도와도 비슷하다.

남구만이 생각한 『삼국유사』

남구만(南九萬)은 "동창이 밝았느냐 노고지리 우지진다"로 시작하는 시조의 작자로 잘 알려져 있다. 송시열(宋時烈)과 친척인 송준길(宋浚吉)의 문하에서 공부하여 서인에 속하였으나, 서인이 노론과 소론으로 갈릴 때 스승을 떠나 소론의 우두머리가 되었다. 그러나 벼슬살이하는 동안 그가 대적한 집단은 대부분 남인이었다.

그의 문집인 『약천집』 제29권에 실린 「동사변증(東史辨證)」에서 『삼국유사』를 인용하여 단군신화가 소개된다.

남구만은 먼저 "『구사(舊史)』의 「단군기」에 이르기를, '신인(神

人)이 태백산 박달나무 아래에 내려오자, 나라 사람들이 추대하여 군주로 삼으니, 이때가 당요(唐堯) 무진년(기원전 2333년)이다. 상(商)나라 무정(武丁) 8년 을미일에 이르러 아사달산으로 들어가 신이 되었다' 하였다"는 대목을 인용하였다. 여기서 말하는 '구사'란 어떤 책인지 확실히 알 수 없다. 일연도 '단군기'를 한군데서 인용하고 있지만, 그 '단군기'를 적은 책과 같을 가능성은 있다. 남구만은 신인이 하늘에서 내려와 단군이 되었다는 데 대해 불만을 가진 듯하다. 이 잘못을 고치기 위해 『삼국유사』의 단군신화를 소개하였다. 그리고 결론적으로, "태백산 신단수 아래에 내려온 것은 바로 단군의 아버지이고 단군이 아니며, 신단수 아래에서 태어났기 때문에 단군이라 칭한 것이요, 단목(檀木)으로 내려왔기 때문에 단군이라 칭한 것이 아니다"라고 변증하여 냈다. 단군을 신인으로 잘못 알고 있는 점을 지적하면서, 그 내력을 바로잡아 놓고 있다. 꽤 유심히 읽은 것 같다.

더욱이 남구만은 인용처로 '삼국유사'를 분명히 밝혔을 뿐만 아니라 내용도 거의 그대로 싣고 있다.

그러나 남구만의 '삼국유사 기록'에 대한 태도는 매우 비판적이다. 단군신화를 소개한 바로 다음에 "말이 요망하고 거짓되고 비루하고 과장되어 애당초 길거리의 아이들도 속일 수가 없는데"라는 평어를 붙였지만, 나름대로 치밀하게 그런 까닭을 대고 있다.

먼저 단군의 나이와 다스린 기간이다.

단군신화에서 단군은 1,908년을 살았고, 그 가운데 1,500년을 왕으로 다스렸다 했다. 곧 즉위한 해가 요임금 경인년, 기자가 중국에서 오자 장당경으로 옮겨 간 것이 주나라 무왕 기묘년이라 했다. 그 기간이 1,500년이라는 것인데, 남구만은 "당요 이후 역년(歷年)의 숫자는 중국의 역사서와 소옹(邵雍)의 『황극경세서(皇極經世書)』를 상고해 보면 알 수 있다. 요임금 경인년부터 무왕 기묘년까지는 겨우 1,220년이다" 하며 숫자상의 실수를 지적하였다. 소옹은 흔히 소강절(邵康節, 1011~1077년)이라 불리는 송나라의 철학자이고, 『황극경세서』는 그의 대표 저서이다.

'거짓말이 너무 심하지 않은가' — 질책이 호되다. 다스린 기간에서 벌써 280년 차이가 나니 살았다는 수명에도 당연히 의문을 거는 것이다.

이 「동사변증」에서 남구만은 단군, 기자(箕子)처럼 역사상 행적이 의문시되는 인물과, 패수(浿水), 진번(眞番), 수양산(首陽山) 등 실재 위치에 논란이 많은 지명에 관해, 옛 기록과 역사서 등을 인용해 의문점을 정리해 놓았다. 다만 언제 이를 지었는지 알 수 없는데, 그보다 100여 년 뒤에 태어난 이긍익이 『연려실기술』을 지을 때 무척 많이 참고한 저술이었다. 이긍익 또한 소론에 속하는 인물이었다.

나아가 남구만은 해부루와 주몽이 형제간이라는 기록에 대해서도 비판을 가하였다.

이는 일연이 「기이」 편 '고구려'조에 실은 주석에 나오는 내용이다. "「단군기」에서는, '임금이 서하(西河) 하백의 딸과 가까이하여 아들을 낳아 이름을 부루라 하였다'라고 말한다. 이 기록('고구려'조를 말함)을 근거해 보면, 해모수가 하백의 딸과 몰래 통한 다음 주몽을 낳았으니, 「단군기」에서, '아들을 낳아 이름을 부루로 하였다'라는 기록과 비교해 보면, 부루와 주몽은 어머니가 다른 형제이다"라는 대목이다. 이에 대해 남구만은, "단군으로부터 주몽이 탄생할 때까지가 거의 2,000여 년이니, 설령 하백의 딸이 과연 귀신이고 사람이 아니라 하더라도, 먼저는 단군에게 시집가고 뒤에는 해모수와 사통한 것이 반드시 똑같은 한 여자이며, 앞의 부루와 뒤의 주몽이 반드시 형제간임을 어떻게 알겠는가" 비판하는 것이다. 아무리 귀신의 이야기라 한들 이렇게 서로 멀리 떨어진 이들을 한자리로 몰아놓은 것을 보니 그야말로 황탄하다는 생각이었을 것이다.

남구만의 해석과 비판은 18세기적인 조선조 유학자가 지닌 인식의 전형을 보여 준다 할 것이다. 주자학적 합리주의의 관점에서 보았을 때, 역사적 사건의 연대를 잘못 헤아리거나, 이치로 따져 이해하지 못할 일에 대해서는 준엄해야 했다. 마지막에 남구만은 다음과 같이 덧붙였다.

단군의 수(壽)를 말한 것은 본래 허망하고 여러 책에 섞여 나와서 또한 정설이 없다. 오직 양촌(陽村) 권근(權近)의 응제시(應製詩)에 이르기를 "대대로 전한 것이 얼마인지 알 수 없고 / 지나온 햇수는 천년을 넘었네(傳世不知幾 / 歷年曾過千)"라고 하여, 지난 햇수를 헤아릴 때에 단군의 수(壽)를 말하지 않고 대대로 전했다고 말하였으니, 의심스러운 점은 의심스러운 대로 전함이 혹 다소 근사할 듯하다.

　권근의 응제시에 대해서는 앞서도 소개했었다. 몇 년인지 확인할 길 없는 숫자에 매달리기보다 '의심스러운 점은 의심스러운 대로' 두어야 할 것이고, 총량을 헤아리는 근사치 정도에서 머무는 것이 옳다는 지적이야말로 유학자적 본분을 그대로 드러내는 것이다. 또한 조선조 유학의 비조(鼻祖)인 권근에 한 표를 던짐으로써 자신의 신분과 이어지는 모종의 동질감을 확인하였을 터이다. 이것이 분명코 솔직한 그의 마음이었으리라.
　그것이 유학자의 본분이었다면, 그로 인해 전향적인 역사 해석이나 포괄적인 세계인식에 다가가지 못한 아쉬움이 남는다.

그토록 꼼꼼히 『삼국유사』를 읽은 안정복마저

18세기에 활약한 강재항(姜再恒)도 역사에 관심이 깊었다. 윤증(尹拯)의 문인이었으며, 1735년 학행으로 천거되어 장작감 감역(將作監監役)에 임명되었고, 이어 의영고주부(義盈庫主簿)·회인현감(懷仁縣監) 등을 역임하였다. 관직에서 물러난 뒤 후진양성에 전념하였다. 그의 저서로 『입재선생유고』 20권이 있거니와, 이 가운데 권9~10의 잡저(雜著)는 1748년 『동사(東史)』를 읽고 숙신(肅慎)·삼조선(三朝鮮)·고구려·삼한(三韓)·고려의 사적과 인물, 사론 등에 대해 쓴

「동사평증(東史評証)」이다.

바로「동사평증」에서 강재항은 숙신에 대해 살피면서 이곳이 조선의 옛터임을 말하고, 이어서『삼국유사』를 인용하여 단군신화를 수록하였다. 환웅이 3,000명의 신병(神兵)을 이끌고 내려와, 사람으로 변한 곰 처녀에게서 단군을 낳았다는 대목을 요약하여 적었는데, 일 벌이기 좋아하는 이들이 적당히 편찬하였으나 뒷사람들이 이를 깨닫지 못하고 정사에 집어넣은 것이라 하며, "황탄하여 가소롭고 변증할 수 없다"고 결론 내렸다.

『삼국유사』를 인용하며 단군신화에 가까이 가긴 했지만, 자료를 대하는 태도는 남구만의 경우와 그다지 다르지 않았다.

이 시기에 보다 본격적으로 역사서 편찬에 몰두한 이는 역시 안정복(安鼎福)이었다.

안정복은 주자학의 실천적인 측면의 고양과 천주교 배척에 앞장섰던 인물이었다. 1746년 이익(李瀷)을 방문해 그의 문인이 된 것은 그의 일생에 가장 크나큰 변화로 지목된다. 성리학에 대한 자신의 입장과 역사학에 대한 시각을 세우면서 서구사상과도 접촉하였다.

그가 낸『동사강목』은 유형원(柳馨遠)의『동사강목범례』를 효시로 한 것이었다. 그러므로 이 책은 유형원에 기초를 두고 이익의 가르침을 받아서 낸 사제 3대간의 역저였다. 그러나 안정복은 이익의 다른 제자들과 달리 실학의 본바탕을 전통 성리학에 두면서 양명학이나 천주교와는 거리를 두었다.

역사서 편찬에 몰두한 그였기에『삼국유사』의 인용 또한 이 시

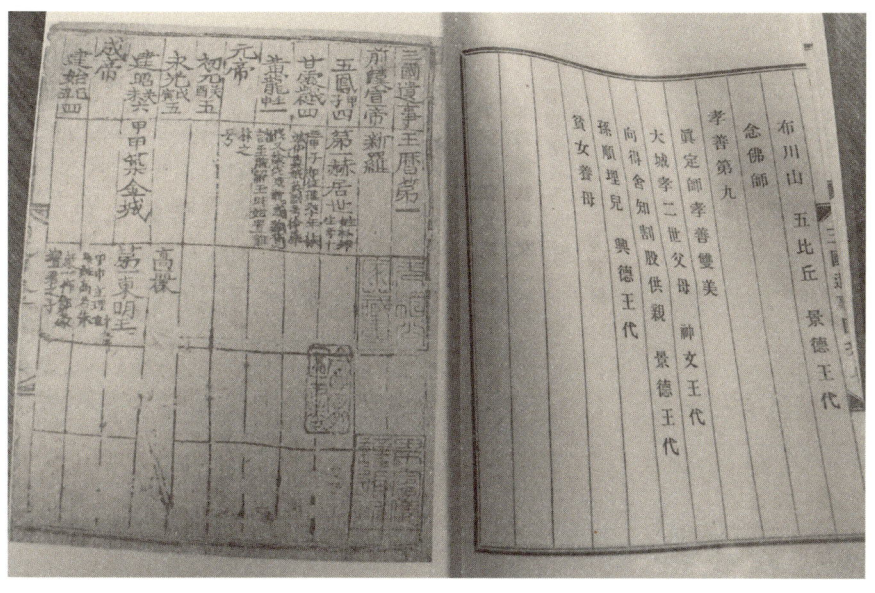

안정복이 보았던 『삼국유사』 순암수택본이라 불리는 『삼국유사』는 일본인 이마니시 류가 1910년대 서울에서 구입하여 지금 덴리대학 도서관에 수장 중인데, 1925년 쿄토대학에서 영인본으로 간행하였다.

기 누구보다 넓었다.

다만 안정복은 실학자 가운데서도 보수적인 성향을 가지고 있었다. 참신한 개혁사상을 요구하는 시대의 요청에 부응하기보다는 전통적인 질서를 고수하려 했고, 『삼국유사』를 바라보는 눈 또한 여기에서 멀지 않다.

안정복이 이익에게 보낸 편지에 이런 대목이 있다. 결코 놓쳐서는 안 될, 매우 흥미로운 내용을 담고 있다.

구해 본 『고기』 1책은 바로 신라의 이속(俚俗)을 전한 것으로 고려에서 이루어진 것인데, 대부분 신령하고 괴이한 말들이고 불가(佛家)의 언어가 과반을 차지하고 있습니다. 『삼국유사』도 역시 고려의 중 일연이 찬한 것인데, 그 책은 대개 불가의 문자를 찬한 것이거나 또한 국사(國事)에 언급된 것이므로, 더러 채택할 만한 것이 있지만 역시 허황된 말이 많습니다.

그가 구해 보았다는 『고기』가 『삼국유사』에 나오는 『고기』인지 확실히 알 수 없다. 만약 맞는다면 지금은 사라지고 없는 이 책이 18세기까지도 전승되었다는 말이 된다. 여기에다 『삼국유사』까지 몸소 읽었다는 사실이 분명히 확인되니, 이것만으로도 이 시기에 『삼국유사』의 존재를 확인하는 데 귀중한 사료임은 틀림없다. 지금 일본의 덴리대학(天理大學)에서 보관하고 있는 『삼국유사』는 1910년대에 일본인 이마니시 류(今西龍)가 서울에서 구입하여 가져간 것인데, 흔히 순암수택본(順菴手澤本) 그러니까 순암 안정복이 보던 책이라고 알려져 있다. 『삼국유사』의 곳곳에 붓으로 수정 가필한 부분이 많이 눈에 띈다. 그것이 안정복의 붓끝이었다면 얼마나 꼼꼼히 정독했는지 충분히 짐작 가는 대목이다.

하지만 『고기』건 『삼국유사』건 두 책 모두에 대해 안정복은 비판적이었다. 괴이하고 허황되다는 것이다. 어찌 선비 하나가 없어서 이런 불경스런 책만이 후세에 전하느냐고 탄식하기까지 하였다.

안정복의 이 같은 비판은 그의 다른 글에서도 나타나고, 『동사강목』에 가면 보다 본격화된다.

그 가운데 역시 가장 중요한 단군 부분을 보자.

먼저 안정복은 『위서(魏書)』의 기록을 언급하였다. "2,000년 전에, 단군 왕검이 아사달에 도읍하고 나라를 열어 그 국호를 조선이라 하였으니, 요(堯)와 동시이다"라는 첫 문장이 나온다. 이는 『삼국유사』를 재인용한 것이었으리라 보인다. 실제 『위서』에서는 이런 기록이 발견되지 않고 있기 때문이다. 그러면서 '고려의 중 무극(無極) 일연(一然)'이 쓴 『삼국유사』를 소개하는데, 사실 '무극'은 일연의 제자요 일연 자신이 아니다. 조금은 어처구니없어진다. 안정복은 특히 다음 대목을 문제 삼았다.

"단군은 당요(唐堯) 50년 경인(庚寅)에 즉위하였다."
하고, 그 자주(自註)에,
"요(堯)의 원년은 무진(戊辰)이므로 50년은 정사(丁巳)요 경인이 아니다."
하여, 『경세서(經世書)』와 다르니 필시 다른 일종의 책일 것이다.

안정복은 단군조선의 시기 문제를 천착하고 있다. 앞서 『위서』의 내용을 언급한 것도 그 일환이었다. 그러면서 『삼국유사』에서 '당요 50년 경인'이라는 주장이나, 주석을 통해 일연이 부연한 바까지 부인하였다. 『동국통감』과 『고려사』 지리지를 인용하여 "요(堯)의 즉위가 상원갑자(上元甲子) 갑진(甲辰)에 있었으니 무진(戊辰)은 곧 25년이다"라고 결론 내리고, 신익성(申翊聖)의 『경세서보편

(經世書補編)』에도 그렇게 나온다고 하면서 여기에 따랐다.

안정복이 단군조선의 연대에 집착한 까닭은 다른 데 있지 않다. 이는 '괴이하고 허황'함에 대한 비판의 근거를 만드는 일이었을 터인데, 단군신화의 내용에서만이 아니라 그 연대마저도 잘못된 기록임을 알 수 있지 않느냐는, 그 나름의 객관적인 자료 제시로 보인다. 다만 치밀함을 자랑하는 이 시대의 뛰어난 학자 안정복의 어처구니없는 실수를 보며 그나마 객관성마저 조금은 흔들리는 느낌이 든다.

그러나 안정복이 어떤 선입견에 사로잡혀 부정적인 시각만으로 『삼국유사』를 바라보았던 것은 아니었다.

예를 들어 그가 견훤에 대해서 쓸 때 역시 『삼국유사』를 인용하였는데, '허황한 말'이라고 지목한 부분도 있지만, 견훤의 형제에 대해 쓴 부분이나 아홉 아들에 대해 쓴 부분은 "본사(本史)에 나오지 않았기에 특별히 이에 기록하여 이문(異聞)을 삼는다" 하였다. 여기서 '본사'란 『삼국사기』를 말한다. 곧 자신이 인정할 만한 내용에 대해서는 굳이 버리거나 깎아내리지 않았던 것이다.

안정복의 관점은 관점대로 엄격했다. 다만 그 관점이 시대의 한계를 뛰어넘지 못하는 것이었고, 그로 인해 모처럼 민족사에 대한 애정과 해박한 지식으로 이룩한 그의 역사서가 보다 넓은 시야를 열어내지 못한 것이 안타까울 따름이다.

시대의 한계인가
사람의 한계인가

18세기 초에 나오는 『삼국유사』의 인용 기록을 몇 가지 더 들어 보기로 한다. 여기서는 굳이 단군신화에 한정하지 않겠다.

이이명(李頤命, 1658~1722년)은 경종(景宗, 1720~1724년)을 독살하려 했다는 신임옥사(辛壬獄事)에 걸려들어 사약을 받은 사람이다. 본디 이 시기 노론 4대신(김창집·이이명·이건명·조태채)의 하나에 드는 유력한 정치인이었다. 경종에 이어 영조가 즉위한 후 명예를 회복하였고, 『소재집(疎齋集)』을 남겼다.

이 문집의 제11권은 「강역관방도설(疆域關防圖說)」이다. 일종의 역사지도설로서, 삼한(三韓) 이래의 역사 지명에 대한 고증을 전거를 들어가며 서술한 것이다. 삼한의 분계(分界)와 한사군(漢四郡)의 위치, 삼국의 발원지, 고려와 조선 강역의 변천 과정, 주요 산성과 진(津) 등을 설명하였다. 여기서 그는 마한을 다음과 같이 설명하였다.

> 『삼국유사』는 누가 지었는지 알지 못하나, '고구려 땅에 본디 마읍산(馬邑山)이 있었으므로 마한이라 이름 지었다'고 하였다.

이는 『삼국유사』의 「기이」편 '마한' 조에 나오는 내용을 인용한 것이다. 일연이 무척 애써 변증한 부분이다. 곧 최치원이 "마한은

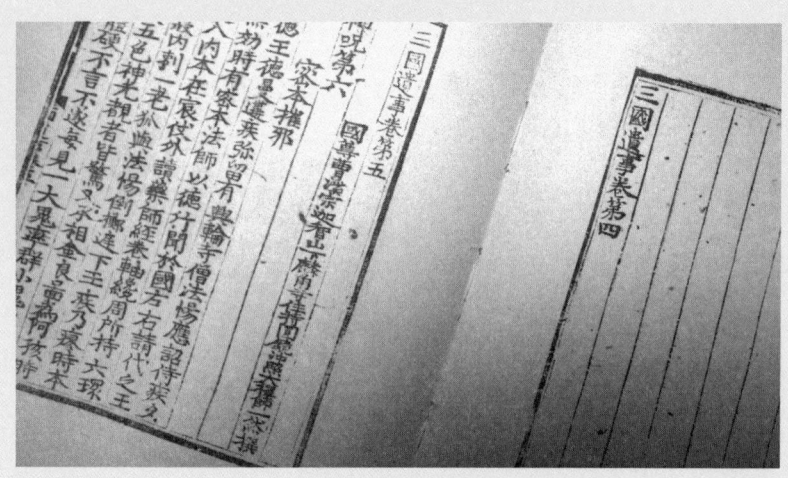

『삼국유사』 5권 첫머리 『삼국유사』의 지은이가 일연이라는 표기는 전체 1~5권 가운데 5권 첫머리에만 나온다. 이이명이나 정약용은 『삼국유사』의 저자가 누구인지 모른다고 하였는데, 그들은 5권이 떨어져 나간 책을 보았을 가능성이 높다.

고구려이고 진한은 신라이다"라고 한 말을 인용한 다음, 주석을 달아 『삼국사기』의 잘못된 부분을 지적함과 아울러, 세상에서 사람들이 금마산이라는 지명 때문에 백제를 마한이라 하는 것도 잘못이며, 고구려 땅에 본디 마읍산이 있어서 마한이 되었다고 결론 내렸다. 이이명은 이 결론을 받아들였다.

그런데 이이명은 『삼국유사』의 저자를 모른다고 하였다. 사실 저자로서 일연의 이름은 5권 첫머리에만 나오는데, 이이명은 「기이」 편이 실린 1~2권만 보았거나, 뒷부분이 없는 불완전한 책을 가지고 있었는지 모르겠다. 후자라면 이렇게 완본 아닌 『삼국유사』도 유통되고 있었음을 보여 주는 기록이 되기도 한다.

이의현(李宜顯, 1669~1745년)은 신임옥사로 인해 이이명과 관련이 있는 사람이다. 이이명과 같은 노론에 속해 있었다.

그는 김창협(金昌協)의 문인으로 문학(文學)에 뛰어나 숙종 때 대제학 송상기(宋相琦)에 의해 당대 명문장가로 천거되었다. 1694년에 급제한 다음 정언·이조정랑·이조참의·황해도관찰사·예조참판을 차례로 역임하였다. 경종이 즉위한 1720년, 동지정사(冬至正使)로 청나라에 다녀온 뒤 형조판서에 올랐다. 이조판서를 거쳐 예조판서까지 승승장구하던 그의 벼슬길은 신임옥사가 일어나 많은 노론 관료가 공격을 받으면서 일시 정지되었다. 평안도 운산에 유배되고 만 것이다. 그나마 이이명과 달리 목숨을 부지한 것만으로도 다행이었다.

그러나 1725년 영조가 즉위한 다음 그의 벼슬길은 다시 탄탄대로로 열렸다. 형조판서를 시작으로 이조판서·예조판서를 거쳐 영의정에까지 올랐던 것이다. 노론의 우두머리로 추대되었으며, 노론 4대신의 신원과 신임옥사가 무고한 일이었음을 밝히는 데 진력하였다.

이의현은 1712년 재임 중이던 경상감사에서 물러나 서울로 돌아가게 되었다. 마흔세 살의 나이일 때였다. 자신이 관할하던 지역의 이곳저곳을 돌아보며, 산천의 풍속을 모두 92수의 시로 읊어 남겨 놓았다. 그 가운데 영일에 가서는 이렇게 노래하였다.

> 영오(迎烏)의 지난 자취가 본디 황당한데
> 괴이한 이야기가 흘러 전해 올 뿐 자세하지 않구나
> 오직 땅이 신령스러워 큰 사람을 길러냈으려니
> 이제 사람들은 정(鄭) 공의 고향이라 우러른다네.
> 迎烏往跡本荒唐 怪說流傳不足詳 惟是地靈能毓哲 至今人仰鄭公鄉

시의 뒤에는 "영일(迎日)은 오천(烏川)이라 부른다. 『삼국유사』의 영오(迎烏)의 일을 가지고 이름 붙인 것이다. 그 이야기가 심히 허탄하다. 포은(圃隱)은 이 현 사람이다"라는 주석이 붙어 있다. 영오는 연오랑의 그것이다. 그러므로 이 시의 처음 두 줄은 연오랑 세오녀의 이야기를 소재로 쓴 것이고, 뒤의 두 줄은 영일이 정몽주의 고향임을 소재로 쓴 셈이 된다. 그러므로 연오랑 세오녀 설화를 『삼국유사』 기록에 의지해 되살려 본 것이나, 이제 그 마을에 갔더니 이 이야기는 하지 않고 사람들이 정몽주의 고향인 것만을 자랑스러워하더라는 것이니, 제대로 자리 잡힌 성리학의 세상을 느꺼워하는 표정이다.

당나라 왕발(王勃)의 『등왕각서(滕王閣序)』에는 "걸출한 인물이 나오는 것은 그 땅이 신령스럽기 때문이다(人傑地靈)"라는 말이 나온다. 이의현은 셋째 줄을 쓰면서 다분히 이 구절에 눈길을 맞추었으리라.

그렇게 해서 18세기에 신령스러운 땅 영일의 주인공은 연오랑에서 정몽주로 바뀌어 있었다.

이로부터 100년쯤 뒤였다. 영락한 가문 출신의 남인학자 윤기(尹愭, 1741~1826년)는 「영동사(詠東史)」라는 600수의 장편시를 짓는다. 우리 역사를 노래한 '19세기판 제왕운기'였다.

그는 스무 살 때 성호(星湖) 이익(李瀷)의 제자가 되었다. 나라는 어지러워지고 남인은 벼슬에 발을 들여놓기도 어려운 판이었는데, 그는 단지 성호의 인품과 학문을 존경할 뿐이었다. 그러나 스승으로 모신 지 3년 만에 성호는 저세상 사람이 되고 말았다.

어쨌건 벼슬길에 이름을 올려놓을 수밖에 없는 백면서생. 윤기는 각고의 노력 끝에 33세 되던 해 생원시에 합격하고 성균관에 들어갔다. 거기서만 무려 20여 년을 보냈다. 드디어 52세에 문과에 급제하는 기쁨을 누렸으나, 그렇다고 그에게 요직이 주어질 리 없었다. 예조·병조·이조의 낭관으로 있다가 남포현감(藍浦縣監)·황산찰방(黃山察訪) 등 지방직을 떠돌았다.

1807년 7월, 좌통례(左通禮) 헌납(獻納)를 마지막으로 그에게는 아주 벼슬길이 막히는가 싶었다. 나이는 벌써 예순일곱. 이때 그는 「영동사」를 짓기 시작하였다.

600수의 장편시─.「영동사」는 『십팔사략(十八史略)』 가운데 우리나라와 관계된 부분을 소재로 삼아 짓고, 소략한 부분은 다른 책에서 취하여 지었다. 단군의 개국에서부터 고려의 멸망까지 역사적 사실을 다루었는데, 1810년에 마쳤다. 그의 나이 일흔 살이었다.

　　나라의 임금이 태백단에 나타났다고 하고
　　누구는 웅녀가 신단수 아래서 아이를 뱄다 하네
　　뒷사람들 역사 적기가 갈수록 모순되니
　　이래서야 어찌 그때 일을 낱낱이 증명할까.
　　首出國君太伯檀　或云熊女孕神壇　後人記史尙矛盾　何況當時攷据難

윤기는 이 시 아래 바로 설명을 달았다. 곧, 시의 첫 줄은 『동국총목』에 의지하여 썼다 하고, 둘째 줄은 『삼국유사』를 인용하였다고 하였다. 그런데 두 문헌의 설명이 서로 다르다. 그는 그것이 못내 불만이고 위태로웠던 모양이다. 셋째 줄에서 '모순'이라는 말로 그런 그의 심경을 바로 나타내고 있으니 말이다. 낱낱이 증명해야 한다는 생각은 안정복이나 그나 별로 다르지 않다.

윤기가 이 시를 쓰고 난 10년 뒤, 그에게는 호조참의라는 마지막 벼슬이 내려졌다. 나이는 여든 살이었다. 참의는 정3품, 지금으로 치면 중앙 부처의 국장 정도에 해당하는 높은 벼슬이었다. 그러나 여든에 참의는 참 어울리지 않는다. 그럼에도 불구하고 남인 출신의 이 의지의 인간으로서는 평생을 바라던 감격스러운 자리였을 것이다. 이뿐만이 아니었다. 그의 바지런함에는 두 손을 들어야 한다. 2년 뒤인 여든두 살부터 2년에 걸쳐 『자치통감강목』을 손으로 베꼈다. 그리고 2년 뒤에 세상을 떴다.

이런 의지를 새삼 평가할 수는 있다. 오늘날의 우리가 따라갈 수 없는 이 꼬장꼬장함이 19세기 선비의 두려운 모습이었다.

그런데 그것은 보다 넓은 세계로 나아가는 데 걸림돌이 되기도 하였다.

이 박학다식자들의
『삼국유사』 인식

18세기 우리 역사에서 가장 박학다식한 사람 둘만 꼽으라고 하면 나는 이덕무(李德懋, 1741~1793년)와 정약용(丁若鏞, 1762~1836년)을 드는 데 주저하지 않겠다.

태어난 햇수로는 20여 년 차이가 나지만, 이 두 사람은 18세기 조선의 백과사전적 지식인 열풍을 가장 잘 실현한 이들이었다. 이는 청나라를 통해 들어오는 새로운 지식의 영향을 받은 탓이 컸을 것이다. 오랑캐가 세운 나라라고 하여 청나라를 무시하는 분위기는 병자호란 이후 극에 달했지만, 조선 역시 힘의 논리를 갈수록 실감하고 있었고, 엄청난 자료 정리와 서양 과학의 수입으로 날로 변해 가는 학문적 분위기가 조선에 그대로 전해지기 시작하였다. 실리 앞에 명분은 점점 힘을 잃어가고 있었다.

　이덕무는 본디 왕족의 후손이었다. 정종의 제15자인 무림군(茂林君)의 14세손이다. 그러나 정작 본인은 서자로 태어났기 때문에 크게 등용되지 못하였다.

　그에게 박지원(朴趾源)의 영향은 지대한 것이었다. 그를 스승으로 모시면서 박제가·유득공·서이수 등 이른바 북학파 실학자들과 깊이 교유하며 학문을 키워 나갔다. 서른일곱 살이 되던 1778년 사신으로 중국에 가서 반정균(潘庭筠) 같은 청나라 석학들과 교류하였는데, 이미 고염무(顧炎武) 같은 명말청초(明末淸初)의 고증학 대가들의 저서에 심취하여 상당한 공부를 한 다음이었으므로, 조선에서 온 이 발군의 학자를 청나라 지식인들도 인정할 정도였다. 그는 사행길에 고증학에 관한 책이며 여러 자료를 잔뜩 싣고 돌아왔다.

　이덕무의 실력을 알아봐 준 이는 정조 임금이었다. 사신을 다녀온 다음 해 규장각 외각검서관으로 임명한 것이다. 그의 학문적 역량을 마음껏 발휘하며, 스스로 깊은 지식을 쌓아가는 계기가 되었다. 그러나 본디 몸이 약한 데다 무리하여, 쉰두 살의 짧은 나이에 세상을 떠나고 말았다. 스승인 박지원이 아직 살아 있을 때였다.

　비록 짧은 생애였지만 그가 얼마나 엄청난 저술을 했는가는 그의 문집 『청장관전서』를 통해 확인된다. 그가 죽은 지 2년 만에 아들의 손에 의해 편집돼 나온 문집은 71권 33책이었다.

한편, 정약용에 대해서는 새삼 설명하기가 쑥스럽지 않은가 한다.

그는 서른여덟 살이 될 때까지 무난한 벼슬살이를 했었다. 관리로서 매우 모범적이었다. 서른 중반에 벌써 호조참의까지 올랐다. 능력 있고 부지런한 이가 받을 마땅한 대우였다. 나는 그 가운데서도 정약용이 나이 서른 살 때 경기도 암행어사로 나갔을 때의 모습을 자주 떠올린다.

정조 16년(1792년) 음력 10월 말의 일이었다. 무슨 까닭이었는지 정조는 이때 경기 일원에 10여 명의 어사를 한꺼번에 내려 보내고 있다.

날은 서서히 겨울로 들어서고 있었다. 다산은 적성·연천·삭녕을 돌아 파주를 거쳐 왔다. 칼바람이 에는 골짝 골짝을, "마패는 부득불 출도할 경우가 아니면 사사로이 사용하지 말라"는 엄명이 따라붙어 있었으니, 오직 청렴한 기개 하나로 풍찬노숙의 암행 길을 무릅썼을 것이다.

보름 뒤, 그가 올린 보고서는 조선왕조실록과 『다산시문집』에 실려 지금까지 다산의 추상같은 면모를 전해 준다.

그가 휘두른 사정(司正)의 칼날은 현직 관리만 겨눈 것이 아니었다. 김양직은 연천의 현감을 지내다 이미 물러나 있는 사람이었다. 그러나 5년간 벼슬살이하면서, 흐리멍덩한 정신 상태에 술이나 마시면서, 게다가 첩까지 거느리는 등 범법 사실이 끝이 없어,

비록 현직에서 떠났지만 지금이라도 불러다 벌을 주어야 한다고 아뢴다.

그러나 정약용의 나이 서른여덟 살에 정조가 승하하고, 이듬해 신유사옥이 터졌다. 명분은 천주교를 믿는 사문난적을 처단한다는 것이었지만, 새로 집권한 노론 벽파가 남인계 시파를 제거하기 위한 정변이었다. 정약용은 시파에 속해 드디어 길고 긴 유배 길에 올라야 했다.

이 유배 기간 동안 자신의 학문을 연마해 일표이서(一表二書)라 불리는 그의 대표적인 저술 등 모두 500여 권에 이르는 방대한 업적을 남긴 것은 누구나 잘 안다. 한마디로 조선 후기 실학사상을 집대성한 인물로 평가해 모자람이 없다.

이런 두 사람이 『삼국유사』에 대해 언급한 대목이 없을까 하여 찾아보았다.

이덕무의 문집 『청장관전서(靑莊館全書)』의 54권은 「앙엽기(盎葉記)」라 이름이 붙은 비망록인데, 그 가운데 '동국사(東國史)'라는 큰 제목 아래 우리나라 역사서를 정리하여 놓고 있다. 여기서 이덕무는 『삼국유사』의 서지사항을 다음과 같이 썼다.

> 삼국유사 5권. 기이(記異) 2권, 흥법(興法)·의해(義解)·신주(神呪)·감통(感通) 합하여 3권. 제5권의 머리에 '국존 조계종 가지산하 인각사 주지 원경충조 대선사(國尊祖溪宗迦智山下麟角寺住持圓鏡冲照大禪師) 일연(一然) 찬'이라 하였다. 그 이야기가 황탄(荒誕)하다.

이덕무는 5권으로 이루어진 『삼국유사』 전부를 확인한 듯하다. 특히 그 저자를 알려 주는 유일한 기록인 제5권의 첫머리를 소개하고 있어서 흥미롭다. 다만 모두 9개의 편명 가운데 탑상(塔像), 피은(避隱), 효선(孝善), 왕력(王曆)을 빼놓은 것과, '기이'를 紀異가 아닌 記異로 표기하고 있는 점이 좀 걸린다. 전체 편명을 다 소개하지 않은 것은 그렇다 치고, 기이의 표기에서 오자를 낸 점이나, '조계종'을 曹溪宗이 아닌 祖溪宗이라 오자를 낸 점에서 일말의 불안감은 없지 않다. 이덕무의 꼼꼼함과 세심함은 다른 사람이 따라오지 못할 만큼 특출하기 때문에 하는 말이다.

이런 아쉬움은 그의 아들 이규경이 편찬한 『분류 오주연문장전산고』에 가면 반쯤 해소된다. 아버지로부터 시작하여 아들에 와서 완성되었을 것으로 보이는 백과사전의 결정판이 이 책이다. 이규경은 아버지의 책에 나오는 위 대목을 그대로 옮겨 놓았다. 여기서 조계종은 제 글자를 찾았는데, '기이'는 奇異라 써서 여전히 틀리다.

그러나 한두 글자의 오자에서보다 결론에 이르러 '황탄하다'고 말하는 데서 오는 아쉬움이 더 크다. 이덕무와 그의 아들 또한 그 시대가 가진 시각에서 하나도 달라 보이지 않기 때문이다.

정조 13년이 되던 1789년 윤5월, 28세의 정약용은 임금이 자리한 과거시험에 응시하였다. 6년 전에 진사가 되었던 그로서는 이번 응시가 재시 그러니까 대과였던 것이다. 지리학을 묻는 문제가 출제되자, 장편의 대책문(對策文)을 쓴 그는 수석으로 급제하였다.

「지리책」이라는 제목의 대책문 가운데 탐라가 9한(韓) 중 넷째 번에 해당한 것에 대해 변증하면서 『삼국유사』를 인용하였다. '황룡사 구층탑'조에 나오는 안홍(安弘)의 「동도성립기」였다. 그러나 '의례(義例)가 거칠고 번잡하므로, 수다스럽게 변론할 나위가 없다'고 하고, '우리나라 풍속이 현원(玄遠)한 데만 치달리는 것을 깊이 개탄'한다고 하였다. 여기서 '현원'은 경전의 근거 없이 옛날 일을 아득하게 설명한다는 뜻이다.

그나마 점잖은 표현으로 『삼국유사』에 대한 생각을 밝혔던 정약용도 다른 글에서는 노골적인 비판의식을 드러냈다. 정약용의 문집인 『여유당전서(與猶堂全書)』의 제6집은 지리학에 관한 글만 8권으로 이뤄진 바, 특히 우리나라의 강역을 논하는 데 심혈을 기울였고, 여기서 『삼국유사』를 자주 인용하며 그에 대한 개인적인 견해를 숨기지 않았다.

이 책은 누가 지었는지 모른다. 고려 중엽 이후에 나타났는데, 엮어서 실은 바가 모두 황탄(荒誕)하고 경전에 맞지 않아 믿을 만하지 못하다. 그러나 삼한(三韓)을 변증하는 설명에서는 증거가 무척 명쾌해, 동방의 지리를 말하고자 한다면 마땅히 참고하여 보아야 한다.

제6집 제1권에 나오는 위의 말은 세 가지로 나누어 검토해 볼 수 있다.

첫째, 『삼국유사』의 저자에 대해서이다. 이에 대한 정보가 부족

하나마 책 안에 적혀 있고, 앞서서 이덕무나 안정복은 일연이라 밝히고 있는데, 정약용은 '모른다' 하고 있다.

둘째, 황탄하다는 비판이다. '경전'이란 곧 유교경전을 말하는 것이니, 여기에 맞지 않으면 황탄하다는 비판을 내릴 수밖에 없다. 정약용이 가진 인식과 사고의 틀은 분명 유교의 경전 안에 있었다.

셋째, 마땅히 참고로 보아야 한다고 말한 부분이다. 정약용은 적어도 동방의 지리에 관한 한 그렇다고 하였다. 한정적이긴 하지만 그 가치에 대해서 일부라도 인정하였다.

정약용의 이 같은 견해는 마치 『동국여지승람』을 편찬하던 때의 편찬자들이 가진 생각과 닮았다. 일방적인 비판이 아니라 비판과 더불어 긍정적인 측면을 애써 외면하지 않은 점에서 그렇다.

19세기 초반에 와서야 『삼국유사』에 대한 관점은 16세기의 유연한 인식수준으로 조금 돌아간 듯하다. 단군에 관해 뜨거운 감자로 여기던 그 자세까지 포함해서 말이다.

『삼국유사』라는 리트머스 시험지로 실험해 본 18세기

정약용 이후 『삼국유사』를 인용하였거나 가치평가를 내린 사람이나 글을 찾기 어렵다. 75세를 일기로 정약용이 세상을 등진 해가 1836년, 일본이 미국과 화친조약을 맺는 1854년보다 겨우 18년 전, 강화도조약이 맺어진 1876년보다 40년 전, 도쿄대학 사지총서로 『삼국유사』가 일본에서 간행되는 1904년보다는 68년 전이다. 그러므로 정약용은 『삼국유사』로 인해 새로운 문화사를 쓸 수 있는 때, 그러니까 근대와 가장 가까운 거리에서 이 책을 언급했던 사람이었다.

그러나 『삼국유사』를 대하는 인식은 조선왕조 500년의 그것에서 단 한 치도 더 나아가지 못한 채 한 시대가 마무리되고 있음을 본다. 안타까울 뿐이다.

단지 뭉뚱그려 『삼국유사』를 황탄하다고 평하는 데 그쳤으므로 안타까워하는 것만은 아니다. 사실 왕조의 성립 초기부터 조선의 지식인에게 부여된 사명은 전혀 다른 데 있었음이 분명하다. 중국의 송(宋)나라 때 기치를 올린 주자(朱子, 1130~1200년)의 성리학을 현실정치에서 실험하고 접목해야 한다는 의지에 불타 있던 그들이 아니었던가. 그것만으로도 너무 커다란 과제를 안고 있었다.

주자는 중국 땅에서 천여 년 동안 묻혀 있던 공자(孔子)와 맹자(孟子)의 학술을 다시 천명하려던 인물이었다. 주자는 맹자 이후 송나라에 이르기까지 약 1,300년의 세월을 '올바른 도(道)가 밝혀지지 않은 어둠의 세월'로 규정했다. 최초의 완전한 통일국가 한(漢)이 있었고, 중국역사상 가장 찬란한 문화를 이룩한 당(唐)이 있었는데도 말이다.

그는 왜 한과 당의 시대를 이토록 평가절하했던가.

이 시대는 정치적으로 법가(法家)가 득세하고, 사상적으로 노장사상(老莊思想)과 불교(佛敎)가 주도하였다. 이것이 곧 주자의 역사비판의 근거가 되었다. 주자는 이 시대를 "군자는 불행하게도 대도(大道)의 요점을 듣지 못했고, 소인(小人)은 불행하게도 지치(至治)의 혜택을 입지 못했다"고 규정하였다.

그렇다면 어떤 시대가 되어야 한다고 보았던가.

주자는 이것을 이기심성론(理氣心性論)으로 정리하였다. 곧 성리학이었다. 본성 곧 이(理)는 순선하나 그 자체만으로는 공허하고, 마음 곧 기(氣)는 능동적이나 그 자체만으로는 위험하다는 것이다. 따라서 본성의 순선함과 마음의 능동성이 결합되어야만 모든 일이 제대로 구현될 수 있다고 하였다. 이 논리를 바탕으로 한다면 정치는 발라지고 '대도'와 '지치'는 실현된다고 믿었다.

이에 따라 조선 시대의 유학자들은 이기와 심성의 문제를 정밀하게 논의했다. 이기심성론은 어느 시점을 지나며 공리공담(空理空談)에 빠지고 말았지만, 본디 매우 실천적인 관점에서 출발했었다. 조선 초기의 신흥 사대부나 중종반정의 사림파가 가진 생각은 여기서 하나도 다르지 않았다.

조광조(趙光祖)가 한 번 개혁의 칼날을 뽑았다가 끝내 그 뜻을 펼치지 못하고 목숨을 앗긴 것이 1519년 바람찬 12월의 일이었다.

혁명의 바람이 어디로 불지, 일으킨 당사자도 모르는 경우가 많다. 조광조의 정치실험 이후 훈구(勳舊)는 말할 것도 없거니와 사림(士林)은 사림대로 이론의 싸움으로 발길을 옮기고, 그 결과가 조선조 후기의 착종된 성리학의 동맥경화 현상을 일으킨 것은 아니었을까, 나는 감히 생각한다. 조선 후기에 격증하는 공리공담을 두고

하는 말이다.

　마치 리트머스 시험지처럼 『삼국유사』를 이 시대에 적셔 보면 선명한 색깔로 왜곡된 시대의 실상을 증명한다. 독자도 희소하였으려니와, 적은 독자마저 점점 이 책에 대해 갖는 거부감이 거세져 가는 현상을 우리는 위에서 보았다. 사실 『삼국유사』야 그들에게 관심 밖이었다. 황탄하다는 한마디로 치워 버려도 될 만 한 논외의 책이었다. 그러는 와중에 시대는 변하고, 중요하게 여겨야 할 새로운 가치가 떠오르는 것을 발견하지 못하고 있었음을, 우리는 『삼국유사』가 어떤 대우를 받고 있었는지를 통해 알게 된다.

　최남선은 『삼국유사』 해제에서 말했다.

> 『삼국유사』의 결점을 말하는 사람들은 대개가 그 내용이 허탄하고 괴상하다는 것을 들고 있다. 그러나 실상인즉 허탄하고 괴상한 그 점이 바로 『삼국유사』의 생명이며, 우리가 그로 인해 큰 힘을 얻게 되어 깊이 감사드리게 되는 까닭인 것이다.

　이런 아쉬움은 매우 한정적으로나마 『삼국유사』가 인용되면서도 그것이 대부분 단군신화와 역사지리에 집중되어 있는 데서 더욱 커진다.

　물론 여기에는 까닭이 있다. 『세종실록』 지리지, 『동국여지승람』, 『동사강목』, 정약용의 지리서, 이덕무의 역사서 정리 등에서 보는 바와 같이, 역사와 지리를 논한 저자와 저서가 대부분이었기 때문이다. 어떻게 하든 나라의 처음을 찾아내려는 노력은 조선 초기나 후기의 학자들이 다를 바 없었고, 거기서 단군을 역사적 인물로, 단군조선을 역사적 국가로 설정하는가 마는가에 대한 망설임 또한 다르지 않았다. 끝내 흔쾌히 단군을 받아들이지 못한 점, 받아들일 코드를 찾아내지 못한 점조차 다르지 않았다. 받자니 꺼림칙하고 버리자니 아까운, 조선 초기 못지않게 후기의 학자들에게도 단군은 뜨거운 감자였다.

아쉬운 점은 또 하나 있다.

역사만이 아닌 『삼국유사』 안의 다른 자료, 특히 향가와 같은 것을 일찍 주목하고 그 정체를 밝혀 보려 노력하지 않았을까, 바로 그런 점이다. 향가는 우리의 고유한 노래의 처음 모습이다. 이 땅에서 노래가 중국과 다르게 만들어지고 불린 역사는 고려의 가요나 조선의 시조와 가사 같은 장르로 이어졌다. 그 뿌리에 향가가 오롯이 존재했음을 『삼국유사』를 가지고 말했다면 일찍이 우리 문학사는 달라졌을 것이다.

이렇게 돌이켜보는 아쉬움 속에 역사는 소용돌이친다. 근대라는 괴물이 조선과 일본을 향해 서서히 다가온다. 거기서 『삼국유사』의 운명은 또 어떻게 바뀔까.

10

메이지 유신의 격랑 속에서

개항 그리고
종점에 선 막부의 운명

미국의 페리함대는 온통 검은 칠을 한 흑선(黑船) 열두 척으로 이루어져 있었다. 그 가운데 선두에 선 증기군함은 2,450톤 규모였다. 1853년 6월, 함대는 먼저 네 척이 일본 도쿄만의 입구인 우라가(浦賀)에 모습을 드러냈다. 선장 페리는 일본의 문호를 개방하라는 명령을 받고 온 특사였다.

바닷가에서 훈련을 받고 있던 막부의 무사들은 크게 놀랐다. 당시 일본 배로 가장 큰 규모가 100톤 내외였으니, 흑선을 바라보는 촌티 나는 무사들의 눈동자가 어땠을까.

그러나 막부의 지도부에서는 페리함대가 올 것이라는 사실을 알고 있었다.

기실 막부는 오래전부터 네덜란드의 「별단풍설서(別段風說書)」를 받아 보고 있었다. 이는 세계정세를 요약한 보고서였다.

성립 초기부터 철저한 쇄국정책을 고집한 것이 에도 막부였었다. 여기서 단 한 가지 예외가 있었으니, 막부가 네덜란드 정부와 긴밀한 정보통로를 열어 놓은 것이었다. 그래서 보내오는 것이 「별단풍설서」였다. 막부는 1년에 한 번 네덜란드 정부의 이 친절한 보고서 덕분에 세계가 어떻게 돌아가는지 알고 있었다. 1853년 1월에 도착한 보고서에는, 전년도 11월에 미국의 페리함대가 일본을 향해 출발했으며, 가장 중요한 목적은 통상(通商)이라는 점과 함께, 배의 이름, 톤 수, 승조원 수, 포문의 수, 선장의 이름 같은 정보가 정확히 기록되어 있었다. 막부는 이 배가 나타날 날만 기다렸던 것이다.

네덜란드는 단순히 정보보고만 하지 않았다. 나름의 정세분석을 기초로 막부에 대해 충고까지 덧붙였다. 그 핵심은 물론 '개항에의 권유'였다.

개항을 권하는 까닭은 분명했다. 아편전쟁에서 보듯이, 서양의 우수한 전투력을 감안하건대 전쟁이 터진다면 일본 또한 적수가 되지 못한다는 것이었다. 특히 일본은 도쿄가 지닌 전술상의 취약점이 더욱 문제가 되었다. 도쿄는 막부의 본부를 두기 위해 에도 시대에 급조된 도시였다. 지방의 호족들을 불러 모아 오로지 먹고

도쿄만에 모습을 드러낸 페리함대 일본과의 통상조약을 맺으러 찾아온 페리함대는 검은 칠을 한 흑선이었다. 1853년 에도 막부는 굳게 닫고 있었던 그들의 문을 열 수밖에 없었다.

노는 구조였고, 100만으로 늘어난 인구를 먹여 살리는 것은 항구를 통해 일본 각지에서 들어오는 물자가 전부인데, 페리함대의 화력으로 도쿄만을 봉쇄하면 도쿄는 보름도 안 돼 공황상태에 빠질 수밖에 없었다. 막부의 지도층은 이 같은 사실을 너무나 잘 알고 있었다.

거꾸로 생각하면 개항을 통해 일본은 아시아의 거점국가가 되리라는 기대를 가져봄 직하였다. 미국은 캘리포니아를 개척하고 태평양을 건너 중국과 무역하리라 계획하고 있었다. 이때 일본은 태평양을 건너오는 배들의 중간기착지로 충분한 역할을 하지 않겠는가.

어쨌건 막부의 최종 결론은 개항이었다. 여러 원로의 의견을 수

렴한 다음의 결론이었다. 드디어 1854년 3월, 두 번째 일본을 찾은 페리와 화친조약을 맺었다.

그러나 이는 개항의 첫 단계에 불과했다. 미국의 최종 목적은 통상조약이었기 때문이다. 이 단계로 나가는 데는 다시 4년의 세월이 더 필요했고, 마지막에 막부는 뜻밖의 시련에 부닥쳤다. 단순히 요식행위에 불과할 것으로 알았던 천황의 최종재가가 천황에 의해 거부되었기 때문이다.

고메이(孝明) 천황, 당시 26세였다. 그의 둘째 아들이 나중의 메이지(明治) 천황이다.

페리함대가 일본에 올 무렵부터 고메이 천황은 정치에 의욕적으로 달려들었다. 이 무렵 일본 전토에서 서서히 불기 시작한 존왕양이(尊王攘夷) 운동의 영향이 컸을 것이다. 왕을 높이고 서양의 적을 물리치자는 이 운동은 고메이 때문에 일어났다고 해도 과언이 아니었다.

막부에서 의견을 수렴해 가져온 개항안을 그는 일언지하에 거절했다. 예전 같으면 있을 수 없는 일이었다.

고메이 천황이 내건 명분은 간단히 말해서 이랬다. 일본은 신주(神州)이다, 그러기에 진무(神武) 천황으로부터 한 번도 끊이지 않고 황통(皇統)이 이어졌다, 그런 우리는 중국보다 낫고 그래서 지지 않는다······. 이를 흔히 신국사상(神國思想)이라 부른다. 이 사상은 이전에는 없었던 것 같고, 이 시기 존왕양이의 와중에 처음으로 개발된 것으로 보인다. 그러나 이는 일본의 근대사를 이해하는 데 매우 중요한 대목이다. 메이지 유신이 터진 다음, 고메이 천황의 생각을 잘 버무려 헌법에 '만세일계(萬世一系)'라 적고, 천황주의사상으로 확대시켰기 때문이다.

막부가 개항을 결심한 것은 세계정세를 감안한 현실적인 판단이었다. 그리고 그것은 막부를 지키려는 현실이기도 하였다. 그런데 허수아비인 줄 알았던 천황에 의해 발목이 잡혔다. 마지막 수단으로 '어거지'가 동원되지만, 막부는 그것으로 자신의 힘이 다했음을 드러냈을 뿐이었고, 메이지 유신으로 나가는 길을 닦아 주는 꼴이 되고 말았다.

무슨 어거지였는지, 그 이야기는 잠시 뒤로 돌리자.

고도쿠지와
이이 씨 집안 이야기

도쿄 23구 가운데 부자들이 모여 산다는 곳이 세타가야(世田谷) 구이다. 사철(私鐵)인 오다큐(小田急)선은 신주쿠(新宿)에서 출발하여 이 구의 한가운데를 가르며 달린다. 덕분에 오다큐선도 부자 노선이라 불린다.

오다큐선은 하코네(箱根) 온천까지 가는 전철로 우리에게도 알려져 있다. 특급열차를 '로망스 카'라 부르는데, 옛날에는 가난한 도쿄 사람이 이 열차를 타고 가는 신혼 여행지가 하코네였고, 이제는 황혼의 노부부들이 선호한다. 물론 한국 관광객들도 거의 필수처

고도쿠지의 금당 도쿄 세타가야 구에 있는 이 절은 도쿠가와 이에야스의 핵심참모로 그의 사천 왕으로까지 불리는 이이 나오마사가 세웠다.

럼 다녀가지만.

각설하고, 발걸음을 이 구 안의 고도쿠지(豪德寺)로 옮겨 보았다.

부자 동네 한복판에 웬만한 초등학교 하나 들어설 만한 넓이를 가진 절이 있다. 일본식 절집과 목탑 그리고 거대한 묘지가 들어섰다. '살아서 신사 죽어서 절'이라는 말이 있을 만큼, 일본 사회의 생사분담은 분명하다.

절이 처음 만들어진 것은 15세기 초이지만, 화려한 역사는 17세기 초, 도쿠가와 이에야스를 도와 세키가하라 전투에서 승리한 이이 나오마사(井伊直政)와 그의 아들 나오다카(直孝)로부터 시작하였다.

일본의 전국 시대, 이이 집안은 이 절 가까운 곳에서 이마오카 집안의 아래에 있었다. 그러나 둘 사이는 미묘한 관계. 나오마사는 제 아버지가 반역죄에 걸려 이마오카에게 죽음을 당하는 장면을 어린 시절에 목격했다. 성장한 뒤에 그는 도쿠가와의 힘을 빌려 이마오카를 죽인다. 피의 복수. 이 일로 빚을 진 나오마사는 이에야스에게 충성을 다하며, 도요토미 히데요시와의 싸움에 목숨을 걸었다. 드디어 도쿠가와 막부 아래 전국 250여 명의 번주 가운데 도쿠가와 사천왕(四天王)이라 불리는 심복이 되었다. 지금의 교토(京都) 근처에, 1년에 35만 석이나 거둬들이는 히코네(彦根) 번주로 취임한 것도 이 때문이었다.

나오마사를 이어 번주가 된 나오다카는 둘째 아들이었다. 첫째는 무사로서의 기질이 모자랐던 모양이다.

전쟁이 끝나고 평화가 찾아오자 나오다카는 자기 선조의 땅, 바로 지금의 세타가야에, 오래전에 세워져 다 쓰러져 가는 절을 고쳐 크게 세운다. 이 절이 고도쿠지(豪德寺)이다. 선조의 명복과 집안의 평안을 비는 절이었다.

나오다카가 절에서 받은 계명이 호덕천영거사(豪德天英居士)였는데, 절의 이름은 바로 여기서 따왔다. 1633년의 일이었다.

절 앞에는 '도쿄 문화재 주간'이라 쓴 깃발이 펄럭였다. 이 절에도 무슨 문화재가 있는 모양이다.

깃발을 따라가다 보니, 너르게 자리 잡은 묘지 한 쪽에 발걸음이 멈춰졌다. 히코네 번의 16대 번주 이이 나오스케(井伊直弼, 1815~1860년)

의 묘였다. 여느 묘와 특별히 다를 바 없는데, 어찌 문화재로 지정되었을까.

나오스케는 14대 번주 나오나카의 열네 번째 아들이었다. 서자여서 특별한 벼슬을 받지도 못하였고, 32세까지 예술과 다도를 익히며 살았다. 그런데 그의 형 15대 번주 나오아카에게 하나밖에 없는 아들 나오모토가 죽자, 나오스케는 형의 양자가 되었다. 동생이 형의 양자로도 들어가나?

이이 나오스케의 묘 천황의 재가도 받지 않고 미일통상조약을 체결하는 데 앞장섰던 이이 나오스케는 존왕양이파의 칼을 맞고 쓰러졌다.

그리고 3년 뒤 형이자 양아버지인 나오아카가 죽자 드디어 16대 번주에 올랐다. 그해가 1850년, 페리함대가 찾아오기 3년 전이었다.

나오스케는 번주로 있는 동안 막부의 신임을 받았고, 저물어 가는 막부를 되살리려 분골쇄신했다. 1858년의 미일화친조약도 그의 손에서 이루어졌다. 그러나 막부의 지시만 받고 천황도 모르게 '어거지로' 진행된 이 조약을 계기로 그는 존왕양이파의 공격 표적이 되었다. 그럴수록 그는 표독스럽게 그들을 다스렸다. 오늘날 그에게 "유신의 지사를 대거 죽인 대악인"이라는 평가와, "개국을 단행해서 일본을 구한 정치가"라는 평가가 상반되게 남은 까닭이다.

메이지 천황
도쿄에 입성하다

이이 나오스케는 무명의 정치인이었다. 그런 그가 일약 1858년 대로(大老)에 취임하였다. 대로는 막부의 가장 높은 자리이다.

막부는 미국과 화친조약을 맺고도 4년 넘게 통상조약을 맺지 못하고 있었다. 고메이 천황의 반대 때문이었다. 드디어 1858년 6월 19일, 개혁파 막료를 등에 업고 막부는 천황의 허락을 받지 않은 채 일미수호통상조약을 조인하였다. 바로 이 일에 나오스케가 그 선봉에 섰다. 물론 반대파의 공격이 거셌다. 천황은 "마음이 애통하며 절체절명의 이때 무한한 비탄을 느낀다"고 말하였다. 존왕양이파를 자극하는 천황의 이 말로 인해 나오스케는 신변의 불안을 느끼지 않을 수 없었다. 사실 세상의 물정에 대해 잘 모르기로는 천황이었다. 개항은 정세 상 불가피하였다. 옛날만 한 힘을 잃었다고는 하나 막부도 이 천황에 대해 거센 위압을 가하였다. 나오스케는 불안한 가운데서도 막부의 힘을 끝까지 믿었다. 결국 천황은 미국과의 통상조약을 '지금에 있어서는 해빙의 일'이라 하며 승인하고 말았다.

그러나 대표적인 존왕양이파인 미토(水戶) 번과 사쓰마(薩摩) 번의 과격파에 의해 나오스케에 대한 습격계획이 구체화되었다. 1860년 3월 3일, 눈 내리던 아침, 미토 번의 사무라이 17인과 사쓰마 번의 1명이 에도 성에 출근하는 나오스케를 사쿠라다 문 앞에서 습격, 암살하였다. 저 유명한 '사쿠라다 문의 변(變)'이다.

이를 계기로 존왕양이파가 본격적으로 활동을 개시하였다. 하급의 무사나 낭인 나아가 부농부상 등 여러 막부반대파가 세력을 규합해 나갔다. 나오스케의 죽음은 기울어 가는 막부의 마지막을 보여 주는 상징적인 사건이었던 셈이다.

막부 정치를 끝내고 왕정복고를 하자는 데는 사쓰마 번이 가장 앞장섰다. 1867년 8월, 그들이 세운 공격계획은 거창하였다. 교토의 황궁에 군사를 보내 장악하고, 이어 오사카로 진출해 그 성을 빼앗은 다음 에도로 통하는 길목인 고후성(甲府城)으로 쳐들어간다는 것이었다. 고후는 도쿠가와 이에야스가 처음 성주가 되었던 곳이고, 에도 시대 초기에는 그의 자손에 의해 다스려지던 친번(親藩)의 하나였다. 그러므로 고후성을 차지한다는 것은 에도 막부의 항복을 받아내는 상징적인 사건이 될 수 있었다. 이해 1월에는 고메이 천황이 갑자기 죽고, 2월에 고메이의 둘째 아들이자 나중에 메이지 천황이 되는 무쓰히토(睦仁)가 15세의 어린 나이에 자리를 물려받고 있었다.

그러나 사쓰마 번의 무력계획은 실행할 필요가 없어졌다. 막부 스스로가 깃발을 내리고 말았기 때문이다. 1867년 10월의 대정봉환(大政奉還)이 그것이다.

한편, 무력으로 왕정복고를 실현하려는 사쓰마 번의 강경책과는 달리, 공의(公議)를 설치하여 황실·막부·하급무사·평민이 두루 참여하는 근대적인 의회정치를 구현하자는 계획이 대두되었다. 무엇보다도 강경책이 가져올 전쟁에 가까운 혼란을 두려워해서였다. 폭력이 아닌 합의를 통해 새로운 시대를 열자는 뜻이기는 했다. 이에 대해 막부의 마지막 장군인 도쿠가와 요시노부(德川慶喜)도 동의하였다. 그래서 선행조치로 대정봉환을 실시했던 것이다.

사실 공의가 설치되었을 때 가장 많은 의석을 차지하는 쪽은 막부였다. 그렇다면 새로운 체제가 들어선다 해도 막부의 권력행사에는 아무 문제가 없었다. 시대에 순응하면서도 영향력을 계속 유지할 수 있으니 막부로서는 마다할 리가 없었던 것이다.

공의 설치 논의가 일자 실망하고 분노한 것은 역시 사쓰마 번이었다. 막부를 무너뜨리는 것이 궁극의 목표였던 바, 공의의 설립으로 막부에게 좋은 일만 시켜 줄 뿐, 자신들의 목표는 물 건너가는 꼴이 되겠기 때문이다.

이렇게 노심초사하는 가운데 사쓰마 번이 바라던 바의 사건이 터졌다.

공의를 설치하고 막부 세력이 이를 장악할 수 있는 분위기가 무르익자, 막부는 내친 김에 사쓰마 번과 그 세력을 몰아내기로 작심하였다. 1868년 1월, 15,000명의 군사를 동원하여 교토로 쳐들어갔다. 명분은 사쓰마 번의 음모를 토벌한다는 것. 이에 대항하는 사쓰마 군은 겨우 4,500명. 수효로는 3분의 1에 지나지 않았으나 그들은 잘 훈련된 정예병이었다. 그러기에 이런 싸움을 바란 것은 사쓰마 번이었다.

무진전쟁(戊辰戰爭)이라 부르는 이 싸움의 결과는 예상대로였다.

사쓰마 군은 싱겁게 이기고 말았다. 다들 의외라고 했지만, 사쓰마 번의 준비는 완벽했던 것이다.

교토의 황궁에 있던 무쓰히토는 이 전쟁 직후 공식적으로 신정부 수립을 선언하고, 4월에 에도로 거처를 옮겨 이곳을 도쿄(東京)로 이름을 바꾸었으며, 10월에는 새로운 연호 메이지(明治)를 선포하였다. 에도 막부의 종말과 메이지 천황의 탄생이었다.

사이고 다카모리와 사쓰마 번

도쿄의 우에노(上野) 공원 입구에 동상 하나가 서 있다. 입고 있는 옷은 유카타 차림처럼 보이는데, 종아리가 드러난 강인한 몸매에 으스스한 표정은 다소 위압적이기까지 하다. 동상의 주인공은 사이고 다카모리(西鄕隆盛, 1828~1877년).

옆에는 일본종 도사견이 목줄을 사이고의 한 손에 맡긴 채 서 있다. 더욱 으스스해 보인다.

우에노 공원은 봄철의 벚꽃놀이 장소로 이름을 날리지만, 국립미술관이며 박물관 그리고 과학박물관 등이 자리를 잡고 있어서, 문화적인 공원으로도 많은 사람이 찾는 곳이다. 그런가 하면 도쿄예술대학이 바로 옆에 있는데, 여기 미술관과 음악당에서 열리는 전시나 공연은 언제나 관심의 대상이다.

그런 문화적인 분위기에 비한다면, 사이고 다카모리의 동상은

사이고 다카모리의 동상 메이지 유신기의 풍운아 사이고는 정한론자로도 유명하지만, 끝내 자신의 야심이 불러온 비극 앞에 희생자가 되었다. 우에노 공원에 세워진 그의 동상이 으스스하다.

왠지 어울리지 않는다. 그나마 공원 한 구석에 자리 잡고 있음이 다행인지 모른다.

사이고는 누구인가. 그는 본디 사쓰마 번의 하급무사였다. 이 번의 번주 시마즈 나리아키라(島津齊彬)의 눈에 들어, 그의 지도를 받으며 근대 개명에 눈뜨고, 이후 왕정복고와 메이지 유신에 적극 참여하였다. 사쓰마 번의 친구 오쿠보 도시미치(大久保利通, 1830~1878년), 조슈(長州) 번의 기도 다카요시(木戶孝允, 1833~1877년)와 더불어 '유신의 삼걸'이라 불린다. 막부의 마지막 숨통을 겨누었던 무진전쟁도 그가 계획하고 실행했었다.

강파르게 훈련된 자신의 군대를 이끌고, 교토의 천황이 도쿄로 입성할 때에, 피 한 방울 흘리지 않고 진두에서 지휘한 용장이었다. 그때 그의 위세는 대단했다. 우에노 공원의 저 동상을 한 번이라도 본 사람은, 서슬 푸른 카리스마 하나만으로도 이 일을 가능하게 했다 짐작하리라.

그런 그가 패배의 쓴잔을 마신 것은 다름 아닌 정한론(征韓論)을 두고 벌어진 내부 권력 다툼에서였다. 1873년, 조선과의 국교를 맺기로 한 일본의 유신정부는 당초 사이고를 조선 정부에 사신으로 보내려 하였다. 그러나 조선 정부가 일본과의 국교수립을 반대하고 있었으므로, 사이고의 사신행차는 거절과 전쟁 개시로 이어질 것이 뻔했다. 그것은 사이고가 노린 바였다. 조선을 전쟁으로 농락시킬 수 있을 뿐만 아니라, 이런 기회에 중앙정권을 확실히 거머쥘 수 있다고 생각했기 때문이다. 그러나 온건파가 반대를 하였고, 사이고는 이 싸움에서 패배, 고향인 사쓰마로 돌아갔다. 온건파는 그의 고향 친구 오쿠보 도시미치였다.

쓸쓸한 낙향이었다. 사실 그의 정한론은 정권 다툼의 빌미에 지나지 않았다. 패배를 딛고 일어서기 위해 그는 고향에서 학교를 만들고 학생들을 훈련시켰다.

지방에서는 크고 작은 규모의 반란이 끊이질 않았다. 중앙정부에 대해 나름의 불만이 많았던 것이다. 사이고는 그 같은 분위기를 타 반란의 기치를 올렸다. 낙향한 지 4년 만인 1877년의 일이었다.

일본인들이 '서남(西南)의 역(役)'이라 부르는 이 전쟁은 처음에 사이고가 기세도 당당하게 중앙을 향하여 쳐 올라가는 듯했다.

병사 가운데는 사이고가 자신의 학교에서 훈육시킨 학생들이 많았다. 사쓰마 돈(薩摩札)라는 돈을 발행하여 군자금을 모으는 등, 사이고가 심혈을 기울였던 메이지 유신기 최대 최후의 이 내전은, 그러나 1년 만에 정부군의 완승으로 끝나고 말았다. 사이고는 마지막에 스스로 죽음을 택했다.

그런 사이고 다카모리가 세간의 입에 오르내린 적이 있었다.

2004년 12월에 열린 한일정상회담의 개최 장소가 가고시마(鹿兒島)로 결정되면서였다. 가고시마는 다름 아닌 옛날의 사쓰마 번이다. 대표적인 정한론자의 고향에서 회의를 열어야 하느냐는 입방아가 일어날까 봐, 외교통상부의 관계자가 일본 쪽에 장소 변경을 요구했었다. 당연히 냉소어린 대답을 받았으리라.

사이고에 대해서는 일본인들 사이에서도 견해가 엇갈린다. 용감한 군인으로 보는가 하면, 다이쇼(大正) 시대의 「사이고와 뚱보 아가씨」라는 희곡에 나타나는 바, 시대와 명분에 헛갈리며 살아간 사람이라고도 여긴다. 다분히 다이쇼 시대의 자유스러운 분위기가 반영되었을 이 희곡작품에서, 사이고 집안의 뚱뚱한 하녀 오타마가 그를 위해 충성하는 모습이 희화적으로 그려지는데, 그것이 곧 사이고를 평가하는 관점이었다.

사이고가 '서남의 역'을 일으켰다가 죽은 해가 1877년, 유신의 맹우(盟友) 오쿠보는 그때 사이고를 대항하는 정부군의 지휘자였다. 결국 사이고는 친구의 손에 죽은 것이나 마찬가지였지만, 오쿠보 또한 이듬해 도쿄 시내 한복판에서 반대파에 의해 암살되었다.

오쿠보보다 두 살 위였던 사이고가 죽은 나이는 49세, 두 사람 모두 50세를 채우지 못한 채 세상을 뜨는 동안, 유신은 이렇듯 파란만장하게 진행되고 있었다.

테러리스트
이토 히로부미

'유신 삼걸'보다 더 우리에게 널리 알려진 인물이 이토 히로부미(伊藤博文, 1841~1909년)이다. 세 사람이 유신의 시동을 건 사람이라면 이토는 메이지 시대를 길어 올렸다 해도 지나친 말이 아니다. 그래서 일본인은 그를 '메이지의 원훈(元勳)'이라 부른다.

그러나 우리에게는 씻을 수 없는 역사의 치욕을 안겨 준 사람이 이토이다. 그러기에 치욕을 치욕으로 두지 않고 민족의 가슴에 한바탕 설원(雪冤)의 총성을 울려 준 안중근(安重根, 1879~1910년) 의사를 우리는 못내 높이지 않는가.

안 의사의 총탄을 맞고 쓰러지면서 이토 히로부미는, "바보 같은 녀석……"이라 탄식하였다고 한다. 누구더러 한 말일까. 의당 제게 총을 겨눈 한국 청년 안중근을 가리킨다고 하겠지만, 실은 제 자신에게 한 말이었는지 모른다고 주장하는 일본 학자도 있다.

이토 히로부미는 조슈(長州) 번 곧 지금의 야마구치(山口) 현에서 가난한 농민의 아들로 태어나, 메이지유신 전후에 입신양명한 대표적인 인물이다. 본디 이름은 하야시 리스케(林利助)였는데, 아버지가 이토 집안으로 양자를 가면서 성은 이토가 되고, 유신 이후 이름을 히로부미로 바꾸었다. 메이지 시대 본격적인 내각제 아래 초대 총리를 지낸 그가 대체로 온건파였던 것은 사실이다. 한일합방에 대해서도 그다지 적극적이지 않았다. 그러므로 안중근 의사의 이토 암살이 도리어 한일합방을 재촉했다는 말마저 나온다.

그건 그렇다 치더라도 일본에서는 안중근을 일러 테러리스트라 부르는 것을 보고 뜨악했던 적이 있다. 처음 일본에 갔을 때였다.

―조선의 독립운동가, 민족주의자, 범아시아주의자.

일본의 인명사전에서는 안중근을 이렇게 쓰면서 설명을 시작한다. 그리고 나서 "이토 히로부미를 암살했던 테러리스트로 알려져 있다"고 마무리 짓는다.

그러나 그들이 말하는 테러리스트 안중근에게 암살당한 이토 히로부미도 이십대 청년 시절에는 테러리스트였다. 1862년, 그의 나이 스물한 살 때, 이토는 한 해 동안 무려 세 건의 테러에 가담하였다. 막부를 무너뜨리고 왕정으로 복귀해야 한다는 생각을 가지고 있던 그는 황실과 막부가 함께 가야 한다는 공무합체론(公武合體論)을 주장하는 나가이 우타(長井雅樂)의 암살을 획책했다. 이 계획은 미수에 그쳤지만, 그는 끝내 동료와 함께 반대파인 하나와 지로(塙次郎)·가토 고지로(加藤甲次郎)를 암살했다. 이렇듯 자신과 주장을 달리하는 이들을 암살하거나 기도했고, 한참 일기 시작한 존왕양이(尊王攘夷) 운동에 가담하여 영국공사관을 습격하기도 하였다.

그런 그가 테러리스트에서 벗어나 근대적 공화주의자가 된 것은 테러 사건 이듬해 영국으로 유학을 떠나 그곳에서 공부하면서였다. 예순여섯 살의 나이에 총을 맞아 숨지면서, 이토 히로부미는 젊은 날 철없던 자신의 모습을 떠올렸던 것일까.

나는 한 줌의 의심도 없이, 하얼빈 역의 플랫폼에 울려 퍼진 총소리를 의거의 그것으로 믿고 있다. 서로의 입장에 따라 같은 일을 두고도 테러와 의거로 달라지겠지만, 정작 이토는 젊은 시절, 제가 가진 작은 소신을 가지고 테러까지 서슴지 않았던 인물이라는 사실을 알고 나서는 고소(苦笑)했다. 더욱이 그것은 누가 어떻게 봐도 테러이지 않은가.

이토 히로부미의 죽음이 한일합방을 앞당겼다는 주장에도 허점이 있다. 다소 시간이 늦춰졌을는지 모르지만, 제국주의의 발걸음을 멈출 수 없었던 당시 일본이 결국 어느 길로 갔을 것인가, 굳이 묻지 않아도 될 질문이다.

나라 안에 의인이 있음을 보여 준 안중근 의사의 행동을 달리 무엇으로 바꿔 말해서는 안 된다. 적어도 안 의사는 사형을 당하면서 스스로 '바보 같은 녀석'이라 탄식하지 않았다.

제국의 첫발과 강화도 사건

일본의 메이지 시대를 상징적으로 보여 줄 수 있는 몇 사람을 열거해 보았다. 유신은 일거에 이루어 성공한 것이 아니었다. 비록 에도 막부 시대가 막을 내리긴 했지만, 새로운 시대에 대한 사람마다의 생각은 꽤나 달랐다. 그러기에 생각이 다른 이들을 제거하는 테러가 횡행하고, 새로운 제도의 정착은 더디기만 했다.

메이지 유신은 대정봉환(大政奉還)으로 시작되었다. 에도 막부의 마지막 장군 도쿠가와 요시노부가 1867년 11월 통치권을 천황에게 바친 사건이었다. 그 과정과 성격은 앞서 설명하였다. 이어서 판적봉환(版籍奉還)이 이루어졌다. 1869년 2월, 메이지 정부가 본격적으로 중앙집권화에 시동을 거는 사업이었다. 판적봉환은 여러 번주로부터 천황이 영지(판도)와 영민(호적)을 반환받았다는 뜻이다.

대정봉환과 판적봉환에 따라 힘을 얻은 천황이 그 힘을 구체적으로 행사한 것은 폐번치현(廢藩置縣)이었다. 1871년 8월, 유신이 시작된 지 4년 만의 일이었다. 막부 시대까지의 번을 없애고 지방통치를 중앙 정부가 관리하는 부(府)와 현(縣)으로 일원화하는 행정개혁이었다.

당초 현은 번을 그대로 바꾸는 것이어서 3부 302현이나 되었다. 이를 3부 72현으로 줄인 것은 폐번치현 조치 직후였다. 막부 시대로부터 세상이 달라졌음을 알리는 조치였다고 해야 할 것이었다. 메이지 천황은 현의 수를 갈수록 줄여서 35현(1876년)까지 내려갔는데, 현의 면적이 너무 넓어지자 지역 간 대립이 나타나고 사무량이 늘어 도리어 문제가 되었다. 결국 20여 년간의 시행착오를 거쳐 1889년에 3부 43현으로 자리를 잡았다. 이는 오늘날 일본의 지방 행정조직과 거의 같다.

대정봉환에서 판적봉환을 거쳐 폐번치현에 걸린 20여 년은 메이지 유신에 걸린 시간이었다.

그러나 이런 정치·행정개혁의 와중에 한 가지 따라와 주지 않는 것이 있었다. 그것은 경제문제였다. 메이지 유신기 일본 경제는 좀

처럼 살아나지 않았다. 오히려 공황의 공포가 늘 도사리고 있었다. 거기에는 근본적인 원인이 있었다. 새로운 수도 도쿄가 지닌 경제적인 특징이 바로 그것이었다.

도쿄는 소비도시였다. 막부 시대에 소비는 각 번의 번주들이 해를 걸러 가며 도쿄에 1년씩 머무는 동안 쏟아 붓는 돈으로부터 이뤄졌다. 이른바 참근제도의 결과였다. 그런데 막부체제가 무너지면서 참근제도도 사라지고, 도쿄에는 도대체 돈을 풀 지갑이 없었다. 그렇다고 근대적인 산업이 발달할 기반도 갖추지 못했다. 위로부터의 개혁이라는 것이 가져오는 필연적인 결과였다.

메이지 정부가 제국주의를 표방하고 식민개척을 생각한 것은 이런 경제적인 문제를 타결하려는 데 그 배경이 있었다.

일본은 타이완을 점령하여 식민지로 삼은 다음 조선에 그 손길을 뻗쳤다.

1875년 9월에 터진 강화도 사건—. 대표적인 강경파 사이고 다카모리는 자신이 조선에 특사로 가겠다고 벼르고 나선 일이 있었지만, 그를 진정시킨 일본 정부는 조선에 개항 압력을 가하기 위해 이해 5월부터 군함 운요호(雲揚號)를 조선 근해에 출몰시켰다. 이러한 시위가 강화도 사건으로 이어졌다.

오랫동안 일본은 강화도 사건이 자위권의 발동이었을 뿐 도발이 아니었다고 주장해 왔다. 사건이 터진 한 달 뒤에 작성되어 일본 정부에 보고된 문서에는, 음료수를 구하러 가다 강화도 포대로부터 포격을 받아 이에 응사했다고 적혀 있었다. 그러나 최근 일본

강화도 사건의 새로운 자료 최근 일본 학계에서는 강화도 사건이 명백한 침략이며 국제법 위반임을 밝혀냈다. 메이지 유신 정부는 불법으로라도 조선을 침략해야만 했다.

학계에서는 새로운 자료를 찾아 이 사건을 새롭게 해석하였다. 사건 9일 후인 9월 중에 작성된 보고서가 발견된 것이다. 이 보고서에 따르면, 9월 20일, 운요호는 측량 및 검사에다 조선의 관리를 만나 여러 가지를 묻기 위해 무장단정(武裝單艇)을 내보내 조선의 진영이 있는 제3포대까지 거슬러 올라갔고, 여기서 다시 아무 허락 없이 한양으로 가려고 포대 앞을 지나갔는데, 이때에 포격을 받아 교전이 시작된 것으로 나타나 있다. 다음 날, 운요호는 함포로 공격하고 육전대를 보내 정산도의 제2포대를 불태웠다. 나아가 그 다음 날에는 영종진의 제1포대의 성에 방화하여 35명을 죽였다. 이때 일본군 사상자는 단 2명이었다.

조선의 수도 한양으로 들어가는 길목인 강화도까지 접근한 운요호의 행동은 명백한 도발이었다. 더욱이 무장한 군선(軍船)을 보내 하천을 무단으로 거슬러 오른 것은 국제법의 위반이었다. 거꾸로 이 때문에 조선 측에서 포격을 한 일은 정당방위였다.

강화도 사건은 이렇듯이 국제법을 위반한 도발이었다. 그러면서 일본이 조선에 접근한 것은 조선 침략의 일보(一步)였음 또한 두말할 나위 없다. 이 사건이 터진 다음 해 곧 1876년 2월에 강화도조약(병자수호조약)이 맺어졌다. 일본은 조선의 울안으로 드디어 발 한쪽을 들이민 것이다.

우리는 메이지 유신의 전개 과정에서 이런 연도를 유심히 보아 둘 필요가 있다. 폐번치현의 1871년, 강화도 사건의 1875년이 특히 그렇다.

제국대학이 서고
역사에 눈을 뜨다

반강제적으로 조선과 강화도조약을 맺은 다음 해인 1877년, 메이지 정부는 도쿄대학을 세웠다. 사립인 게이오(慶應)대학이 게이오의숙(義塾)으로 출발한 1858년보다는 20여 년 늦었지만, 근대적인 체계를 갖추고 국립의 기치를 내세운 본격적인 대학으로서 그 격은 사뭇 달랐다. 근대 정부의 일꾼을 키우겠다는 목적이 거기에는 뚜렷했다. 근대 정부의 일꾼이란 무엇인가. 제국의 깃발을 들고 식민개발을 하지 않으면 안 되는, 일본은 이른바 후발제국주의 국가였다. 그런 그들이 국립대학을 세워 거기서 키우는 인재란 기실 식민지 개척을 위한 일꾼이 아니고 무엇이었겠는가.

한발 더 나아가 도쿄대학의 이름에 제국이 덧붙은 것은 출범 9년 만인 1886년의 일이었다. 이해 공포된 제국대학령에 의해서였다.

이때는 도쿄대학이라는 이름을 제국대학으로 바꾸었다. 국립으로 대학이 이 하나뿐일 때였기 때문이다. 1897년 교토(京都)에 제국대학을 더 두면서 이를 구분하기 위해 도쿄제국대학, 교토제국대학 등으로 부르기 시작하였다. 제국대학은 이 후에도 차례로 생겨나 일본 내에 7개, 일본 외에 2개 총 9개교에 이르렀다. 일본 밖의 제국대학 가운데 하나가 경성제국대학이었다. 이를 설립 순서대로 적어 보면 다음과 같다.

1886년(메이지 19년) 제국대학(1897년 이후 도쿄제국대학으로 부름)

1897년(메이지 30년) 교토제국대학

1907년(메이지 40년) 도호쿠제국대학(센다이)

1911년(메이지 44년) 규슈제국대학(후쿠오카)

1918년(다이쇼 7년) 홋카이도제국대학

1924년(다이쇼 13년) 경성제국대학

1928년(쇼와 3년) 타이베이제국대학

1931년(쇼와 6년) 오사카제국대학

1939년(쇼와 14년) 나고야제국대학

제국대학으로의 개편 이후 우리가 주목해 마지않는 바가 사학과의 설치, 그리고 국사학과의 독립이다.

사학과 설치는 개편과 함께 이루어졌고, 독일 출신의 역사학자 루드비히 루스를 초빙하여 기틀을 잡아 나갔다. 그리고 2년 뒤인 1888년에 국사과를 설치하기에 이른다. 우리는 이에 대해 다음 장에서 자세히 살펴보겠거니와, 국사과 설치와 함께 내각에 소속되어 있던 임시수사국(臨時修史局)을 대학으로 옮겨 임시편년사편찬괘(臨時編年史編纂掛)를 두었다. 이 대목이 의미심장하다.

임시편년사편찬괘는 어떻게 생겼고 무슨 일을 했던가.

메이지 유신이 일어난 바로 다음 해인 1869년, 신정부는 수사총재(修史總裁)라는 자리를 만들었다. 첫째는 이제 막을 내린 에도 막부의 역사를 정리하겠다는 것이고, 나아가 '대일본사'라는 편년 체

도쿄대학 사료편찬소 내각의 수사국으로 출발하여 도쿄제국대학 사료편찬괘로 소속과 이름을 바꾸었던 사료편찬소. 지금도 도쿄대학 안에 자리 잡고 있다.

계의 통사(通史) 만드는 일을 맡겠다는 것이었다.

이 일의 중심에 선 사람은 나가노 야스쓰구(重野安繹, 1827~1910년)였다. 나가노는 사쓰마 번 출신의 유학자였다. 한학에 능통할 뿐만 아니라, 도쿄대학의 전신인 창평학교(昌平學校)에서 공부하고, 역사 편찬에 관심을 크게 두었는데, '대일본사'의 편찬을 위해 먼저 사료를 광범하게 모아야 한다고 주창하였다. 일본에서는 처음으로 실증주의를 제창했던, 일본 역사학 연구의 태두라고 할 만한 사람이다. 그는 정부의 행정망을 등에 업고 전국을 돌며 사료를 모았다.

수사총재는 1875년에 수사국(修史局)이라는 공식 이름도 갖추었다. 이때 나가노는 수사국 부국장에 일등편수관이 되었다. 이윽고 1885년 내각제도가 만들어지고 이토 히로부미가 초대 내각총리대신이 되었다. 그러자 수사국은 내각임시수사국이라는 이름으로 그 안에 들어갔다. 이렇게 만들어진 정부 기구가 제국대학으로 이관된 것이 바로 임시편년사편찬괘였다. 1900년에는 도쿄제국대학 문과대학 사료편찬괘로 이름을 바꾸면서 "총장 감독 아래 대일본 편년사료 대일본 고문서 및 이에 수반하는 서류의 편찬 출판에 종사한다"는 임무를 부여받았다.

나가노는 이 과정을 고스란히 주도했다. 그는 도쿠가와 집안의 장서에 대해서도 큰 관심을 가졌다. 그러나 그가 이 집안에 있는 『삼국유사』에 대해서는 관심을 표명한 것 같지 않다. 그에게는 일본사 편찬이 더 시급했다. 그러는 사이 『삼국유사』에 눈길을 준 이는 뜻밖의 다른 사람이었다.

이 편찬괘는 지금도 사료편찬소라는 이름으로 도쿄대학 안에 있다. 사료편찬소는 우리로 치면 국사편찬위원회이다. 이를 대학 안에 둘만큼 제국대학과 국사과는 엄청난 힘을 받고 있었다.

이제 메이지 유신기에 『삼국유사』의 행방을 쫓아가자면 우리는 이 도쿄제국대학 국사과를 유심히 지켜보아야 한다.

II

1904년, 『삼국유사』의 재발견

막부의 종말과
오와리 번

도쿠가와 집안의 250년 영화가 안팎으로 몰아치는 새로운 시대의 바람에 어쩔 수 없이 무너진 해―. 1858년은 이렇게 한마디로 요약될 수 있다. 메이지 유신이었다.

이 와중에 『삼국유사』가 보관된 오와리 번은 어떻게 되었을까.

유신 이후 전국적으로 가장 눈에 띄는 변화는 번을 없애고 현을 두는 것이었다. 바로 폐번치현(廢藩置縣)이다. 에도 막부 말기 350여 개의 번은 통폐합되어 70여 개의 현으로 재편성되었다. 이는 몇 차례의 변화를 거쳐 현재의 1도(都) 1도(道) 2부(府) 43현으로 정착한다.

물론 현의 지사는 천황이 임명하였다. 그런 유신의 칼바람은 오와리 번에도 불어닥쳤다. 아니 가장 먼저 그 바람을 맞아 결국 종막을 고해야 했다. 오와리는 도쿠가와 집안의 대표적인 번이었기 때문이다.

막판에 오와리 번은 토막파(討幕派) 곧 막부를 쳐부수자는 쪽에 서서, 그들 자신이 도쿠가와의 한 집안이면서도 신정부 편을 들었다. 냉혹한 현실이었다. 그렇게라도 해서 변하는 세상에 기여하며 살아남으려 애썼다. 사실 오와리 번이야말로 막부를 지킬 가장 큰 힘을 가지고 있었다. 그럼에도 불구하고 살기 위해 도리어 반대쪽에 섰던 것이다. 중부 이북의 여러 번들은 오와리 번의 결정에 따라 토막(討幕)의 입장을 따랐다.

그런데도 메이지 신정부의 눈에 그들이 곱게 들어오지 않았던 것 같다. 아무래도 눈에 거슬리는 존재였다. 그도 그럴 것이, 외형으로는 신정부의 편에 드는 것처럼 행동하나, 저들은 엄연히 도쿠가와 집안의 가장 유력한 친족그룹이었기 때문이다.

메이지 정부의 오와리 번 곧 나고야 지역에 대한 견제 정책은 여기저기서 엿보인다. 예를 한 가지 들어 보자.

제국대학은 19세기 말부터 만들어졌다. 이렇게 해서 성립한 모두 9개의 제국대학 가운데 나고야제국대학은 가장 늦은 1939년에 세워졌다. 규슈(1911년), 홋카이도(1918년)보다 늦을 뿐만 아니라, 경성(1924년), 타이베이(1928년)에도 밀려났다.

그 무렵 나고야는 일본 제3의 도시였다. 그런데도 이 지연(遲延)

이 상징하는 바는 무엇인가? 나고야 사람들은 한결같이, 메이지 정부로부터 나오는 옛 막부 세력에 대한 내밀하고 끈질긴 경계심의 표출로밖에 볼 수 없다고 말한다.

더욱이 대학에는 의학부와 이공학부만 있는 단출한 구성이었다. 문학부가 없는, 당시로서는 불구(不具)의 대학이었던 것이다.

한편 제국대학에 입학하기 위한 예비학교의 성격을 띠는 것이 고등학교였는데, 이는 도쿄의 일고(一高)에서 시작하여 여덟 개가 만들어졌다. 나고야는 구마모토의 오고(五高), 가고시마의 칠고(七高)에 이어 가장 마지막인 팔고(八高)였다. 구마모토나 가고시마는 메이지 유신의 절대 공헌자였고, 이에 대한 보상의 하나로 고등학교가 설치되었었다. 그런데 제3의 도시라는 나고야는 제국대학에 이어 고등학교도 가장 늦게 세워진 것이다.

구마모토나 가고시마 같은 시골 도시에도 밀린 나고야는 메이지 시대 이후 줄곧 소외의 길을 걸을 수밖에 없었다.

나고야는 오와리 번이 아이치(愛知) 현으로 바뀌고 그 현청을 둔 도시가 되었다. 이런 와중의 오와리 번의 운명은 곧 '어문고(御文庫)'의 운명을 결정했다. 주인이 풍전등화의 신세인데, 거기 딸린 식구가 온전할 리 없잖은가. 전문사서까지 두고 호사스럽게 운영되던 '어문고'는 당장 관리비를 댈 수 없어 장서 가운데 3분의 1을 팔아치워야 했다. 물론 귀중서는 끝까지 지키려 했고, 주로 같은 책이 두 권 이상 있는 복본(複本)을 중심으로 처분을 했다.

이때 『삼국유사』는 팔리는 신세를 면하였다. 『삼국유사』가 이런 대우를 받은 것은 어디서 기인하였을까?

이제 메이지 유신기의 '어문고'와 『삼국유사』의 관리 실태를 살펴볼 차례이다.

먼저 후일담부터 정리해 보자. 1945년, 태평양 전쟁이 끝나고, 도쿠가와 집안의 '어문고'는 후손이나 후원회의 힘을 입어 연명했고, 드디어 출신지인 나고야 시에서 거두어들였다. 시립 도쿠가와 미술관과 함께 호사문고(蓬左文庫)라 이름한 도서관으로 거듭나 있는 것이다.

번은 사라져도 책은 지키려 했다

오와리 번에 '어문고'라는 이름으로 보관된 책들은 250년 막부의 세월이 막을 내릴 즈음 어떤 상태로 보관되어 있었던가. 앞서와 마찬가지로 번의 쇼부쓰부교(書物奉行)가 만든 목록을 통해 상황을 파악할 수 있다.

먼저 '비슈 에도 공어측 어서물 목록(尾州江戶共御側御書物目錄)' 1책은 1816년(문화 13년)에 만들어졌다. 그래서 '문화 13년 어측 어서물 목록(文化十三年御側御書物目錄)·화서(和書)'라고 불리는데, 어측 어서물(御側御書物)이란 오와리 번의 오어문고(奧御文庫)와 에도 막부 안의 문고를 아울러 가리키는 것으로, 책이 전부 일본어로 쓰인 것이어서 끝에 화서(和書)를 붙였다. 이때 오와리 번에서는 도쿠가

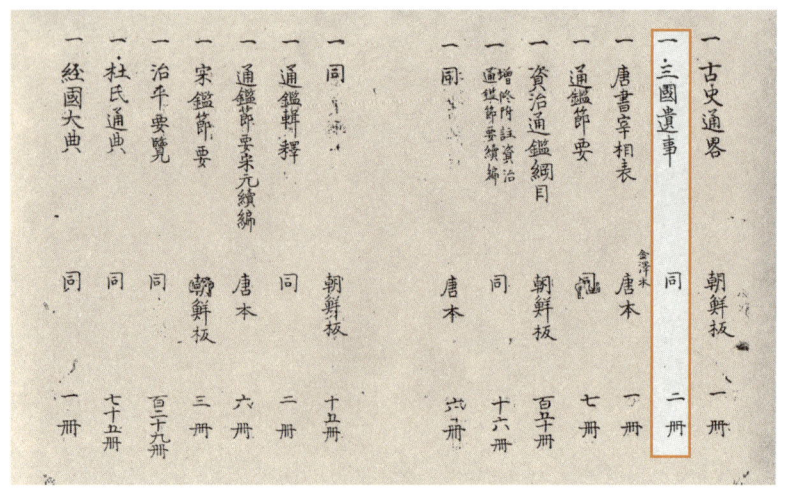

오와리 번 어문고 어서목 19세기 들어 처음 만들어진 이 목록에서도 의연히 『삼국유사』의 존재를 확인하게 된다. 이 목록은 번에서 만들어 막부에 보고된 것이었다.

와 삼대가(三大家)의 하나인 다야쓰가(田安家)에 목록을 제출할 일이 있었던 듯한데, 아쉽게도 일본 책을 수록한 곤권(坤卷)만 남았을 뿐 한적(漢籍)을 수록한 것으로 보이는 건권(乾卷)은 지금 전하지 않고 있다. 그런 사정으로 『삼국유사』는 보이지 않는다.

그러나 이제껏 보이지 않던 조선국왕 서한(朝鮮國王書翰), 조선인 내조기(朝鮮人來朝記), 조선인 각서(朝鮮人覺書) 같은 통신사 서류가 포함되어 있다. 이 분야 연구의 귀중한 자료들이다.

다만 일본국립공문서관의 내각문고(內閣文庫) 장서를 통해 건권이 어떤 내용이었는지 확인은 가능하다. 내각문고의 '오와리 번 어문고 어서목(尾藩御文庫御書目)' 5책은 문화 13년에 다야쓰가에 제출

되었던 목록의 청서본(淸書本)이다. '문화 13년 목록·다야쓰가 구장(田安家舊藏)'이라고도 불리는데, 제1책에 '일(一) 삼국유사(三國遺事) 동(同) 이책(二冊)'이라는 기록이 보인다. 여기서 '동(同)'이라 함은 조선판임을 나타낸다.

한편, 개항 직전인 1847년경에 만들어진 '어문고 어서물 편람(御文庫御書物便覽)' 4책은 여러모로 아쉬움을 남겨 준다.

'어서물 편람(御書物便覽)·국서지부(國書之部)'라고도 불리는 이 목록 또한 국서 곧 일본 책에 관한 목록만 남아 있다. 이는 단순한 목록을 넘어 책 소개를 겸한 편람이었다. '한적지부(漢籍之部)'가 전해진다면 거기에 적힌 『삼국유사』의 해제를 통해 여러 사정을 알 수 있었을 것이다.

'한적지부'가 어떻게 만들어졌기에 그런가.

1831년경 쇼부쓰부교(書物奉行)에 취임한 후쿠다 마사아키(深田正昭)는 유학자인 호소노 다다히네(細野忠陳, 1811~1878년)에게 요청하여 '한적지부'의 편람을 만들었다. 1847년 호소노의 나이 36세 때의 일이었다. 호소노는 오와리 번에서 대대로 사무라이로 일해 온 집안 출신이었는데, 주자학을 배워 오와리 번의 번교(藩校)인 명륜당(明倫堂)에서 독학(督學)을 지내기도 하였다. 서예에도 특출하여 '에도 5대가'로 불린다.

호소노에 의해 초고(草稿) 몇 책이 이루어졌을 시점에 마사아키가 죽어, 초고는 빛을 보지 못하고 호소노의 수중에 남아 있었다. 집필이 시작된 지 3년 만인 1850년의 일이었다. 오와리 번이 단순한 목록에서 나아가 편람까지 발전한 목록을 작성했다는 것은 주목할 일이다. 더욱이 이때는 개항 4년 전이요, 메이지 유신이 나기 불과 18년 전이었다. 안팎의 사정이 결코 순탄치 않았으리라 보인다. 그럼에도 불구하고 '어문고'에 대한 관리는 만전에 만전을 기하고 있었음을 볼 수 있다.

호소노가 지은 이 초고에 『삼국유사』의 편람도 들어 있었을 것이다. 호소노는 몇 사람에게 공람을 시켰는데 초고가 돌아오지 않았다. 그 내용을 지금 볼 수 없음이 무엇보다 아쉽다.

메이지 유신이 일어난 다음 한학자들은 에도 시대의 기록물을 정리하는 일에 동원되었다. 도쿄대학의 문과 교수가 우리에게 성균관에 해당하는 창평학교 출신의 한학자로 채워진 것은 변혁기의 이들로서는 다행한 일이었다. 이에 걸맞게 오와리 번에서도 새로운 학교 체제가 만들어졌는데, 호소노는 유신이 난 이듬해인 1869년에 이 학교의 한학교수(漢學敎授)가 되었다. 그가 메이지 유신 이후 도쿄의 한학 출신 관료나 교수들과 어떤 교분을 나눴는지는 자세하지 않다. 다만 도쿄의 그들로서는 에도 시대의 서적을 가장 충실히 보관하고 있는 오와리 번의 상황을 듣기에 호소노만 한 이가 없었을 것이다.

그러나 안정되기 시작한 메이지 정부에서 도리어 오와리 도쿠가와 집안의 서적은 미증유의 위기를 맞게 되었다. 폐번치현(廢藩置縣)의 바로 다음 해부터 서적의 상당 부분을 팔아야 했던 사정을 앞서 말했다. 목록 또한 1847년경에 만들어진 '어문고 어서물 편람' 이후 소식이 없다. 그것은 에도 막부의 오와리 번에서 만든 마지막 목록이었다.

그렇다면 메이지 유신 이후에 목록이 전혀 나오지 않았는가. 그렇지는 않았다.

'스루가 어양 어서물 이로하분(駿河御讓御書物伊呂波分)' 1책이 1899년에 만들어졌다. 이는 메이지 유신기에 오와리 도쿠가와 집안의 서적이 어떻게 보존되었는지 그 상태를 볼 수 있는 귀중한 자료이다.

50음순으로 정리된 목록의 표지에는 '도쿠가와 저(德川邸) 집기계(什器係)'가 메이지 32년 곧 1899년 2월에 조사했음을 명기하고 있다. 제목의 '이로하'는 우리로 치면 '가나다순'이라는 말이다. 도쿠가와 아래 저(邸)를 써야 하는 시대가 되었다. 그래서 집안의 여러 물건을 관리하는 집기계 같은 데서 만들 수밖에 없었지만, 이 목록은 다분히 활판 인쇄를 염두에 둔 원고가 아닌가 싶다. 도쿠가와 후손들은 귀족의 칭호 가운데 하나를 얻어 겨우 연명하는 시기였다. 재산도 거의 몰수되었고, 가진 물건 가운데 좋은 것들은 팔아넘겨야 했다. 책도 그 가운데 하나였다. 그러면서도 목록을 만들려 한 이 집념은 과연 무엇이었을까. 거기에 『삼국유사』는 '삼국유사(三國遺事) 조선판(朝鮮板) 어상제십호(御箱第十號) 이책(二冊)'이라고 적혀져 있다.

이 목록이 나온 메이지 32년이라면 도쿄제국대학 문과대학 사지총서가 간행되기 시작한 1897년의 2년 뒤이고, 총서의 하나로 『삼

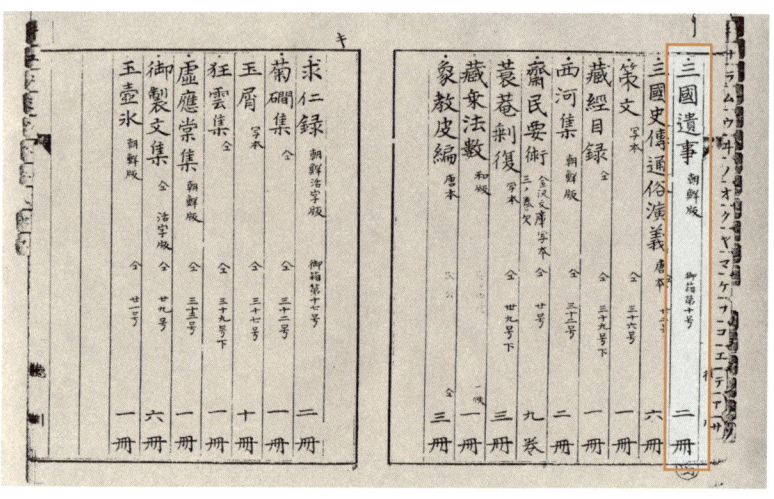

스루가 어양 어서물 이로하분 메이지 유신 후 에도 막부가 망한 다음에 나온 목록. 19세기가 막을 내리는 1899년, 오와리 번은 사라졌지만, 문고만은 지키려 애쓴 흔적을 이 목록을 통해 살필 수 있다.

국유사』가 발행된 1904년에서 불과 5년 전이다.

마지막으로, 유신 전후에 작성되었을 것으로 보이나 정확한 시기를 알 수 없는 목록이 몇 종 있다.

'어서물 목록(御書物目錄)' 3책에는 상책(上冊)에 '삼국유사 동(同) 2책'이라 쓰여 있고, '개정 어서물 목록(改正御書物目錄)' 3책에는 1책에 '삼국유사 조선판 2책'이라 썼는데, 이는 앞 목록의 개정판인 듯하다. 그리고 '스루가 어양 어서적 부류분 목록(駿河御讓御書籍部類分目錄)' 1책에는 잡사(雜史)에 '삼국유사'라고만 적었다. 목록의 엽(葉)에 '도쿠가와가(德川家)'라고 적혀 있는 것으로 보아 메이지

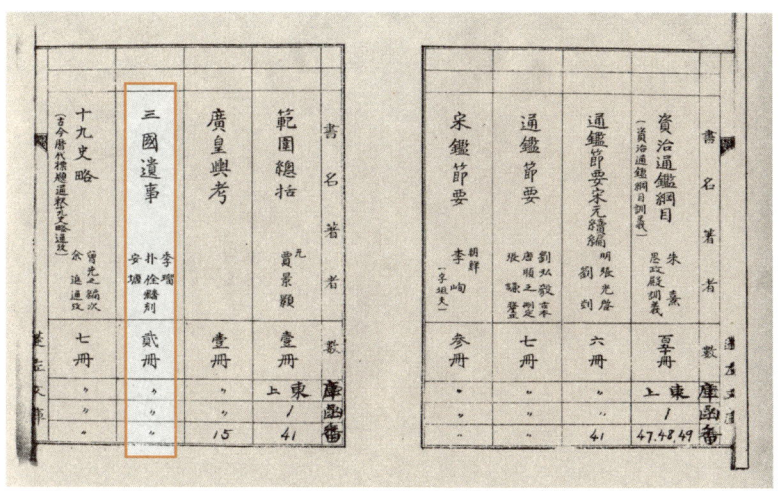

스루가 어양 어서물 목록 오와리 번의 어문고가 호사문고로 이름을 바꾼 후 나온 목록. 1913년, 호사문고 최초의 목록집을 내기 위해 만든 원고로 보인다.

시대의 목록으로 보인다.

시기를 정확히 알 수 없는 목록 가운데 '스루가 어양 어서물 목록(駿河御讓御書物目錄)' 1책에는 매우 중요한 기록이 눈에 띈다. '삼국유사 계류(季瑠) 부전(朴佺) 안당(安塘) 번각 2책 동상(東上) 1함 15번'이라 적었거니와, 계류·부전·안당 세 사람이 번각을 했다는 기록은 여기서 처음 보인다. 그러나 계류는 이류(李瑠), 부전은 박전(朴佺), 안당은 안당(安瑭)의 잘못이다. 1512년 경주에서 간행된 임신본의 발문에 나오는 사람들이다. 여기에는 교정원으로서 최기동(崔起潼)과 이산보(李山甫)가 더 있고, 더욱이 간행주체자이며 발문을 쓴 이계복(李繼福)도 있는데, 그들을 빠뜨린 채 세 사람만 든 사정은 알 수 없다.

이 목록은 다이쇼기(大正期, 1912~1925년)에 만들어진 것이 거의 확실하다. 그야말로 마지막 목록이었다. 엽(葉)에 '호사문고(蓬左文庫)'라는 이름이 인쇄되어 있다. 이 이름은 1912년(다이쇼 1년) 무렵에 오와리 도쿠가와 19대손 요시치카(德川義親, 1886~1976년)에 의해 명명되었던 것이다.

이듬해 호사문고 최초의 목록이 만들어졌다. 이는 그 원고로 보인다.

『삼국유사』 재발견의 도화선

메이지 유신은 도쿠가와 정권과 오와리 번의 종말을 가져왔지만, 『삼국유사』에게는 오랜 칩거 끝의 화려한 외출을 선물하였다.

돌이켜보면 임진왜란이 끝나던 해, 패퇴하는 전함의 귀퉁이에 몸을 싣고 일본으로 온 『삼국유사』가 처음 집 밖을 나섰던 것은 1624년, 오와리 번에서 교토의 천황에게 보내는 선물 꾸러미 속에 실리면서였다. 32종의 귀중한 책을 금중(禁中)에 빌려 주던 그 일 말이다. 이것을 나는 32종 세트로 이름 붙여 앞서 소개하였었다. 그렇게 '교토 외출'을 마치고 돌아온 다음 『삼국유사』는 오와리 집안사람으로부터 극진한 대우를 받지만, 오랜 칩거의 생활 속에 외

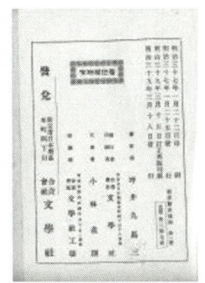  
 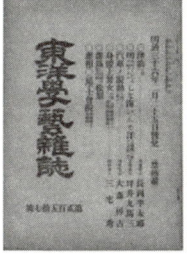 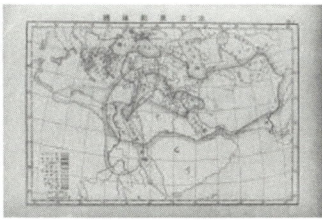

쓰보이가 낸 저서 쓰보이 구메조는 박학다식의 특이한 역사학자였다. 학생 시절에 사학과 강사를 겸했으며, 서양과 동양을 두루 포괄하는 저서 또한 다양하다.

부의 조명을 받지는 못하였다.

그로부터 280년이 지난 다음, 세상은 뒤바뀌고, 뜻밖에 『삼국유사』를 찾는 이가 있었다. 그는 바로 도쿄제국대학 국사학과 교수 쓰보이 구메조(坪井九馬三, 1858~1936년)였다.

쓰보이는 독특한 이력의 소유자였다. 오사카에서 출생한 그는 1881년 도쿄대학의 문학부 정치이재학과(政治理財學科)를, 1885년 이학부 응용화학과를 졸업하였다. 그러니까 본디 정치와 과학을 전공한 사람이었다. 그런데 재학시절부터 학생 신분으로도 역사학을 강의했고, 1886년 제국대학이 출범하자 강사로 채용되었으며, 문학부와 이학부에서 교원을 겸임하며 가르쳤다.

그러던 그에게 인생의 전기가 찾아왔다. 역사학에 전념해야겠다는 결심을 한 것이고, 드디어 1887년 일본인으로서는 최초로 독일에 유학하여 서양사학과 이론을 배웠다.

쓰보이의 유학은 역사에 대한 그의 안목을 넓혀 주었음에 틀림없었다. 시게노 야스쓰구 같은 스승이 아무리 실증사학을 제창했다 해도, 전통유학을 바탕으로 한 그의 역사관에는 한계가 있었다. 쓰보이는 독일에서 초청한 역사학자 루스 교수에게서 깊은 감명을 받았다. 유학을 결심한 것도 그의 영향이었다.

1891년에 귀국한 쓰보이는 도쿄제대 문과대학의 교수가 되었다. 그리고 이때부터 기획한 것이 문과대학 사지총서였다.

『삼국유사』는 그를 따라 두 번째 외출, 문과대학 사지총서의 아홉 번째 책으로 옷을 바꿔 입고 세상에 나왔다. 쓰보이가 문과대학 학장이 되던 1904년의 일이었다.

참고로 쓰보이가 도쿄제국대학의 이름으로 발행한 사지총서 16종 세트는 다음과 같다.

1. 마쓰다이라기(松平記) 6권
2. 이에타다 일기(家忠日記) 6권
3. 미쓰가와 모노가타리(三河物語) 3권
4. 대관상흥 일기(大館常興日記) 6권
5. 청풍기(晴豊記) 10권
6. 청우기(晴右記) 3권

7. 친준일기(親俊日記) 3권

8. 친원일기(親元日記) 8권 별록 3권

9. 삼국유사 5권

10. 우관기(愚管記) 26권

11. 결번일기(結番日記) 외

12. 쓰루오카사무기록(鶴岡社務記錄) 외

13. 동원공정일기(洞院公定日記) 외

14. 흥복사연대기(興福寺年代記)

15. 사사기록(伺事記錄) 1책

16. 삼국사기 50권

사지총서는 도쿄제대에 국사학과가 설치된 다음 그 교재의 필요성 때문에 발행되었다고 알려진 16권이다. 1897년에 1, 2권이 나온 후 1917년까지 20년에 걸쳐 전체 16권으로 마무리되었다.

16권 가운데 아홉 번째가 『삼국유사』이고, 열여섯 번째가 『삼국사기』이다.

이 두 권을 제외하면 모두 에도 막부의 역사적 사실을 알 수 있는 일기자료 중심이다. 예를 들어 『이에타다 일기(家忠日記)』는 도쿠가와 이에야스를 가까이에서 모셨던 마쓰다이라 이에타다(松平家忠, 1555~1600년)가 기록했던 일기이다. 1577년 10월부터 1594년 9월까지 18년간에 걸쳐 쓴 일기 6권이 지금 남아 있다. 무장의 일기라는 점에서도 희귀하지만, 도요토미 히데요시 시대에 쓰인 기초 역사자료라는 점에서 매우 중요하게 여기고 있다. 도쿠가와는 물론 오다 노부나가와 도요토미의 군사행동뿐만 아니라, 당시 무장의 교양·취미 등 생활면까지 알 수 있어 흥미롭다.

그런가 하면 『미쓰가와 모노가타리(三河物語)』는 에도 막부 전기의 중견 관료인 오쿠보 다다다카(大久保忠教)가 쓴 자서전이다. 도쿠가와 이에야스가 죽고 난 뒤인 1622년에 초고가 작성되었는데, 상권은 도쿠가와 이에야스의 아버지 히로타다(廣忠)까지의 도쿠가와 집안의 사적이고, 중권과 하권은 이에야스가 미쓰가와(三河), 도오토우미(遠江), 스루가(駿河), 가이(甲斐), 시나노(信濃)의 다섯 개 나라의 다이묘(大名)가 되는 과정을 적었다. 이에야스의 영향권을 벗어나 보다 솔직하고 자세히 이 시대를 그렸다는 점에서 역시 매우 중요하게 다루어진다. 이는 역사자료로서만 아니라 일반 대중의 독서물로도 많이 읽혔다.

이렇듯 에도 막부 시기의 사료를 중심으로 엮었음에 틀림없는 이 총서에 『삼국유사』와 『삼국사기』가 들어간 것은 한국의 고대사와 관련된 학계 나름의 고민을 해결하기 위한 고육지책(苦肉之策)으로 보인다. 그것은 특히 『삼국유사』에 와서 더욱 그렇다.

그런 의미에 대해서는 차차 말하기로 하고, 앞서 소개했던 32종 세트와 여기 16종 세트의 총서에 공통되는 점 두 가지를 들어 보자.

하나는 1624년 32종 세트의 '금중(禁中)에 빌려 드린 서적'은 말할 나위 없지만, 이번의 16종 '사지총서' 또한 도쿠가와 집안에서 나온 일기 자료가 중심, 곧 도쿠가와 집안을 배경으로 하고 있다는 점이다. 다른 하나는 두 총서에서 유일하게 겹치는 책이 있는데, 바로 『삼국유사』라는 점이다.

이 두 가지 사실은 서로 어떤 관련성을 가지고 있을까?

일본에서 두 세트는 각각 에도 시대와 메이지 유신 시대를 상징할 만한 의의를 가지고 있다. 누구의 눈에 띄었고, 어떤 목적에서 『삼국유사』는 그 의의 속으로 들어갔을까.

기실 1904년, 도쿄제대 사지총서의 하나로 간행된 근대 활판본 『삼국유사』는 일본뿐만 아니라 한국에서도 '20세기 삼국유사 재발견'의 도화선이 되었다. 우리는 이것을 '1904년본 삼국유사'라 부르기로 했다. 600여 년을 잠들어 있던 『삼국유사』는 20세기에 들어 일거에 한국의 고대사와 고대문화를 이해하는 거의 유일한 책으로 돌출했는데, 거기서 1904년본 『삼국유사』의 역할은 상상 이상이다. 그리고 이 책을 낼 수 있었던 것은 도쿠가와 집안의 32종 세트에 『삼국유사』가 들어갔기 때문이다.

이제 이 둘의 연결 고리를 설명하는 데서 긴 이야기는 마무리될 것이다.

그들에게도 문제는 '단군'이었다

오와리 도쿠가와 집안은 천황에게 보내는 32종의 서적 속에 『삼국유사』를 포함시켰고, 이런 사실로 인해 이후 이 집안에서 대대로

『삼국유사』는 특별한 취급을 받았다. 이렇듯 무척 소중하게 보관 관리된 『삼국유사』는 파손이나 인멸의 위험에서 벗어날 수 있었을 뿐만 아니라, 19세기 후반 들어 한국의 역사를 심도 깊게 연구해야 했던 메이지 시기 사학자들에게 쉽게 눈에 띨 수 있었다. 비록 그들에게 새로운 고민거리를 안겨 주었지만, 그럼에도 불구하고 사지총서의 하나로 간행하자고 결정하였고, 이로 인해 『삼국유사』는 20세기 들어 다른 어떤 책보다도 화려하게 조명되는 재발견의 계기를 얻게 되었다.

여기서 '새로운 고민거리'란 무엇을 이름인가.

메이지 27년은 1894년, 곧 청일전쟁이 일어난 해이다. 이 연도와 관련해서 우리의 비상한 관심을 끄는 것은, 바로 이때부터 일본의 사학계가 조선사 연구에 관심을 갖고 그 성과물을 내놓기 시작했다는 사실이다. 왜 그때부터인가는 굳이 설명을 붙이지 않아도 될 듯하다. 다시 한 번 이 시기 일본 역사의 중요한 사건을 연대별로 나열해 보자.

    1871년 폐번치현으로 메이지 유신의 형식 완료
    1876년 강화도조약. 식민정책의 시발
    1877년 국립 도쿄대학 설립
    1886년 도쿄대학을 제국대학으로 바꾸고 본격적인 제국주의 관료 양성 시작
    1888년 제국대학 안에 국사과 설치

이 일련의 일들은 곧 일본이 후발 제국주의자로서 그 길을 차근차근 밟아가는 과정이라고 할 수 있다. 그런 그들이 넘어야 할 첫 산이 청나라였다. 한편으로 내부의 힘을 길러가면서, 다른 한편으로 아시아의 맹주가 되기 위해 쓰러뜨려야 할 상대가 청이었던 것이다. 그리고 그들은 청과의 전쟁에서 이겼다. 1894년이었다.

도쿄제대 사학과의 시라토리 구라기치(白鳥庫吉, 1865~1942년)가 「단군고(檀君考)」라는 논문을 발표한 것이 1894년 1월이었다. 시라토리는 스물아홉 살의 신진기예(新進氣銳)였다. 도쿄와 맞붙은 치바(千葉) 출신인 그는 도쿄제대 사학과를 졸업하고, 나중에 이 대학의 교수가 되어 제자를 길러낸, 도쿄제대를 대표하는 역사학자이다. 이 무렵 일본의 사학계에서는 '동(東)의 시라토리 서(西)의 나이토'라는 말이 있을 정도였다. '서의 나이토'란 교토제국대학의 나이토 도라지로(內藤虎次郎)를 말한다. 1925년 교토제대 발행 『삼국유사』의 서문을 썼던 바로 그이이다. 나이토가 다소 진보적인 성향의 학자였다면, 시라토리는 보수적인 제국주의 학문의 입장을 굳게 지켰다. 얼마 전에 찾아온 오대산사고본 조선왕조실록을 도쿄제대로 가져간 장본인이 바로 시라토리였다.

위 논문에서 시라토리는 『삼국유사』의 단군 조를 인용하고 있는데, 아마도 일본에서 『삼국유사』가 논문에 인용된 첫 사례라 할 수 있다. 호불호를 떠나서, 사실 이것은 한일 간을 통틀어 『삼국유사』 연구의 시발점이라 해도 좋다. 그러니까 『삼국유사』의 근대적 연구는 1894년에 시작하였다. 이에 비해 『삼국사기』는 이보다 3년

시라토리 구라기치 메이지 유신기 도쿄 제국대학을 대표하는 사학자. 일제의 조선 침략과 식민통치를 위한 역사적 전거가 그의 손을 통해 만들어졌다.

앞선 1891년 하야시 다이스케(林泰輔)의 논문에 인용되어 있고, 이 듬해 본격적인 『삼국사기』의 해제가 나오기도 하였다.

시라토리는 이어 1894년 12월에 「조선의 고전설고(古傳說考)」를 발표하였는데, 다시 『삼국유사』의 단군설화를 인용하면서, '망탄(妄誕)의 극치'이지만 '다소의 사실을 찾아보고자' 하였다는 소감을 밝혔다. '다소의 사실'이란 무엇을 말하는 것일까.

세월이 흐른 뒤 시라토리는 『삼국유사』를 처음 보았을 때를 다음과 같이 회고하고 있다.

> 『삼국사기』는 중국의 사적에서 거의 절반 이상을 표절했다.(중략) 『삼국유사』는 오리지널 현물(現物)을 가지고 있으나 가치는 그다지 크지 않다. 그러나 『삼국사기』보다는 이 『삼국유사』가 조선 고유의 것을 많이 포함하고 있다. 이 점에서 나는 『삼국사기』보다는 『삼국유사』 쪽이 가치 있다 받아들이고 있다.

경술국치(庚戌國恥) 곧 한일합방이 이뤄진 뒤인 1910년 11월, 시라토리가 전국도서관대회의 강연에 나와 한 말이다.

  이때라면 그로서는 제국대학 역사교수로서 느꺼운 감정에 사로잡혀 있었을 것이다. 제국이 바라는 역사교육에 매진했거니와, 식민개척의 대상인 조선에 대해 성의를 다한 결과 이제는 정치적으로 합방을 이루었으니, 거기에 일조한 자신에 대해 자부심을 느끼고 있었으리라. 그러기에 조금의 여유가 생겼을 법도 하다. 『삼국유사』에 대해 이제는 한발 물러나 학자다운 가치평가에 인색할 필요가 없었겠다.

  그런 그의 생각의 끝을 쫓아가다 보면, 위의 강연에서 세 가지 대목이 눈에 들어온다.

  첫째, '오리지널 현물'이라는 말. 『삼국유사』의 내용이 지닌 특징을 이 한마디처럼 간명하게 밝힌 말이 또 있을까. 다른 책에서 찾지 못할 『삼국유사』가 지닌 가치의 핵심이기도 하다. 그러나 이에 못내 걸리는 점이 있어 둘째, '가치는 그다지 크지 않다'고 짐짓 깎아내린다. 단군신화를 '망탄의 극치'라고 평했던 자신의 주장을 잊지 않고 있는 것이다. 그러나 셋째, '조선 고유의 것'을 『삼국유사』에서 발견한다고 말을 맺었다. 이 기막힌 말의 잔치―.

  에도 막부 시절에도 『동국통감』 같은 책을 통해 조선의 사정이 어느 정도 파악되었지만, 근대적인 학문연구 역량을 갖춘 유신기의 연구자들에게 그것은 매우 부실한 어떤 것으로 보였다. 『삼국사기』 같은 새로운 자료를 발굴하여, 일본사의 우월성과 한국사의 약점을 찾아내자 애쓰는 과정에 그다지 큰 애로가 없었다.

그런데 거기서 뜻밖에 『삼국유사』라는 복병을 만났다. 슬쩍 들여다보아도 『삼국유사』는 그들에게 결코 유리한 자료가 아님을 알았을 것이다.

물론 단군 때문이었다. 단군의 조선 건국이 기원전 2333년, 그에 비해 제1대 천황 진무(神武)의 즉위는 기원전 660년이다. 단군을 역사적 사실로 받아들인다면 저들은 출발에서 형편없이 뒤진 왕국이 되고 만다. 식민개척을 한발 앞두고 '만세일계'의 천황가가 조선보다 앞서지 않고서야 무슨 말을 할 수 있겠는가. 그래서 '망탄'이라는 혹평을 서슴지 않았다.

조선의 유학자들이 사대의 명분에 사로잡혀 단군을 뜨거운 감자로 여겼다면, 시라토리는 제국의 첨병으로서 과감히 깨지 않아서는 안 될 단군이었다.

하지만 '다소의 사실'을 찾겠다고 말한다. 그는 분명 다른 사료에서 볼 수 없는 『삼국유사』의 매우 특이한 점에 사로잡혔던 것이다. 역사학자가 지닌 일말의 양심이었다. '오리지널 현물'이라는 말에 그가 가진 생각의 핵심이 있다.

단군은
고구려가 만들었다고?

그렇다면 시라토리가 말한 '단군론'이란 어떤 것이었던가. 여기서 그 대강을 살펴보고 넘어가기로 하자.

시라토리는 단군이라는 이름의 연원인 단목(檀木)이 전적으로 불교의 우두전단(牛頭旃檀)에 비의한 것이라고 전제하였다. 그러면서 『화엄경』의 "마라야산(摩羅耶山)에서 전단향(旃檀香)이 나오는데, 이름은 우두(牛頭)이다"라는 구절을 내세웠다. 조선의 태백산은 향목(香木)이 많은 곳이어서, 그것을 인도 마라야산에 비의하고 그 향목을 우두전단으로 분류하여, 그 나무 아래 내려온 인연에 따라 단군이라는 이름을 붙이게 되었다는 것이다. 결국 불교가 정착된 다음에 만들어진 것이 단군신화이고, 이는 불교설화의 우두전단에 근저(根底)한 가작담(假作談)이라 규정하였다.

시라토리의 말대로 가작담이라고 한다면, 이는 언제 만들어졌다는 것인가. 시라토리는 두 가지 잣대를 동원하였다.

한반도에 불교가 전래되기는 고구려의 소수림왕 2년(372년)이었다. 그리고 『삼국유사』의 '고조선' 조가 인용한 첫 서적인 『위서(魏書)』는 북제(北齊)의 천보 2년(551년)부터 편찬에 착수하였는데, 그렇다면 '단군전설'이 생겨난 것은 이때로부터 아래로 내려가지 않는다. 그래서 시라토리는 '단군전설'의 기원을 372년부터 551년에 이르는 179년 사이로 봐야 한다고 주장하였다.

또 한 가지―. 시라토리는 "단군은 고구려 한 나라의 선조이다"라는 주장을 첨가하였다. 조선 역사 전체의 선조가 아닌 고구려만의 선조―. 시라토리의 단군 깎아내리기는 이렇게 전개된다. 여러 기록을 종합하건대, 단군의 아들은 부루, 부루의 아들은 금와, 금와의 아들은 주몽, 주몽의 아들은 유리가 되고, 이 가운데 누구를

'진짜 인물'로 봐야만 하는지 자문하였다. 그의 대답은 이렇다.

단군의 일은 『위서』에만 보이는데, 주몽의 사적은 『위지』 권3의 주석에 나타난다. 주석에 언급한 『위략』은 위나라 어전(魚篆)의 저작으로 명제(明帝)까지의 일을 적고 있는 책이다. 명제는 239년에 죽었는데, 불교가 고구려에 들어온 것이 372년이라면, 동명왕은 불교설화와 전혀 관계없는, 진정으로 구비에 의해 전해진 인물이라는 사실이 명백하다.

시라토리의 이 말을 요약하면, 단군·부루·금와·주몽·유리 가운데 한반도에 불교가 들어오기 이전의 중국 쪽 기록에 나오는 주몽이야말로 불교와 관련 없는 인물이고, 이때로부터 역사적 사실에 근접하는 것으로 보겠다는 것이다. 이는 곧 단군·부루·금와는 불교설화의 틀을 빌려 단군을 가작(假作)하면서 만들어진 세트라는 말이 된다. 나름대로 치밀한 정황분석이다.

시라토리는 이런 역사적 증거나 정황을 가지고 일단 '단군전설'이 만들어진 때를 372년부터 551년 사이라 해 놓고, 그 가운데서도 어느 시기인가를 추정해 나간다. 그의 눈에 들어온 이는 고구려의 장수왕(413~491년)이었다. 시라토리는 다음과 같이 말한다.

장수왕 15년에 이르러서 드디어 수도를 이곳에 두면서 평양은 역대(歷代)의 왕도가 된다. 그렇다면 단군이 평양에 도읍했다고 하는 것도 장수왕 천도 뒤에 생겨났을 것이라고 생각해야 한다.

　장수왕 때가 고구려의 전성기였음을 웅변하는 사례는 여러 가지 있다. 아마도 가장 상징적인 것은 광개토대왕 비석을 세운 일이 아닐까 한다. 오늘날 연구자들은 아마도 고구려 당대의 최고 문장가가 온갖 심혈을 기울여 지은 문장일 것이라고 말한다. 그 배경에는 고구려의 국력이 최고조에 달한 5세기 초, 자신감으로 가득 찬 사회분위기와 고양된 역사의식이 깔려 있으리라는 점도 첨부된다. 바로 장수왕 때였다.
　시라토리는 이런 장수왕 때에 고구려가 도읍을 평양으로 옮긴 것과 단군의 평양 도읍을 연결시키고 있다.
　불교가 전래되어 불교적 지식을 쌓았고, 부강한 나라의 자긍심을 극대화시키는 일의 하나로, 자신의 조상이 다름 아닌 단군이었다고 자신만만하게 내세웠다는 것이다. "자기 나라의 선조를 요순과 나란히 부르기를 꺼리지 않은 용기도 이 왕 때에 능히 일어날 일"이었다고, 시라토리는 한껏 장수왕 시대의 고구려를 치켜세우고 있다. 그러면서 슬쩍 "단군전설은 당시의 사상을 밝게 드러내는 역사상 훌륭한 기념물"이었다고, 시라토리는 단군의 탄생을 5세기 고구려로 끌어내리고 있다. 겨우 스물아홉 살의 소장 학자 시라토리는 그 나이에 걸맞지 않게 노회한 솜씨로 단군을 깔아뭉갰다.
　다음 차례가 '조선'이라는 국호의 문제—.
　시라토리는『상서대전』에 나오는 "무왕이 은나라를 치자, 기자

(箕子)가 주나라의 조선으로 달아나니, 무왕이 이를 듣고 그를 조선에 봉(封)했다"는 구절에서 '조선'이 처음 쓰였다고 주장한다. 그런데 한국의 역사에서는 그것을 단군이 지은 나라 이름이라 하고, 단군을 요순과 때를 같이 하는 것처럼 쓰고 있다고 빈정댄다. 자신이 보기에는 고구려가 처음이었다는 것이다.

> 반도의 한 작은 나라이면서, 그 선조를 중국의 요순 때로 두고, 그 영토에 조선이라는 통일된 명칭을 올려 둔 것처럼, 사실의 망탄함은 차치하고라도, 기상의 웅대함은 놀라운 나머지이다.

앞서 단군을 깔아뭉개는 것과 똑같은 논리이다. 기상의 웅대함을 찬탄하는 듯하면서, 실은 갖다 붙이는 재주가 보통이 아니라는 빈정거림이 그 안에는 녹아 있다. 그나마 "중국과 부단한 투쟁을 겪으며 국운을 증강시킨 고구려에 있어서 가장 융성한 무렵의 일이었다"고 치켜세워 주지 않았다면 우리는 그에게 더 유감스러웠으리라. 그렇다고 고마워하자는 말이 아니다. 어쨌건 조선과 단군을 5세기 고구려가 만들어 낸 가작(假作)이라고 주장하는 것이 시라토리의 궁극적인 목적이었다.

사실 시라토리는 우두전단에서 단목이 나왔다고 아무 근거 없이 전제해 버렸고, 불교의 수입과 관련된 일정 아래 단군의 탄생을 확정지었다.

지금 학계에서는 이런 까닭에 시라토리의 단군론에 크게 괘념하지 않는 분위기이다. 그럴 법도 하다. 우리가 보기에 이 논문은 논문으로서 갖춰야 할 보다 치밀한 논리가 결여되어 있다. 그런데 1894년, 청일전쟁이 일어나던 해의 조선에 관한 논문으로서, 새로 나온 자료 『삼국유사』를 인용하는 첫 논문으로서, 근대적인 연구 방법을 원용한 본격적인 논문으로서 우리는 이 글을 다시 한 번 유심히 보지 않으면 안 된다. 식민의 논리를 개척하는 신호탄으로서 과연 이후 어떤 역할을 했는지 말이다.

일본에서 살았던 『삼국유사』 형제

시라토리는 처음에 어떻게 『삼국유사』를 볼 수 있었을까. 1894년이라면 도쿄제대 사지총서의 『삼국유사』가 간행되기 꼭 10년 전이었다.

이에 대해 추정해 볼 수 있는 것은 한 가지밖에 없다. 바로 임진왜란 때 일본으로 건너간 『삼국유사』 원본을 직접 보았다는 것. 그는 사본으로든 원본으로든 이 『삼국유사』를 보고, '오리지널 현물'의 위력을 직감했으리라. 그가 본 원본은 앞서 소개한 도쿠가와 집안에서 보관하고 있던 그것과, 다른 하나는 간다본(神田本)이라 불리는 원본이다.

간다본의 간다(神田)는 간다 남작(男爵) 곧 간다 다카히라(神田孝平, 1830~1898년)이다. 그는 기후 현(岐阜縣) 출신이었다. 일찍이 서

간다 나이부 『삼국유사』 간다본의 소유자인 간다 다카히라의 아들. 일본 최초의 영어학자였으며, 제국대학의 영어교수였다.

양학을 배워 메이지 유신의 서양 학자 특히 명육사(明六社)의 동인이 되어 함께 활동했다. 유신이 난 다음 효고현령(兵庫縣令)으로 이름을 날렸고, 자리에서 물러난 다음에는 고고학 연구에 전념했다. 1894년에 남작이 되었다. 그의 양아들 나이부(乃武)는 미국에 유학한 일본 최초의 영어학자였으며, 도쿄제대 교수가 되어 일본 근대문학의 문호 나쓰메 소세키(夏目漱石)를 가르치기도 하였다. 도쿄제대에서 외국어학부가 독립하여 도쿄외국어학교(지금의 도쿄외대)가 만들어지자 초대 교장으로 임명되었다.

간다 다카히라는 문부성에 근무할 때 제국대학 창설의 일을 맡은 바 있었다. 그런가 하면 효고현의 현령을 지낸 다음에는 도쿄학사회원(東京學士會院)의 회원으로 활동했기 때문에, 제국대학 출신의 시라토리와는 빈번한 교제가 있었으리라 추정된다.

그런데 간다에게 『삼국유사』의 원본이 하나 있었다. 그는 어떻게 이 책을 가지고 있었을까.

임진왜란 때 일본군이 가져간 『삼국유사』는 두 질이었다. 하나는 가토 기요마사(加藤淸正)의 것으로 도쿠가와 이에야스에게 바쳐졌고, 우키다 히데이에(浮田秀家)가 또 하나를 가지고 있었다. 어느 날 우키다의 애첩이 중병에 걸렸다. 이때 에도 막부의 의사였던 야나세 쇼린(曲直瀨正琳, 1565~1611년)이 깔끔하게 치료해 주었다. 우키다는 너무나 감격한 나머지 야나세에게 말하였다.

"야나세. 무엇으로 이 신세를 갚아야 할까?"

야나세로서는 조금 당황스러웠다. 우키다는 도요토미 히데요시 아래서 다섯 손가락 안에 드는 장군이었다. 임진왜란 때 조선에 출병했고, 관서의 요충지 오카야마(岡山)의 영주였다. 쉽게 입을 열지 못하는 야나세에게 우키다는 다시 다그치듯 말했다.

"소원을 말해 보게. 어떤 일이든 들어주겠네."

야나세는 마지못해 속내를 털어놓았다.

"이런 일이 생길 줄 몰랐습니다만, 말씀하시니……. 장군께서는 조선에서 좋은 책을 많이 가져왔다 들었습니다. 저는 책을 좋아하고, 좋은 책을 모으는 취미를 가지고 있습니다. 부디 조선의 책 가운데 제게 주실 만한 게 있으시다면……."

"그거라면 아무 어려운 일이 아니지."

우키다는 쾌히 제가 지닌 조선의 책을 야나세에게 주었다. 야나세는 이 책을 받아 와 자신의 장서인인 '양안원장서(養安院藏書)'라는 도장을 찍어 서고에 들였다. 거기『삼국유사』도 끼어 있었던 것이다.

오랜 시간이 흐른 후, 야나세의 책이 어떤 경로로 간다 남작에게 넘어갔는지는 그 사정이 자세히 알려져 있지 않다. 다만 시라토리

이마니시 류 『삼국유사』에 관한 한 이마니시가 들인 공력은 누구보다 컸다. 제국주의 사학의 틀 안에 있었으나, 『삼국유사』 자체의 사료적 문화적 가치를 크게 평가하였다.

의 제자 이마니시 류(今西龍)는 간다 남작이 지니고 있었던 『삼국유사』에 야나세의 장서를 입증하는 '양안원장서'라는 도장이 찍혀 있었다고 증언하였다. 이마니시는 스승으로부터 이런 이야기를 들었을 것이다.

그런데 이 책이 지금 전해지지 않을 뿐만 아니라, 야나세의 장서 목록에도 보이지 않는다는 점이 문제라면 문제이다.

야나세가 남긴 장서 목록은 지금 두 종을 확인할 수 있다. 그가 죽은 뒤 바로 나온 전기에 조선서 17종 193책을 적은 첫 번째 목록과, 1799년에 만들어진 조선서 8종 64책이 실린 두 번째 목록이다. 이 목록에 보이는 도합 25종 257책 가운데 『삼국유사』는 어디에도 들어 있지 않다. 그러니까 1799년 이전에 야나세의 『삼국유사』가 사라지고 없었다는 말인데, 어떻게 간다는 양안원장서의 『삼국유사』를 가지고 있었던 것일까.

실은 1717년 야나세의 집에 화재가 발생하여 많은 책을 잃은 사고가 있었다. 만약 이때 『삼국유사』도 불탔다면 간다 남작에게 이 책이 전해졌을 리가 없다. '양안원장서'라는 도장이 찍힌 『삼국유사』가 있었다는 이마니시의 증언도 심히 믿을 바 못 된다. 다만 가능성은 남아 있다. 화재로 소실되기 이전에 필사본이 만들어졌을 경우이다. 그렇다면 간다본은 원본이 아닌 필사본일 가능성을 배제하지 못한다.

도쿠가와본이 나고야의 도서관에서 소중히 관리되고 있던 데 비해 간다본은 이런 우여곡절을 겪고 있었다. 전쟁 통에 일본으로 끌려간 『삼국유사』 형제의 운명은 극명히 갈렸다.

어찌 되었건 메이지 시대 연구자들에게 『삼국유사』에 대한 믿음은 간다본으로 불충분했으리라 보인다. 저자, 체제 등만으로도 『삼국유사』는 지금까지 서지상 여러 가지 의심을 떨쳐 버리지 못하고 있다. 그런데 그 시절에, 간다가 소장한 『삼국유사』가 어느 날 시라토리에게 건네졌더라도, 뜬금없는 사본 또는 개인 소장본 하나를 가지고, 조선사 연구의 족적을 크게 남겨야 하는 시점에서 불쑥 내밀기가 시라토리는 잠시 망설여졌을 것이다.

다시
쓰보이 구메조 이야기

그렇다면 도쿠가와 집안에서 전승되던 『삼국유사』는 간다본이 지닌 이런 아쉬움과 불안을 일거에 날려 버리는 결정적인 역할을 했다고 볼 수 있다. 더욱이 그것이 저들 천황의 친견(親見)까지 마친 책임을 안 다음에는 더 말할 나위 없었겠다.

도쿠가와 집안의 『삼국유사』가 시라토리 같은 학자의 눈에 띈 사정을 이렇게 추정해 볼 수 있다.

1871~1872년 사이에 도쿠가와 집안에서는 그들이 소장한 책을 팔기 시작하였다. 1871년이라면 폐번치현(廢藩置縣)이 실시된 해였다. 이제 오와리 번은 없어졌다. 없어진 것은 번만이 아니라 번의 경제력이었다. 그들은 대규모 도서관을 운영하기에 벅찼다. 그런데 폐번치현 2년 전에 메이지 신정부에는 수사총재(修史總裁)가 만들어지고, 일본사 편찬을 위한 사료 수집이 시작되었다. 도쿠가와 집안의 책은 주로 이들에게 팔려나갔다.

이때 팔았던 책의 목록은 지금도 확인이 가능하다. 목록의 책 제목 위에 일일이 '불(拂)'자 도장을 찍어 놓았기 때문이다. 『삼국유사』는 팔지 않았다.

사실 앞서 밝힌 것처럼 일본사 편찬을 주도하던 시게노 야스쓰구(重野安繹) 같은 이들은 『삼국유사』에 관심을 두지 않았다. 그의 제자이자 최초의 단군론을 쓴 시라토리 구라기치 같은 젊은 세대에 와서야 달라졌다. 시라토리가 단군론을 쓴 것은 다분히 제국주의 일본의 국가정책과 관련이 있음을 앞서 말하였다. 이른바 조선 침략과 경영을 위한 사전조사이다. 그러나 아무리 그에게 그런 임무가 주어졌다 해도 자료가 없으면 아무 소용없었을 것이다. 그에게 『삼국유사』의 존재를 보다 분명히 알려 준 이는 쓰보이 구메조로 보인다.

쓰보이는 시라토리보다 도쿄대학 5년 선배였다. 시라토리는 정치·과학·역사 등에 두루 뛰어난 이 선배를 존경해마지 않았다. '학생강사'인 그의 강의를 듣기도 하였겠다. 1887년 쓰보이가 유럽 유학을 떠나자 시라토리는 졸지에 혼자 남게 되지만, 4년 뒤 귀국하여 문과대학 교수가 되었을 때는 큰 스승을 얻은 기분이었다.

"시라토리 군. 나는 역사에 대한 새로운 눈을 얻었네."

쓰보이가 입을 열자 시라토리는 크나큰 교시를 얻으려는 심정으로 다음 말을 기다렸다.

"실증주의 사학은 이제 새로운 경지를 열어가야 하네."

"구체적으로 무슨 말씀이신지?"

"이제 곧 20세기의 문이 열리고, 세계는 근대의 발걸음을 더욱 힘차게 내디딜 것일세. 우리 일본도 거기서 늦어지면 안 되네. 역사학도 마찬가지야. 지금 내각이 발족되고 그 안에 임시수사국이 만들어졌네만, 그동안 일본사 편찬을 위해 수집한 자료는 다소 편협하다는 생각이 드네. 역사는 생활의 역사이네. 생활은 왕뿐만 아니라 서민 대중에게까지 이어지지. 그런 생활을 구체적으로 그려내지 못하면 역사라 할 수 없어."

시라토리는 쓰보이의 말이 역사에 관한 유럽의 근대적인 학풍을 보여 주는 요체라 생각했다.

"그렇다면 어떤 자료에 관심을 두어야 합니까?"

쓰보이는 마음에 둔 이야기를 꺼내야겠다고 생각했다.

"우리에게는 많은 일기 자료가 있어. 그리고 신화나 설화 또한 실증사학의 범주를 넓히기 위해 무척 훌륭한 자료이네. 나는 곧 총서(叢書)를 편집하려 하네. 우리 사학과 학생들이 읽어야 할 필수적인 자료를 모은 총서가 될 길세."

"생각해 둔 목록이 있으신지요?"

"우선 에도 시대를 정리해야지. 그러기 위해서는 도쿠가 집안의 장서를 면밀히 검토할 필요가 있다고 보네. 나는 최근에 이 집안의 장서를 열람할 기회를 가졌네. 책에 관한한 무척 까다로운 집안이지만, 협조 받을 수 있으리라 믿네. 그리고 이건 좀 조심스럽네만……."

잠시 말을 멈춘 쓰보이는 시라토리의 눈치를 살피듯 한번 쳐다 보았다.

"무슨 말씀이신지?"

"시라토리 군. 자네는 조선에 대해서 얼마나 알고 있나?"

"조선이라면……?"

"조선의 역사나 풍속 말일세. 앞으로 정부에서 많이 필요로 할 것이야. 그동안 학계에 알려진 조선 역사의 자료뿐만 아니라, 새로운 것까지도."

이때 쓰보이에 의해 시라토리가 새로운 자료로 『삼국유사』를 소개받았으리라 나는 생각하고 있다. 간다 남작이 소장하고 있던 『삼국유사』가 아니라, 에도 시대 자료 정리를 서두르고 있던 쓰보이에 의해 처음 눈에 띈 바로 그 도쿠가 집안의 『삼국유사』였다. 그것은 천황에게 열람을 마치고 온 책이며, 그런 뒤로 이 집안에서 보물단지처럼 모셔졌던 책이다. 그런 흔적이 여기저기 남아 있는 목록 속의 메모만 보고서도, 쓰보이의 눈에는 이 책이 대뜸 눈에 들어왔을 것이었다.

쓰보이는 본디 독특한 사람이었다. 앞서 소개한 것처럼, 정치이재학과(政治理財學科)와 응용화학과를 졸업하고도, 도쿄대학 학생을 가르칠 만한 역사학의 소양을 갖추었을 뿐만 아니라, 아예 근대적인 역사 공부를 하러 유학까지 다녀온 사람이었다. 그런 그이기에 『삼국유사』를 가치 있는 책으로 한눈에 알아본 것은 아니었을까. 도쿠가와 집안에서 소중하게 다룬 내력으로 인해 덩달아 그러려니 따라갔다고만 볼 수 없다. 그는 새로운 시대에 맞춘 근대인의 눈을 가지고 있었다.

유학을 마치고 돌아온 쓰보이가 도쿄제대에서 가르치기 시작한 것이 1891년, 시라토리의 단군론이 발표되기는 1894년이었다. 쓰보이의 눈에 도쿠가와 집안의 『삼국유사』가 발견되고, 시라토리의 논문에 단군이 인용된 때를 나는 이 무렵으로 보고 있다.

1904년, 사지총서 『삼국유사』의 발간

쓰보이 구메조는 1904년 도쿄제국대학 문과대학의 학장이 되었다. 그가 내기 시작한 사지총서는 벌써 여덟 권, 그리고 이해 아홉 번째 책이 준비되고 있었다. 바로 『삼국유사』였다.

사지총서 간행에 결코 빼놓을 수 없는 사람이 하나 있다. 그는 구사카 히로시(日下寬, 1852~1926년)이다.

구사카는 치바(千葉) 출신의 한학자였다. 처음에 가와다 고(川田剛)에게 배우고, 나중에 시게노 야스쓰구의 제자로 배웠다. 정통적인 방식에 따라 후진을 양성하던 시게노와 가와다가 도쿄대학의 교수가 되자, 구사카는 스승의 추천을 받아 사료편찬괘(史料編纂掛) 겸 도쿄제국대학의 문과대학 강사로 채용되었다. 쓰보이와는 이때 만났다.

쓰보이로서는 한학에 능통한 사람이 필요했다. 그는 대학을 나왔지만 정통 한학을 배운 적은 없었다. 그러나 한문으로 된 자료가 많은 상황에서 누군가 자신을 거들어 주어야 했던 것이다. 여기서 구사카가 눈에 들어왔다.

쓰보이는 이미 4년 전인 1900년에 『삼국유사』 해제를 한 편 썼었다. 그가 거기서 애써 변증한 것이 이 책의 저자 문제였다. 그는 이렇게 말했다.

> 『동국여지승람』 권6 경기도 고마한삼역의 주에 본서를 인용한 다음 "이 책은 누가 지었는지 모른다. 고려 중엽 이후에 나왔다"고 하여, 찬술자가 자세하지 않고, 또 찬술연대도 정밀히 알지 못한다고 했지만, 이계복의 발에 있기로는 분명히 정덕 7년 재판, 본권5의 머리에는 '국존 조계종 가지산하 인각사 주지 원경충조 대선사 일연 찬(國尊曹溪宗迦智山下麟角寺住持圓鏡冲照大禪師一然撰)'이라 서명되어 있다. 찬술자의 서명은 매권 머리에 있어야 할 것이지만, 그렇지 않은 것은 초판본이

벌써 단란(斷爛)되어서, 그것을 전사(轉寫)하는 사이 필공(筆工) 등이 빠뜨린 데다, 나아가 떨어져 나가고 틀린 데가 생겨나게 했기 때문인가 한다. 본서를 정독함에 한 사람이 찬술한 것이 틀림없다면, 단연코 전5권을 승 일연의 찬술로 받아들여야겠다.

저자 문제가 먼저 대두된 것은 위의 글에서 쓰보이가 말한 대로이다. 전체 5권으로 된 『삼국유사』 원본은 전통적인 서적 인쇄 관례로 본다면, 그 권의 머리마다 저자의 이름이 들어가 있어야 하는데, 제5권만 빼고 모두 빠져 있었기 때문이다. 이 일로 이후에도 여러 차례 반복하여 제기되었던 '일연 찬술의 의구심'을 뜻밖에 쓰보이는 처음부터 명확히 거부하고 있다. 필공의 잘못으로 돌린 것이다.

그가 인용한 『동국여지승람』은 제6권 「경기(京畿)」의 첫 부분이었다.

그러나 저자만의 문제가 아니었다. 쓰보이는 도쿠가와 집안에서 의연히 전해지던 『삼국유사』의 실물을 볼 수 있었던 것인데, 한국의 고대사와 문화의 연구에서 이 책을 빼놓을 수 없음을, 아니 이 책부터 다시 시작해 나가지 않을 수 없음을 직감했던 듯하다. 에도시대 자료 가운데 먼저 시급한 것을 내고 나면 바로 『삼국유사』를 총서의 목록에 넣으리라 결심하였다.

봄을 보내고 아주 무더운 8월에 책이 나왔다. 출판인은 요시가와 한시치(吉川半七)였다. 그는 나중에 요시가와히로부미간(吉川弘文館)

이라는 유명한 출판사를 경영한 사람이다.

　이 책은 조선 역사 중 최고(最古)의 것으로, 지금으로부터 멀리 600여 년 전, 고려 충렬왕 때 승려 일연이 김씨의 사기(史記)에 이어서, 신라·고구려·백제 3국의 유문일사(遺文逸事) 등을 수록한 진서(珍書)인데, 그래서 초판의 본서는 일찍이 사라지고 명(明) 정덕(正德) 7년에 재판한 것도 거의 끊어져, 문자도 마멸되고 오문(誤聞)도 많지만, 쓰보이·구사카 두 선생이 엄밀히 그것을 교정하고 나아가 구두점을 찍었는데, 원판과 터럭만큼도 다른 것이 없다.

1908년에 낸 이 회사의 도서 목록에 적힌 『삼국유사』의 선전 문구이다. '유문일사(遺文逸事) 등을 수록한 진서(珍書)' — 이 말은 '백천금이라도 구하기 어렵든 진서(珍書)'라 한 최남선의 말을 떠올리게 한다. 나아가 편찬자 두 사람의 노력을 '원판과 터럭만큼도 다른 것이 없다'는 표현으로 한껏 치켜세우고 있다.

　책은 세 권으로 나누었는데, 현대식 활자로 인쇄를 했지만, 장정은 전통적인 방식을 취했다. 그리고 아주 곱게 케이스를 만들어 씌웠다.

　이 책에는 서문을 붙였다. 이 서문은 그동안 세상에 알려진 바와는 달리 쓰보이가 아니라 구사카가 썼다.

　엮은 바가 신이(神異) 영묘(靈妙)하고 오로지 숭불(崇佛) 홍법(弘法)

요시가와히로부미간의 도서 목록 1908년에 간행된 이 도서 목록에서 '유문일사 등을 수록한 진서'라고 『삼국유사』를 소개하였다. 이 회사에서 1904년에 간행한 『삼국유사』는 5원 50전에 팔고 있었다.

에 주력하여, 어떤 논자는 망탄하고 불경(不經)하여 족히 믿을 바 못 된다고 말한다. 그러나 유행한 풍속이 그 안에 여기저기 흩어져 보이고, 심지어 주와 현과 도시 그리고 지세와 연혁이 뚜렷이 징험할 만하다.

아마도 이 말은 『동국여지승람』을 의식한 것일 게다. "기재한 것이 허황됨이 많아서 족히 믿을 만한 것이 못 되나, 삼한의 설을 변증(辨證)한 것은 증거가 매우 밝아, 동방의 지리를 기록하고자 하는 사람은, 진실로 참고로 보는 것이 옳겠습니다"라는 말이 앞서 『동국여지승람』의 인용한 뒷부분에 실려 있다.

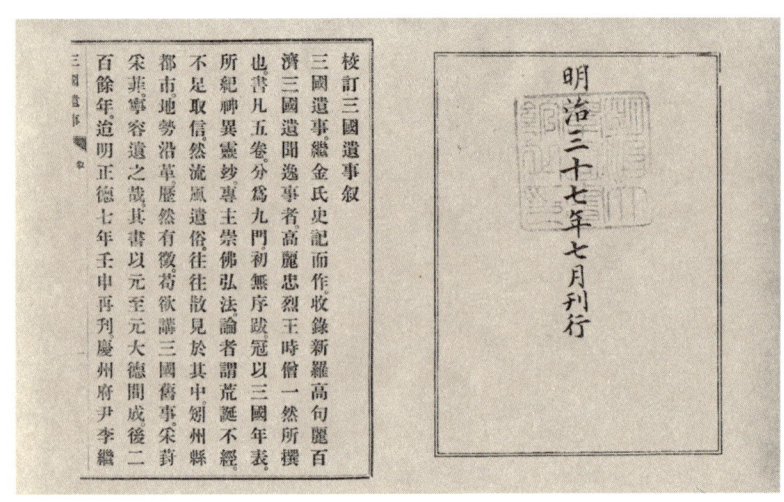

교정 삼국유사 서 편찬자 가운데 한 사람인 구사카 히로시가 한문으로 쓴 이 서문에는 조선의 옛 사실을 재구하자면 이 책을 버릴 수 없다고 강조하였다.

　서문의 내용 대부분은 쓰보이가 쓴 해제를 바탕으로 하였다. 다만 글은 일본어가 아니라 한문이다. 아마도 이것이 서문을 쓰보이가 아닌 구사카의 손으로 만든 까닭이리라 본다.
　그렇지만 다음 말은 구사카의 생각이 듬뿍 담긴 한문식 문장으로 더욱 인상적이다.

　　삼국의 옛 사실을 재구하자면, 채봉채비(采葑采菲), 어찌 이를 쉬 버리랴.

　채봉채비(采葑采菲)는 『시경(詩經)』 패풍(邶風)의 곡풍(谷風)에 "순무나 무를 캐는 것은 / 뿌리 때문만은 아니다(采葑采菲/無以下體)"라는 말에서 따왔다. 뿌리와 줄기를 다 먹는 무에 비유하여, 맛없는 뿌리라고 해도 줄기가 맛있다면 함부로 버려서는 안 된다. 일부가 나쁘다고 전부를 버리는 어리석음을 경계하는 비유이다.

망탄하다고만 평가절하해 버린 쪽과는 전연 다른 인식 태도가 아닌가.

앞서도 밝혔지만, 사지총서의 두 편찬자는 오와리 도쿠가와 집안의 일기류를 중심으로 이 총서를 엮어냈다. 에도 시대의 역사를 아는 데 이만한 사료가 없고, 그 사료가 전승되기로는 오와리 번의 서적 관리만 한 데가 없었기 때문이다. 도쿠가와 집안의 서적을 열람하는 가운데 그들은 『삼국유사』를 발견했고, 이 집안에서 대대로 특별취급을 받아 오던 이 책의 실질적인 가치를 보다 분명히 인식했다.

'오리지널 현물'이라는 시라토리의 평가는 '확실한 일연의 찬술', '채봉채비(采葑采菲)'로 이어지는 저들 시각의 연장에서 나왔을 것이다.

나는 안도와 탄식의 한숨을 쉬지 않을 수 없었다.

12

에필로그

남은 이야기 두 가지

이 책을 마무리 지으며 노파심에 한 가지 덧붙여야 할 것 같다. 이른바 '민족의 고전' 『삼국유사』가 당한 외면의 세월에 관해서, 그리고 거기에 얽힌 일반적인 오해와 그 진실에 관해서이다.

일연의 『삼국유사』는 20세기의 100년간 국학 전반에 걸쳐 다양한 조명을 받고, 드디어 한국학 연구의 중심에 우뚝 서, '대안사서'로서의 의미를 가지는 뛰어난 책이라 불리게 되었다. 뜻 깊은 평가가 아닐 수 없다.

산술적인 통계를 내보면 20세기 『삼국유사』의 활약은 화려하기만 하다.

　지난 100년 동안 『삼국유사』를 소재로 연구한 논저가 3,000건이 넘는다. 매달 3편 정도의 논저가 한 달도 거르지 않고 쉼 없이 나왔다는 계산이다. 이런 책은 다시없다. 교보문고 홈페이지에 들어가서 조사해 보니, 『삼국유사』를 바탕으로 만들어 지금 팔리고 있는 책의 가짓수가 367종이다. 『삼국사기』가 198종이요, 가장 인기 있는 소설 『춘향전』이 247종이다. 비교가 되지 않는다. 냈다 하면 팔린다는 『그리스 로마 신화』가 376종으로 『삼국유사』를 약간 상회할 뿐이다.

　이러다 보니 한 가지 오해가 생겼다. 지금 이렇다면 『삼국유사』가 처음 나온 뒤부터 줄곧 사랑받아 온 민족의 고전이었겠거니 하는 생각이다.

　그러나 진실은 그렇지 않다. 『삼국유사』는 13세기 말 저자의 손을 떠난 이래 오랫동안 잊힌 책이었고, 아무도 거들떠보지 않는 책이었다. 어쩌다 읽은 몇 사람도 결코 흔쾌한 평가를 내린 적 없었다. 그런데 20세기에 들어 아연 집중적인 조명을 받기 시작하였다. 오늘날의 '삼국유사 현상'은 20세기의 산물이다. 그것이 진실이다.

　그렇다면 『삼국유사』의 어떤 측면이 근대에 들어 관심을 촉발시켰는지 다시 생각해 보아야 한다. 『삼국유사』가 왜 이처럼 오랜 세월의 장막을 거두고 우리에게 의미 있게 다가설 수 있었는지, 무엇이 『삼국유사』를 주목하게 하였고, 어떻게 한 권의 책이 한국학 전반에 두루 기여할 수 있었는지, 이 물음에 대답해 보아야 한다. 거기서 새로운 활용 방향이 설정될 것이다.

도쿠가와 집안의 『삼국유사』는 20세기에 있어 이 책의 재발견에 결정적인 공헌을 했다. 무엇보다도 도쿄대 문과대학 사지총서의 편집자가 『삼국유사』의 존재를 알아내는 데에 크게 기여했기 때문이다. 도쿠가와 집안에서는 조선에서 들어온 어떤 책보다도 『삼국유사』에 대해 큰 관심을 갖고 있었다. 조선의 고대사를 특이한 방법으로 풀어가는 일연의 저술태도에 흥미를 가졌던 것이다. 『삼국사기』에서 출발하여 『고려사』와 『동국통감』으로 이어지는 중국류의 정사체제, 곧 유학적 역사인식과는 완연히 달랐기 때문이다. 이것이 사지총서 편집자들에 의해 발견되었고, 마침 조선의 고대문화를 깊이 연구해야 할 필요성을 느낀 일본의 역사연구자와 문학연구자에 의해 『삼국유사』는 떨떠름한 기분을 떨쳐 버리지 못하면서도 받아들여졌다.

일본 쪽의 이런 사정을 가장 먼저 눈치 챈 이가 최남선이었다. 그는 일본에서 『삼국유사』가 출판된 1904년보다 23년이 지난 1927년 서울에서 이 책의 인쇄를 서둘렀다.

그러므로 1927년은 우리에게 『삼국유사』가 가까이 다가온 첫 해였다.

나는 앞서 『삼국유사』 한 권을 두고 시간적으로는 13세기 말에서 20세기 초까지 긴 여행을 했고, 공간적으로는 한국과 일본을 번갈아 넘나들었다. 그것은 한마디로 역사 속에서 『삼국유사』가 걸어온 길이었다. 이 긴 여행 끝에 남은 이야기 두 가지로 나는 이 책을 끝내려 한다.

단군을 넘어
편견을 넘어

이번 여행에서 우리에게 걸린 가장 극적인 이야기가 단군신화였다. 15세기 이후 조선 사회에서 단군은 뜨거운 감자였다. 묘하게도 『삼국유사』를 본격적으로 다룬 19세기 이후 일본의 학자에게도 이 같은 사정은 마찬가지였다.

굳이 단군신화가 『삼국유사』에만 실려 있는 것은 아니다. 그런데 왜 『삼국유사』에 와서 더 문제가 되었을까.

나는 그 까닭으로 일연이 지닌 능숙한 스토리텔링의 구현을 들어 보았다.

말리노프스키(B. Malinowski)는 말한다.

"신화는 모든 것의 기원을 신성의 영역과 관련시킴으로써 도덕이나 관습, 질서와 규범을 신성시하고 정당화하는 현장으로서의 기능을 가진다."

일연은 13세기에 벌써 말리노프스키의 생각을 체득하고 있었다. 고조선 사회의 신화적인 현장으로 단군신화를 바라보았고, 신화의 안이나 밖을 철저한 이야기로 끌어나갔으며, 단군 이전과 이후를 정리하여 호소력 있게 그 시대를 재현해 놓았다. 이야기로 재현되는 현장이야말로 힘을 가진다.

일연이 쓴 『삼국유사』의 '고조선'조는 정연한 3단 구성을 이루고 있다.

　서론에서 『위서』의 기록을 인용하여 놓았다. 단군과 고조선의 존재를 알리는 간단하고 힘 있는 출발이다. 누구라도 금방 눈에 띌 멋진 언명(言明)이다.

　본론은 『고기』를 인용하였다.

　이 조의 몸통이라 할 이 부분은 다시 3단 구성을 이룬다. 첫 대목에서는 환웅이 등장한다. 그가 이룩한 '신시'와 그가 지닌 '홍익인간'의 사상이 매력적이다. 둘째 대목에 와서야 주인공인 단군이 등장한다. 그의 탄생과 고조선의 건국이 극적으로 그려진다. 그리고 후일담으로 마친다. 본론은 내용으로 몸통일 뿐만 아니라, 그러다 보니 양으로도 가장 많이 차지한다.

　결론에서 뜻밖의 낙수(落穗)를 모아놓았다. 그러나 『당서』를 인용한 꽤 공신력 있는 언급이다.

　헌장이라고 한다면 '고조선'조는 매우 정연하게 정리된 그것 아닐 수 없다.

　'고조선'조의 이 완벽한 스토리텔링은 이를 언급해야 하는 모든 이의 눈길을 머물게 했다. 문제는 이것을 있는 대로 받아들이느냐 적당히 외면하느냐였다. 일연은 국가종교가 불교였던 시대의 국사를 지낸 승려였다. 국사의 손에 편찬된 책에 거리의 떠도는 이야기가 안착하기로는 단군 이야기만큼 비중 큰 경우가 없다. 불교를 불온시하는 사회가 아닌 이상 이 자체로 큰 의미를 지닌다.

불온시했던 시대에는 단군과 그의 나라를 역사로 보지 않으려 했다. 결론은 어리석었다고 낼 수밖에 없다. 요즈음은 이른바 근대적 시각의 역사인식을 빌려 단군을 역사로 보려 한다. 그 또한 어리석다는 평가를 후세에 받을지 모른다. 단군과 그의 나라는 지금, 이른바 근대의 시각으로 말하는 역사와는 얼마만큼 거리가 있다.

그렇다면 단군과 그의 나라는 무엇인가.

그 시대에도 정치권력의 정당성과 합법성을 보다 높은 사회적 차원과 연계시키려 하였었다. 이런 연계에의 노력 속에 나왔던 신화적 헌장에 등장하는 사람이요 나라이다.

뭉크와 도쿠가와 이에야스

12월 초, 도쿄의 우에노 공원은 단풍으로 절정을 이룬다. 4월 첫째 주가 벚꽃으로 온통 치장되던 것과 대조된다.

메이지 천황이 자신을 지지하는 지방의 무사들과 함께 도쿄에 입성하던 그해 가을에도, 우에노 일대는 단풍으로 물들었을 것이다. 도쿠가와 막부의 원찰인 관영사(寬永寺)가 있고, 그 옆으로는 역대 막부 장군과 집안사람들의 위패가 들어서 있는 묘역이다. 한 번쯤 항거를 해야겠기에, 막부의 남은 병력을 이곳에 집중시켰는데, 신정부의 선봉장 오타니(大谷)는 서양에서 들어온 대포를 사정없이 쏘아댔다.

관영사의 가을 도쿠가와 집안의 원찰로 만들어진 이 절에서, 일부의 무사들은 신정부군과 마지막 결전을 치른다. 신정부군의 서양 대포를 막을 수 없었듯이, 시대의 변화를 막기에는 역부족이었다.

절이 날아가고, 병력은 흩어지고……. 항복 외에는 다른 길이 없었다.

사태를 진정시키고 입성한 메이지 천황은 이 일대를 공원으로 만들었다. 지금도 도쿄가 세계에 자랑하는 우에노 공원의 출발이다.

우에노 공원이 계속 그런 공원의 자리를 지켰던 것은 아니다. 쇼와(昭和) 천황 이후 득세한 군부세력에 의해 일본은 기묘한 형태의 우익 보수의 길을 걷더니, 급기야 미국과 전쟁을 일으켰을 때, 우에노는 공원에서 다시 병참기지로 바뀌었다. 전쟁에 지고 나서야 공원으로 돌아왔다. 쇼와 천황의 특별한 명령으로 만들었다 해서, 지금도 정식명칭은 '우에노 은사공원'이다.

우에노 공원을 찾는 이들은 두 가지 극단적인 풍경에 놀란다. 하나는 공원 이곳저곳에 늘어선 박물관과 미술관 때문이고, 다른 하나는 그 사이사이 숲 속에 자리 잡은 홈리스의 천막 때문이다.

깔끔떨기로 유별난 일본 사람들이 어찌 홈리스 문제만큼은 해결하지 못할까. 기껏 생각해 냈다는 게, 공원 벤치에 손잡이를 만들어 놓은 정도이다. 벤치 한가운데, 그리고 양 끝으로 손잡이를 해 놓으니, 벤치에는 앉을 수만 있지 누울 수는 없다.

그러나 어차피 직업적인 홈리스야 벤치가 필요 없지 않은가.

일본에서 매년 대기업 신입사원들의 입사일은 4월 1일이다. 그리고 그 첫 주 토요일이 우에노 공원에서 벌어지는 하나미(花見) 곧 꽃놀이 절정의 날. 이에 맞추어 부서별로 사원 회식이 열리는데, 신입사원에게는 미리 좋은 자리를 맡으라는 명령이 떨어진다. 돗자리를 들고 전날 밤부터 진을 친다.

그래도 자리를 잡지 못했을 경우, 가련한 신입사원들은 홈리스에게 가서 돈을 주고 그 자리를 하루 빌린다. 꽃놀이하기에 가장 훌륭한 곳임은 말할 나위 없다.

그러기에 이 홈리스들을 직업적이라고 말한 것이다.

메이지 대학의 객원교수를 마쳐가던 2007년 늦가을, 우에노 공원에서 열린 기획전 가운데 두 가지가 내 눈에 띄었다. 국립서양미술관이 주최한 〈뭉크전〉, 그리고 국립박물관이 주최한 〈도쿠가와 특별전〉이다. 오슬로박물관의 뭉크 그림을 고스란히 옮겨온 〈뭉크전〉과, 정부군의 대포에 놀라 도망간 지 150여 년 만에 돌아온 도

도쿠가와 특별전 2007년 가을, 우에노 공원에 다시 나타난 도쿠가와 이에야스. 일본인들은 결코 그를 버리지 않고 있었다. 70분씩이나 기다려 전시관에 입장하려는 사람들로 인산인해였다.

쿠가와 집안의 유물을 전시한 〈도쿠가와 특별전〉.

두 전시회 모두 사람들로 미어터졌다.

12월 첫째 주 일요일, 오전부터 서둘러 뭉크를 본 다음, 오후 3시쯤 발길을 박물관 쪽으로 돌려보니, 놀랍게도 〈도쿠가와 특별전〉은 '대기 시간 70분'이라는 안내판을 입구에 세워놓았다.

뭉크에 대한 도쿠가와의 한판승이었다.

| 참고문헌 |

전체

上田正昭 編,『要說日本歷史』, 創元社, 2000.

竹內 誠 編,『德川幕府事典』, 東京堂出版, 2003.

名古屋市蓬左文庫 監修,『尾張德川家藏書目錄』1~10, ゆまに書房, 1999.

名古屋市蓬左文庫,『蓬左文庫－歷史と藏書』, 蓬左文庫, 2004.

坪井九馬三 編,『三國遺事』, 吉川半七, 1904.

今西 龍 編,『三國遺事』, 京都帝國大學, 1926.

『三國遺事』, 민족문화추진회, 1977.

고운기, 「德川家 장서목록에 나타난 삼국유사 전승의 연구」, 『동방학지』 142, 연세대국학연구원, 2008.

1장 프롤로그

최남선, 『최남선전집』, 현암사, 1974.

『계명』 제18호, 계명구락부, 1928.

2장 운명적인 만남

『東京大學100年史』, 東京大學.

고운기, 『우리가 정말 알아야 할 삼국유사』, 현암사, 2002.

新編日本古典文學全集 『古事記』, 小學館

서거정, 『필원잡기(筆苑雜記)』

3장 뜨거운 감자 – 단군
서영대, 「단군신화 이해의 기본문제」, 장병길 외, 『한국종교의 이해』, 집문당, 1985.
앙드레 슈미드 지음·정여울 옮김, 『제국 그 사이의 한국』, 휴머니스트, 2007.
김재원, 『단군신화의 신연구』, 정음사, 1947 ; 탐구당, 1976.
이은봉 편, 『단군신화연구』, 온누리, 1986.
이기백 편, 『단군신화논집』, 새문사, 1988.
이기백 편, 『한국사시민강좌2』 – 고조선의 제문제, 일조각, 1988.
이기백 편, 『한국사시민강좌27』 – 단군, 그는 누구인가, 일조각, 2000.
이상시, 『단군실사에 관한 문헌고증』, 가나출판사, 1987.
최태영, 『인간 단군을 찾아서』, 학고재, 2000.
김종서, 『신시·단군조선사 연구』, 한국학연구원, 2003.
성삼제, 『고조선 사라진 역사』, 동아일보사, 2005.
서대석, 『한국신화의 연구』, 집문당, 2001.
황패강, 『한국신화의 연구』, 새문사, 2006.
임재해 외, 『한국신화의 정체성을 밝힌다』, 지식산업사, 2008.
『세종실록』
『단종실록』
『동국여지승람』
『고려사』 권58 지리지
권람, 『응제시주(應製詩註)』
『동국통감』
이승휴, 『제왕운기(帝王韻紀)』

4장 경주에서 다시 태어난 삼국유사
이재정, 『조선출판주식회사』, 안티쿠스, 2009.

주영하 외,『조선시대 책의 문화사』, 휴머니스트, 2009.

하정룡,『삼국유사 사료비판』, 민족사, 2004.

『중종실록』

5장 도쿠가와 이에야스와 나고야라는 도시

美川 圭,『もう一つの天皇制』, 中公新書

石井 進,『鎌倉幕府』, 中公文庫, 1965.

池上裕子,『織豊政權と江戶幕府』, 講談社, 2002.

藤井讓治,『江戶開幕』, 集英社, 2001.

大石愼三郎,『江戶時代』, 中公新書, 1977.

大久保 正,『江戶時代の國學』, 至文堂, 1963.

林 董一 編,『尾張藩家臣團の硏究』, 名著出版, 1975.

金城學院大學エクステンション・プログラム,『尾張名古屋の人と文化』, 中日新聞社, 1999.

岩中祥史,『名古屋學』, 新潮社, 2000.

6장 황실에 바쳐진 책

천혜봉,『日本蓬左文庫韓國典籍』, 지식산업사, 2003.

고운기,『일연을 묻는다』, 현암사, 2006.

岩中祥史,『名古屋學』, 新潮社, 2000.

山本祐子,「尾張德川家の文庫と藏書目錄」,『尾張德川家藏書目錄1』, ゆまに書房, 1999.

藤本幸夫,「駿河銅活字の正體を探る」,『歷史の花かご』, 吉川弘文館, 1998.

池上裕子,『織豊政權と江戶幕府』, 講談社, 2002.

藤井讓治,『江戶開幕』, 集英社, 2001.

金城學院大學エクステンション・プログラム,『尾張名古屋の人と文化』, 中日新聞社, 1999.

7장 나고야 어느 사무라이의 일기

岸野俊彦,『尾張藩社會文化・情報・學問』, 淸文堂, 2002.

岸野俊彦 編,『尾張藩社會總合硏究』, 淸文堂, 2001.

進士慶幹 編,『江戶時代武士の生活』, 雄山閣, 1969.

神坂次郞,『元祿御疊奉行の日記』, 中公新書, 1984.

宮本常一,『日本庶民生活誌』, 中公新書, 1981.

岩中祥史,『名古屋學』, 新潮社, 2000.

8장 호사에 핀 꽃

山本祐子,「尾張德川家の文庫と藏書目錄」,『尾張德川家藏書目錄1』, ゆまに書房, 1999.

천혜봉,『日本蓬左文庫韓國典籍』, 지식산업사, 2003.

고운기,「德川家 장서 목록에 나타난 삼국유사 전승의 연구」,『동방학지』142, 연세대국학연구원, 2008.

9장 조선 후기 실학자와『삼국유사』

김육,『조경일록(朝京日錄)』

오윤겸,『추탄조천일록(楸灘朝天日錄)』

人見友元,『韓使手口錄』

이상익,『주자학의 길』, 심산, 2007.

남구만,『약천집(藥泉集)』

이이명,『소재집(疎齋集)』

이의현,『도곡집(陶谷集)』

강재항,『입재선생유고(立齋先生遺稿)』

안정복,『순암선생문집(順菴先生文集)』

＿＿＿,『동사강목(東史綱目)』

이긍익,『연려실기술(燃藜室記述)』

이덕무,『청장관전서(靑莊館全書)』

윤기, 『무명자집(無名子集)』

정약용, 『여유당전서(與猶堂全書)』

10장 메이지 유신의 격랑 속에서

井上勝生, 『幕末・維新』, 岩波新書, 2006.

『東京大學100年史』, 東京大學

11장 1904년, 『삼국유사』의 재발견

白鳥庫吉, 「檀君考」, 『學習院輔仁會雜誌』 28, 學習院大學, 1894.

白鳥庫吉, 「朝鮮の古傳說考」, 『史學雜誌』 5편 12호, 日本史學會, 1894.

白鳥庫吉, 「訪書談」, 『白鳥庫吉全集』 10, 岩波書店, 1970.

坪井九馬三, 「新羅高句麗百濟三國史」, 『史學雜誌』 35, 日本史學會, 1892.

坪井九馬三, 「三國遺事」, 『史學雜誌』 11-9, 日本史學會, 1900.

坪井九馬三, 「新羅高句麗百濟三國史」, 『史學雜誌』 35, 日本史學會, 1892.

今西 龍, 「正德刊本三國遺事に就て」, 『典籍之研究』 5, 1926.

那珂通世, 「朝鮮古史考」, 『史學雜誌』 5-3, 日本史學會, 1894.

今西 龍, 「檀君考」, 『朝鮮古史の研究』, 近澤書店, 1937.

神田乃武 編, 『神田孝平略傳』, 1910.

尾崎 護, 『低き聲にて語れ―元老院議官神田孝平』, 新潮社, 1998.

京都府醫師會醫學史編纂室, 『京都の醫學史』, 思文閣出版, 1980.

日下 寬, 『鹿友莊文集』

『尊經閣文庫漢籍分類目錄』, 侯爵前田家尊經閣, 1934.

고운기, 『한국 고전시가의 근대』, 보고사, 2007.

12장 에필로그

고운기, 『우리가 정말 알아야 할 삼국유사』, 현암사, 2002.

고운기, 『길 위의 삼국유사』, 미래M&B, 2006.

| 찾아보기 |

ㄱ

가마쿠라(鎌倉) 148
가마쿠라(鎌倉) 막부 119, 122
가마쿠라 막부 이전의 상황 120
가미가제(神風) 149
간다 다카히라(神田孝平) 321
강역관방도설(疆域關防圖說) 253
강재항(姜再恒) 247
강화도 088
강화도 사건 289
경민(敬敏) 062
『계명』 026, 028
계명구락부 025
『고기』 249
고도쿠지(豪德寺) 275
『고려사』 071
고려와 몽골군의 연합군 149
고메이(孝明) 천황 273

고미즈노오 천황 169
고미즈노오 천황의 황비 173
공의(公議) 279
구사카 히로시(日下寬) 036, 330
권근(權近) 072, 246
권람(權擥) 072
권주(權輳) 107
규장각본(奎章閣本) 115
극락사 148
금중(禁中)에 빌려 드린 서적의 메모 165, 214, 222
금중차려지내(禁中借戾之內) 219
김연(金緣) 114
김육(金堉) 233
김제상(金堤上) 151
김종직(金宗直) 060

ㄴ

나가노 야스쓰구(重野安繹) 294
나고야 144
나고야 성 146, 147
남구만(南九萬) 243
「눈물 종지」 138

ㄷ

다다미부교(御疊奉行) 196
단군 236

찾아보기 351

단군고(檀君考) 313
단군사당 066
'단군전설'이 만들어진 때 318
단수신(檀樹神) 078
『당운』 178
대정봉환(大政奉還) 279
도요토미 히데요시(豊臣秀吉) 126, 130
도죽(桃竹) 064
도쿠가와 요시나오 144, 145
도쿠가와 이에야스(德川家康) 126, 127, 131
도쿠가와 쓰나요시(德川綱吉) 183
『독서요어』 178
동국사(東國史) 262
『동국여지승람』 058, 074
『동문선』 176
『동방견문록』 140
「동사변증(東史辨證)」 243
「동사평증(東史評証)」 248

ㄹ

루드비히 리스(Ludwig Riess) 036

ㅁ

마니산 086
만세일계(萬世一系) 120, 274
만송문고본(晚松文庫本) 115

무가제법도 170
무로마치(室町) 막부 125
무진전쟁(戊辰戰爭) 280
문과대학 사지총서 030, 308
『미쓰가와 모노가타리(三河物語)』 310

ㅂ

바바 어문고 어서물 목록(馬場御御文庫御書物目錄) 213
바바 어문고 어장서 목록(馬場御文庫御藏書目錄) 213~215
박제상 151
변계량(卞季良) 087
「별단풍설서(別段風說書)」 271
『북사』 176
『분류 오주연문장전산고』 263

ㅅ

사라토리가 말한 '단군론' 316
사료편찬괘 295
사료편찬소 295
사무라이의 전통 197
사이고 다카모리(西鄕隆盛) 281, 282
『삼국유사』 178, 239, 330
『삼국유사』 발문 105
『삼국유사』 임신본의 의미 116
삼성사(三聖祠) 066

서거정(徐居正) 051
서남(西南)의 역(役) 283
선원사(禪源寺) 089
선월사(禪月寺) 090
성완(成琬) 235
『세종실록』 071
『세종실록』 지리지의 제주목(濟州牧) 058
세키가하라(關ヶ原) 전투 135
소격서(昭格署) 111
소옹(邵雍) 245
『속동문선』 179
손세옹(孫世雍) 111
쇄국 141
쇼부쓰부교(書物奉行) 164, 202, 213
수사국(修史局) 294
순암수택본(順庵手澤本) 114, 250
스루가 어양 어서물 목록(駿河御讓御書物目錄) 305
스루가 어양 어서물 이로하분(駿河御讓御書物伊呂波分) 303
스루가 어양본(御讓本) 161
스루가(駿河)문고 159
시라토리 구라기치(白鳥庫吉) 313
신국사상(神國思想) 273
신시(神市) 085
쓰보이 구메조(坪井九馬三) 036, 307

ㅇ

아메노히보코(天日槍) 050
아사히 시게아키(朝日重章) 184, 190
안당(安瑭) 108
안정복(安鼎福) 248
안중근(安重根) 285
「앙엽기(盎葉記)」 262
『앵무롱중기(鸚鵡籠中記)』 193
야나세 쇼린(曲直瀨正琳) 323, 324
『약천집』 243
양안원장서(養安院藏書) 323
어득강(魚得江) 095
어문고(御文庫) 161
어문고 어서적 목록(御文庫御書籍目錄) 218, 220
어문고 어장서 목록(御文庫御藏書目錄) 217
어서적 목록(御書籍目錄) 209
어서적지 목록(御書籍之目錄) 207
연오랑 세오녀 044, 256
『열자(列子)』 179
「영동사(詠東史)」 257
오다 노부나가(織田信長) 126
오리지널 현물(現物) 314
오와리 번 어문고 어서목(尾藩御文庫御書目) 300
오윤겸(吳允謙) 230

원정 실시 이후 천황제 121
원정(院政) 120
월명사 048
『위서(魏書)』 251
윤기(尹愭) 257
응제시(應製詩) 072
『응제시주』 072
이계복(李繼福) 097
이규경 263
이기심성론(理氣心性論) 267
이담령(李聃齡) 237
이덕무(李德懋) 259
이마니시 류(今西龍) 115
이선제(李先齊) 066
이승휴 077
『이에타다 일기(家忠日記)』 309
이의현(李宜顯) 255
이이 나오마사(井伊直政) 275
이이 나오스케(井伊直弼) 276
이이명(李頤命) 253
이태백(李太白) 065
이토 히로부미(伊藤博文) 285
일연의 일본관 154
임진왜란 129, 155

ㅈ
정몽주 257

정약용(丁若鏞) 259, 263
『제왕운기』 077
조광조(趙光祖) 267
「조선의 고전설고(古傳說考)」 314
주자(朱子) 266
「지리책」 264
직물신(織物神) 051
『진서』 176

ㅊ
참근제도(參勤制度) 136
참성단 086
채봉채비(采葑采菲) 334
『책문』 176
1904년 삼국유사 034
철련(鐵蓮) 064
최남선(崔南善) 023, 024
최씨무인정권 088
『치평요람』 176

ㅌ
'태종 춘추공'조 062
통신사 234

ㅍ
판적봉환(版籍奉還) 288
폐번치현(廢藩置縣) 288

ㅎ

『학부통변』 179

『향산삼체』 179

호사문고(蓬左文庫) 038, 042

호사문고본(蓬左文庫本) 114

호소노 다다히네(細野忠陳) 301

혼굿 049

황극경세서(皇極經世書) 245

황실에 빌려 드린 서적의 메모 038

흑선(黑船) 270

히토미 도모모토(人見友元) 238